Do Segredo Profissional na Advocacia

Do Segredo Profissional na Advocacia

2020 · 2ª Edição – Actualizada e Completada

Augusto Lopes Cardoso

Bastonário da Ordem dos Advogados

ALMEDINA

DO SEGREDO PROFISSIONAL NA ADVOCACIA
AUTOR
Augusto Lopes Cardoso
EDITOR
EDIÇÕES ALMEDINA, S.A.
Rua Fernandes Tomás, nºs 76, 78 e 80
3000-167 Coimbra
Tel.: 239 851 904 · Fax: 239 851 901
www.almedina.net · editora@almedina.net DESIGN
DE CAPA
FBA.
PRÉ-IMPRESSÃO
EDIÇÕES ALMEDINA, S.A.
IMPRESSÃO E ACABAMENTO
ACD PRINT, S.A.

fevereiro, 2020
DEPÓSITO LEGAL
466774/20

Por decisão do autor, esta obra é publicada segundo a ortografia anterior ao novo Acordo Ortográfico.

ALMEDINA | GRUPOALMEDINA

Biblioteca Nacional de Portugal – Catalogação na Publicação

CARDOSO, Augusto Lopes, 1940-

Do segredo profissional na advocacia. - 2ª ed.
actualizada e completada
ISBN 978-972-40-8132-8

CDU 347

PREFÁCIO

Já no ano de 1998 a Ordem dos Advogados, sob a presidência do Bastonário Júlio de Castro Caldas, tomou a iniciativa, que se lhe afigurava viável, da criação de uma Editora para e dentro da Instituição. Acolhi, pois, com satisfação e esperança, a ideia. E, porque decorria então uma reflexão longa sobre a Deontologia, por mim coordenada e incumbida, por iniciativa do então Presidente do Conselho Distrital do Porto Gil Moreira dos Santos, foram muitas as reuniões realizadas com esse desiderato. O grupo criado para este estudo abrangente não se poupou a esforços para levar a cabo essa auspiciosa iniciativa e os seus membros procuraram garantir, na medida do que fosse possível, a reunião dos contributos para vir a ser publicado um "Manual" que contivesse organizadamente os temas centrais da Deontologia.

A tarefa assim delineada não era fácil, pelo que, verificada a inviabilidade de eternizar a espera até à formalização do tal Manual, apenas três membros do grupo lograram vir a publicar os seus contributos em livros autónomos: Orlando Guedes da Costa, Fernando Sousa Magalhães e eu próprio.

Assim nasceu pela minha parte a possibilidade de corresponder à ideia editorial da Ordem dos Advogados de Castro Caldas. Nesta senda veio a ser por mim publicado em 1998 o livro «*Do Segredo Profissional na Advocacia*», cujos direitos de autor ofereci à então prestigiada Instituição, que eu servira no triénio de 1987/1989. A generosidade da Ordem, considerando útil a publicação e necessária para matéria até então esparsa em hermenêutica e jurisprudência por vezes contraditórias, deliberou não pôr a obra à venda e distribuiu-a gratuitamente nos cerca de 3.000 exemplares da edição. A consequência foi óbvia:

o livro esgotou-se rapidamente; e, contra o que o Direito autoriza, passou a ser fotocopiado – o que me causou desgosto.

Entretanto, houve alterações legislativas significantes, pelo que me pareceu oportuno fazer uma nova edição – que, apenas por razão metodológica, classifiquei como de 2.ª edição –, na qual fiz o possível e desejável por completar os temas com maior número de jurisprudência, em notas de pé de página. Nesta senda não deixei de salientar as decisões judiciais que considero criticáveis.

ALC

CAPÍTULO I
SOBRE A NATUREZA DO SEGREDO PROFISSIONAL NA ADVOCACIA

1. Metodologia e enquadramento jurídico.

No decurso deste trabalho monográfico vamos tomar como especial referência a regulamentação da essencialíssima matéria do segredo profissional na Advocacia no Direito português, designadamente no Estatuto da Ordem dos Advogados (EOA)[1]. Citaremos também as disposições privativas do Código de Deontologia do C.C.B.E.[2], que, norteando-se no essencial pelos princípios fundamentais que servem de base ao EOA, são menos pormenorizadas,

[1] Hoje designado novamente por Estatuto da Ordem dos Advogados, aprovado pela Lei n.º 145/2015, de 9 de Setembro, que revogou a anterior Lei n.º 15/2005, de 26.01, alterada pelo DL. n.º 226/2008, de 20.11 e pela Lei n.º 12/2010 de 25.06, e ainda sob o DL n.º 229/2004, de 10.12. Daqui por diante todas as referências ao diploma em vigor serão feitas sob a sigla EOA em notas de pé de página. Por outro lado, as citações da Revista da Ordem dos Advogados serão feitas sob a sigla ROA. Usaremos os substantivos Juiz, Tribunal, Ministério Público (MP), Administração da Justiça e Advogado e Advocacia em maiúsculas, mesmo que tais vocábulos assim não surdam nos textos legislativos – afigura-se-nos que é uma questão de princípio.

[2] Aprovado na sessão plenária do C.C.B.E. (Conseil Consultatif des Barreaux Européens – depois designado por Conselho das Ordens dos Advogados da Comunidade Europeia) realizada em Estrasburgo em 28.10.1988. Este Código – que passaremos a identificar por COACE – teve a sua última formulação portuguesa na deliberação do Conselho Geral da Ordem dos Advogados Portugueses de 13.07.2007, obrigatoriamente publicada do Diário da República, II série, de 27.12.2007.

porque resultam frequentemente de soluções de compromisso próprias da procura de regras comuns às Ordens dos Advogados dos diversos países da União Europeia (EU)[3].

Apenas faremos citações específicas de jurisprudência portuguesa, transcrevendo em notas, para mais eficiente elucidação e consulta, os sumários das decisões e às vezes as partes mais significativas dos textos.

A este respeito, e no que se refere à jurisprudência dos nossos Tribunais, não devemos deixar de alertar para a sua frequente pouca sensibilidade para matéria de tão grande transcendência para a Advocacia e para a Vida Judiciária; não é raro verificar que decisões judiciais se apresentem como erróneas, como a seu tempo demonstraremos, e daí o enorme risco para o prestígio da Profissão, para a sanidade da vida forense e para direitos fundamentais cuja protecção tanto tem a ver com o segredo profissional. Possa contribuir este modesto trabalho para a modificação deste estado.

Antes de nos determos sobre a natureza do segredo profissional na Advocacia interessará fixar o seu enquadramento jurídico substancial, porventura até de carácter estatutário da profissão da Advocacia consoante os Países.

No nosso País tal enquadramento é realmente, na essência, de carácter estatutário sobre a profissão. As outras disposições legais portuguesas que,

[3] Pela sua importância como aquisição internacional, apesar da dificuldade de convergência em pormenor, aqui se transcrevem desde já todas as normas daquele diploma que se reportam à matéria – com um manifesto carácter "descritivo", tão próprio da common law:
«2.3 – Segredo profissional.
«2.3 – 1 – É requisito essencial do livre exercício da Advocacia a possibilidade do cliente revelar ao Advogado informações que não confiaria a mais ninguém, e que este possa ser o destinatário de informações sigilosas só transmissíveis no pressuposto da confidencialidade. Sem a garantia de confidencialidade não pode haver confiança. O segredo profissional é, pois, reconhecido como direito e dever fundamental e primordial do Advogado. A obrigação do Advogado de guardar segredo profissional visa garantir razões de interesse público, nomeadamente a Administração da Justiça e a defesa dos interesses dos clientes. Consequentemente, esta obrigação deve beneficiar de uma protecção especial por parte do Estado.
«2.3 – 2 – O Advogado deve respeitar a obrigação de guardar segredo relativamente a toda a informação confidencial de que tome conhecimento no âmbito da sua actividade profissional.
«2.3 – 3 – A obrigação de guardar segredo profissional não está limitada no tempo.
«2.3 – 4 – O Advogado exigirá aos membros do seu pessoal e a todos aqueles que consigo colaborem na sua actividade profissional a observância do dever de guardar o segredo profissional a que o próprio está sujeito.».

além disso, versam tal matéria completarão, se bem que muito sumariamente, a análise, embora tenham com pressupostos os que dimanam do EOA.

Através dessas normas é possível descobrir as diversas proposições de carácter doutrinal em que se posiciona, e deve posicionar, o importante tema do segredo profissional, independentemente do ordenamento jurídico nacional.

1.1. Do dever e do direito do Advogado para com o cliente.

1.1.1. Relação-base e normal de confiança entre o Advogado e aquele que o procura para conselho ou patrocínio.

Uma das perspectivas doutrinais marcantes (e estatutárias no nosso País[4]) é a de que "guardar segredo profissional" é um dos "deveres do Advogado para com o cliente", o que o anterior diploma enfatizava[5]. Daí que não esteja em causa a revelação de factos por uma testemunha[6].

Assim era, e é, realçada a relação-base e normal de confiança entre o Advogado e aquele que o procura para conselho ou patrocínio. É o consulente/patrocinado quem, nele deposita o conhecimento de factos merecedores de reserva sigilosa, aí desde logo incluída a própria presença no escritório – razão por que disso mesmo devem estar cientes e de sobreaviso as pessoas que secretariam o gabinete; é que não é raro serem solicitadas em simples telefonema (às vezes por parte de quem ganhou confiança) a responderem ao seu interlocutor se F. está ou esteve ou vai estar naquele escritório; a resposta só pode ser a de que não está autorizado(a) a dar resposta a tal pergunta. Reitere-se, pois, que nada mais sensível e caracterizador da profissão de Advogado do que a relação de confiança e esta exige que maioria significativa daquilo que cliente e Advogado e este para com o cliente se mantenha na absoluta reserva;

[4] É hoje o art. 92.º do EOA, do qual resulta com suficiente clareza que está primacialmente em causa a relação Advogado/Cliente.

[5] Efectivamente, o anterior EOA dava uma ênfase muito especial ao dever de sigilo, a ponto de começar por o salientar desde logo como dever autónomo para com o cliente no art. art. 83.º-1-e), e só mais adiante esmiuçava tão importante regra deontológica.

[6] Não pode haver violação do segredo profissional respeitante a parte que oferece a testemunha. Não tendo havido oposição da parte contrária ao depoimento pode concluir-se que tacitamente julgou desligada a testemunha da obrigação de segredo profissional que porventura tivesse para consigo (Ac. STJ, 16.11.71, *ITIJ* 063846).

só aquilo que, por exemplo, vai ser necessário tornar público, como acontece com a narração factual em peça processual, não faz parte da confidência[7].

Desta feita (e ao contrário de outros ordenamentos jurídicos) o dever de sigilo não "está na mão", do cliente pois que a este não pertence dispensar o segredo como se fosse direito próprio e por ele disponível. Por outras palavras, a revelação de factos sigilosos comunicados pelo cliente ou obtida no decurso da relação profissional não faz parte do acervo dos "direitos" dele, a ponto de poder autorizar o seu Advogado a torná-los públicos, em especial perante o Tribunal[8].

Mas a delicada questão assim afrontada tem particular gravidade quando o Advogado admita que o seu ex-cliente passe a ser representado por outro Colega para pretextar desvendar factos sigilosos; em suma, passar de Advogado a testemunha!

[7] Ac. RP 10.11.2015, *ITIJ* JTRP000: «Nos termos do art. 87.º, n.º 1, alínea *a)* do Estatuto da Ordem dos Advogados (EOA), aprovado pela Lei n.º 15/2005, de 26 de janeiro (entretanto revogada pela Lei n.º 145/2015, de 9 de setembro, mas mantendo a mesma disciplina jurídica no art.º 92.º), o Advogado é obrigado a guardar segredo profissional no que respeita a todos os factos cujo conhecimento lhe advenha do exercício das suas funções ou da prestação dos seus serviços, designadamente a factos referentes a assuntos profissionais conhecidos, exclusivamente, por revelação do cliente ou revelados por ordem deste. O segredo profissional é reconhecido como direito e dever fundamental e primordial do advogado e tem a sua razão de ser na necessidade de preservar o princípio da confiança, sendo que o exercício da advocacia assume reconhecido interesse público, dada a natureza social dessa função. Mas nem todos os factos estão abrangidos pelo sigilo profissional, mas apenas aqueles que se reportam a assuntos profissionais que o advogado tomou conhecimento, exclusivamente, por revelação do cliente ou revelados por ordem deste, já que o princípio da confiança, essencial e imprescindível ao exercício dessa função, exige confidencialidade relativamente aos factos e informações reveladas pelo seu cliente e que, não fora essa garantia, os não revelaria a mais ninguém. O mandatário para fazer valer o seu direito de crédito, referente aos honorários em dívida, terá de alegar e provar, como factos constitutivos do seu direito, a existência do contrato de mandato e serviços prestados no seu âmbito, apresentando a respetiva conta de honorários com discriminação dos serviços prestados (art.º 342.º/1 do C. Civil e n.º 2 do art. 100.º do EOA – aprovado pela Lei n.º 15/2005, de 26.01). O laudo realizado pela Ordem dos Advogados, não obstante estar sujeito à livre apreciação do julgador, merece toda a credibilidade, enquanto valor probatório, atenta a elevada qualificação dos profissionais que o elaborou, do mesmo ofício, possuindo os conhecimentos técnicos específicos para avaliar da razoabilidade dos honorários devidos. A sua credibilidade só deverá ser posta em causa quando ocorram factos suficientemente fortes que a enfraqueçam.».

[8] «Não cabe na disponibilidade das partes a dispensa do segredo profissional do Advogado» (Ac. RL 15.09.2016, *ITIJ* 2532/07.0TVLSB.L1-6).

Todavia, já assim não deverá confundir-se a necessidade que o Advogado tem de articular factos essenciais no litígio que sobreveio à sua ocorrência. Terá mesmo de articular factos, salvo os que digam respeito a negociações malogradas, sejam estas meras ocorrências sejam as que constem de documentos.

Identicamente, estipula o Código Deontológico do CCBE que "é da essência da missão do Advogado que ele seja depositário de segredos seu cliente" (n.º 2.3.1.) e que "o Advogado deve, pois, respeitar a confidencialidade de toda a informação que lhe for fornecida pelo seu cliente" (n.º 2.3.2.).

1.1.2. Contrato de mandato.

Todavia, esta relação Advogado-cliente, se é certo que se inscreve no âmbito do contrato de mandato, e, portanto, na respectiva natureza contratual, não engloba com autonomia a revelação do segredo profissional, que, essa, tem um âmbito próprio que não desmerece o contrato de base[9].

Não obstante entre ambos subsista um contrato, o contrato de mandato (CPCiv., arts. 40.º a 52.º), com consequências ou ilações recíprocas, que não são aqui desenvolvidamente tratadas, certo é que faz parte desse especial regime obrigacional o instituto privativo da reserva do sigilo profissional.

1.2. Apenas um dever recíproco entre Advogados?

Outro dos planos em que a matéria deve ser considerada – e assim é tratada hoje corretamente no art. 92.º do EOA[10], que, mesmo assim, usa, e bem, o sistema exemplificativo[11] – é o das mais relevantes obrigações. Com justeza, o EOA foi para além dos "deveres recíprocos dos Advogados", que era a sede

[9] Em sentido contrário, retirando consequências excessivas da relação (por natureza contratual) de sigilo vide ORLANDO GUEDES DA COSTA, Direito Profissional do Advogado, 2015, 8.ª ed. revista e actualizada, n.º 102, pág. 382.

[10] Na versão revogada a norma de base era o art. 86.º-1-e).

[11] «1 – O advogado é obrigado a guardar segredo profissional no que respeita a todos os factos cujo conhecimento lhe advenha do exercício das suas funções ou da prestação dos seus serviços, designadamente: (...)».

no diploma anterior, contemplando-se, então e aí, norma que se limitava aos referidos "deveres recíprocos"[12].

O anterior enquadramento da questão nas «negociações malogradas» era, por si mesmo, incompleto, pois que não são apenas as relações entre Advogados que estão em causa, mas a pura e simples confiança que é merecida por uma intervenção de um Advogado[13].

1.3. Um instituto de Direito autónomo.

Deverá dizer-se, pois, que o segredo profissional merece foros de instituto de Direito autónomo, como sustentámos em anterior trabalho[14] e agora vem confirmado.

A confirmá-lo tenha-se em conta que é também o Estado que o exige, como resulta do art. 208.º da Constituição da República Portuguesa com remessa clara para o Direito profissional. Veja-se o art. 75.º EOA, quanto à «*imposição de selos, ao arrolamento, às buscas e diligências equivalentes no escritório ou sociedade de Advogados ou em qualquer outro local onde faça arquivo, assim como a interceção e a gravação de conversações ou comunicações, através de telefone ou endereço eletrónico, utilizados pelo Advogado no exercício da profissão*» (n.º 1), que só podem ter lugar nos termos minuciosos dos n.ºs 2 a 6 daquele dispositivo, a acrescer ao regime dos art.ºs 76.º e 77.º EOA[15].

E no EOA é no art. 92.º[16], onde a matéria substantiva, e também adjectiva, relativa ao "segredo profissional" é tratada com aquela autonomia jurídica de regra basilar de Deontologia. As outras normas do mesmo Estatuto, a que adiante nos referiremos, são explicitações daquela.

[12] Mais concretamente falava no dever de "não invocar publicamente, em especial perante Tribunais, quaisquer negociações transaccionais, malogradas, quer verbais, quer escritas, em que tenha intervindo Advogado".

[13] A norma do art. 81.º-1-d) do anterior EOA ajudava já a ter uma visão mais ampla.

[14] "Do segredo profissional na Advocacia", ed. do Centro Editor Livreiro da Ordem dos Advogados, 1998.

[15] Vide com mais pormenor ORLANDO GUEDES DA COSTA, Direito Profissional de Advogado, 8.ª ed., Almedina, Coimbra, 2015.

[16] Antigo art. 81.º.

Assim acontece também na CDCCBE, que ao Advogado reserva a definição, destacada e depois pormenorizada, de um dos "princípios gerais" definidores da actividade de advogar[17].

Mas não se confunda a questão pendente com a actividade corrente do Advogado[18].

1.3.1. Uma base constitucional.

Mais instantemente o art. 208.º CRP estabelece que «A lei assegura aos advogados as imunidades necessárias ao exercício do mandato e regula o patrocínio forense como elemento essencial à administração da justiça.», o que inclui, noutras normas extra-constitucionais, o direito e dever do sigilo profissional. Mas, como se dirá adiante, não cremos que aquele dever se inscreva na categoria de «imunidade», e tampouco de privilégio, pois que é um alicerce em favor de outrem, muito mais um dever ou obrigação do que um privilégio ("imunidade").

Este «*plano autónomo*»[19] resultante desde logo da Constituição, é uma clara remissão para o Estatuto da Ordem dos Advogados.

2. Obrigação cimeira ligada à natureza da profissão.

Não é exagero dizer-se que a substância da obrigação de segredo profissional está intimamente ligada à natureza da própria profissão e tem uma

[17] N.º 2.3. intitulado "Segredo profissional", como desdobramento do n.º 2, intitulado "Princípios gerais".

[18] «Nem toda a actividade do advogado com o seu cliente está integralmente coberta pelo sigilo profissional consagrado no artigo 92º do EOA e n.º 2.3.1. do Código de Deontologia dos Advogados Europeus. Estão excluídos do sigilo, por exemplo, os actos e serviços públicos praticados pelo advogado em nome ou para o seu constituinte, tais como os articulados ou documentos em processos não sujeitos a segredo de justiça, ou factos articulados nestas diligências, e seu resultado, tornadas públicas. O depoimento de advogado em audiência de julgamento, sobre tais matérias, públicas e praticadas no exercício do mandato, é legal e válido, não está sujeito à dispensa de sigilo, pelo que deve ser valorado pelo tribunal na sentença sob pena de nulidade nos termos do artigo 615 d) do CPC.» (Ac. RL 06.06.2019, *ITIJ* 2250/14.3TBFNC.L1-8).

[19] *Cf.* ORLANDO GUEDES DA COSTA, Direito Profissional da Advogado, ed. Almedina, 8.ª ed., Coimbra, 2015, págs. 379 segs..

tradição histórica marcada entre nós[20]. É essa seguramente a razão que leva o CDCCBE a proclamar com ênfase que o segredo profissional é "o direito e o dever primeiro e fundamental do Advogado" (n.º 2.3.1.).

Como justamente se tem dito (embora, por vezes daí retirando consequências excessivas) a natureza jurídica inerente não é do foro contratual[21].

O serviço "da justiça e do Direito", que deve timbrar o exercício profissional do Advogado[22], tem a ver com a "honra" e com as "responsabilidades" inerentes[23]. «O segredo profissional do «advogado é definido e delimitado pelo

[20] Vem referida desde o Decreto n.º 12.334, de 18.9.926 (art. 50.º), que prescreveu, ainda limitadamente, que nas relações com o constituinte o Advogado deve "guardar segredo o mais absoluto, não lhe sendo lícito testemunhar conta aquele que lhe confiou a defesa da liberdade, honra e fazenda". A partir do DL. n.º 22.79, de 29.06.953, esta matéria sofreu mais perfeita regulamentação. No actual Estatuto ela volta a apresentar uma das formulações mais felizes, e talvez das mais completas, a nível dos países membros do C.C.B.E..

[21] Parecer CG. de 24.03.954 (relator EDUARDO FIGUEIREDO), *in* ROA. 13-3 e 4-327: "supõe-se não ser temerário arriscar que não merece aceitação a doutrina que lhe atribui um fundamento contratual; e quando outras razões decisivas se não pudessem invocar, e sabe-se que tal não sucede, bastaria considerar que a obrigação do sigilo não abrange unicamente os factos conhecidos por revelação de constituintes e clientes, pois tem um domínio mais amplo visto compreender factos apercebidos por outras vias"; Ac. CS. de 3.6.965 (relator MÁRIO FURTADO), *in* ROA. 25-1/4 e 2-274: "A obrigação de guardar o segredo profissional 'tem um carácter social ou de ordem pública e não a natureza contratual' (...)".

[22] Consagrava-se no anterior EOA que «O Advogado deve, no exercício da profissão e fora dela, considerar-se um servidor da justiça e do direito e, como tal, mostrar-se digno da honra e das responsabilidades que lhes são inerentes» (EOA, art. 76.º-1). Hoje, de maneira ainda mais explícita, afirma-se, além do mais, que «o Advogado é indispensável à administração da justiça e, como tal, deve ter um comportamento público e profissional adequado à dignidade e responsabilidades da função que exerce, cumprindo pontual e escrupulosamente os deveres consignados no (...) Estatuto e todos aqueles que a lei, os usos, costumes e tradições profissionais lhe impõem.» (art. 88.º-1).

[23] Cit. notável Parecer CG. de 24.03.54 (rel. EDUARDO FIGUEIREDO), *in* ROA. 13-3/4-327 segs.: «é na verdade do interesse social que os advogados, e só destes há agora que tratar, exerçam a sua profissão com insuperável nobreza e dignidade, assegurando a todos os que têm ou possam vir a ter necessidade dos seus serviços, além do mais, a certeza de que não serão divulgados factos que só por imperiosa necessidade foram levados ao conhecimento de terceiros. Quer dizer, o segredo profissional não é instituído nem funciona apenas na protecção e defesa de interesses meramente individuais, mas com carácter genérico e de bem maior amplitude.»; e o Ac. CS. de 15.02.965 (rel. MÁRIO FURTADO), *in* ROA. 25-1/4-248: «Um dos mais importantes deveres do Advogado é guardar o segredo profissional»; cf. ainda Ac. CS. de 01.07.65 (rel. VASCO DA GAMA FERNANDES), *in* ROA. 26-1/4-176: «O segredo profissional constitui um dos mais sagrados deveres do Advogado, representando, até, um ponto de honra, pelo que o Advogado que se preze jamais pode colocar-se na situação

art.º 87.º do EOA [hoje art. 95.º EOA] situando-se o seu escopo, primordialmente, na defesa das condições de exercício das funções de Advogado e da relação cidadão-advogado, constituindo um dever deste e não um direito, pelo que não se encontra na sua disponibilidade.».[24]

Desta feita, o sigilo profissional radica-se numa relação de confiança intensa entre o Advogado e aquele que, fazendo fé naquele serviço, naquela honra e naquelas responsabilidades se lhe "confia", entregando-lhe, como soe dizer-se, a defesa da fazenda e/ou da honra próprias. Para tanto, tal como expressa o ditado popular, o "cliente" devia, ou teve de, "dizer-lhe toda a verdade", com tudo o que isso implica de abertura de alma e de capacidade de ser ouvido, e de ser defendido de acordo com critérios de justiça e de oportunidade não isentos de boa dose de subjectivismo[25].

Ao contrário do que porventura se pretende exigir-lhe, o Advogado só é obrigado à objectividade consentânea com o respeito pela verdade possível. A sua actuação, com efeito, está e tem de estar naturalmente eivada de subjectivismo, porque ele não pode deixar de ver com mais acuidade a "verdade" do seu cliente.

Todavia, ele não se "mistura" nem deve "misturar" com o patrocinado, pois que por preço nenhum "vende" a sua "independência" e "isenção", razão pela qual é chamado frequentemente a fazer de "advogado do diabo", com as consequências de obrigar quem o procura a ver mais claro, ou de ele próprio chegar à conclusão de que não deve exercer o patrocínio que lhe é pedido.

de inconfidente»; e Despacho Bastonário COELHO RIBEIRO de 13.01.83, *in* ROA. 43-1-211: «As normas que proíbem a revelação de factos abrangidos pelo segredo profissional estatutariamente imposto ao Advogado são de interesse e ordem pública».

[24] Ac. RL 04.09.2015, *ITIJ* 412/14.2TELSB-A.L1-3.

[25] «É inábil por motivo de ordem moral, para depor como testemunha, todo aquele que, como os advogados estão vinculados ao sigilo profissional e quanto aos factos abrangidos por este (artigo 618 n.1 alínea e) do Código de Processo Civil e artigo 81.º do Estatuto da Ordem dos Advogados aprovados pelo Decreto-Lei n. 84/86 de 16 de Março) [então em vigor]. A testemunha que, como advogado, subescreveu correspondência atinente aos negócios a que os autos se reportam e que nesses negócios interveio e até redigiu no que toca ao processo de arrendamento e depois à escritura desse arrendamento carece da faculdade de depor sobre circunstâncias directamente decorrentes da sua actividade profissional dada a inabilidade por razões profissionais derivada das referidas normas legais.» (Ac. STJ 08.03.94, *ITIJ* 084960).

3. Um compromisso da Advocacia com a sociedade.

Se a matriz do sigilo é consectário natural da relação de prestação de serviços profissionais a alguém, o "cliente", em função do qual a profissão existe, aquele torna-se num autêntico compromisso com a sociedade. E nesse compromisso reside muito da eminente dignidade da Advocacia, desde que, obviamente, seja o exercício da profissão que está em causa e subjaze não só a relação de confiança, que o Advogado deve respeitar, como o direito à privacidade do seu interlocutor. Outrossim não pode servir de meio para a prática ou perpetração de actos criminosos[26].

Não é por outra razão que, como veremos, o segredo profissional vai ter frequentemente outros destinatários ou beneficiários para além do "cliente". O Advogado, nas suas múltiplas relações sócio-profissionais (e até fora delas, como sintomaticamente induz o artigo-chave da Deontologia[27]) é, e deve

[26] «Tanto o dever de sigilo que a lei substantiva prescreve como o direito ao sigilo que o direito processual reconhece, visam salvaguardar simultaneamente bens jurídicos de duas ordens distintas. A par dos interesses individuais da preservação do segredo sobre determinados factos, protegem-se igualmente valores ou interesses de índole supra-individual e institucional que, por razões de economia, poderemos reconduzir à confiança sobre que deve assentar o exercício de certas profissões. Presentemente, é clara a prevalência da tutela da privacidade, bem jurídico pessoal, face ao bem jurídico supra-individual institucional, perante a previsão do art. 195.º do CP, sem prejuízo de os valores supra-individuais, que se «identificam com o prestígio e confiança em determinadas profissões e serviços, como condição do seu eficaz desempenho», aparecerem sempre incindivelmente associados à punição da violação do sigilo profissional, embora «com o estatuto de interesses (apenas) reflexa e mediatamente protegidos». Estão abrangidos pelo segredo profissional do advogado os factos que resultem do desempenho desta actividade profissional, podendo advir da violação desse dever de reserva, para além de responsabilidade criminal e civil, também consequências no plano estatutário e no plano processual. A eventual prática de ilícitos criminais por parte do próprio mandatário nunca poderá considerar-se compreendida no exercício das funções profissionais de um advogado, sendo violadora, para além do mais, do dever deontológico de agir de forma a defender os interesses legítimos do cliente, sem prejuízo do cumprimento das normas legais e deontológicas. Não pode fazer-se apelo ao sigilo profissional para encobrir a eventual prática de actos ilícitos, de natureza criminal, por parte do mandatário, pois que, não constituindo acto próprio da advocacia, se mostra excluída da esfera de protecção da norma em causa (o art. 87.º da Lei n.º 15/2005, de 26-01, com as alterações do DL n.º 226/2008, de 20-11, e da Lei n.º 12/2010, de 25-06, e actualmente o art. 92.º da Lei n.º 145/2015, 09-09) (Ac. RP 23.02.2017, *ITIJ* 1130/14.7TDLSB-C.BL1-9).

[27] Art. 89.º EOA : «O Advogado, no exercício da profissão, mantém sempre em quaisquer circunstâncias a sua independência, devendo agir livre de qualquer pressão, especialmente

ser, merecedor de confiança e de isenção. A conciliação de interesses, que faz dele um privilegiado pacificador das relações sociais, exige intensamente aquelas qualidades.

Vem sendo dito, por tudo o que expusemos em síntese, que, mais até do que do próprio profissional, o segredo é "um dever de toda a classe", é condição da "plena dignidade" do Advogado como da Advocacia[28].

Ora, em todas estas circunstâncias o Advogado "fica na mão" com o conhecimento de factos, que nunca pode trair, pela confiança que significou serem-lhe revelados. Não fora o dever de sigilo e seria insuportável o clima de gravíssima suspeita que sobre ele recaía, pudesse ele propalar o que lhe foi transmitido. Ao comprometer a honra alheia malbaratava até à injúria a honra própria. Não podia ser. Não pode sequer ser considerada conduta anti-deontológica a negação que o Advogado faça, enquanto testemunha, de revelar factos sigilosos, tal como são qualificados pelo EOA[29].

a que resulta dos seus próprios interesses ou de influências exteriores, abstendo-se de negligenciar a deontologia profissional no intuito de agradar ao seu cliente, aos colegas, ao Tribunal ou a terceiros.».

[28] Parecer CG. de 02.04.81 (rel. FERNÃO FERNANDES THOMAZ), *in* ROA. 41-3-900: «Não pode deixar de encarecer-se as exigências e imperativos do segredo profissional que é timbre da Advocacia e condição 'sine qua non' da sua plena dignidade. Com efeito, o segredo profissional não é só, em rigor, um dever do Advogado por pertencer a uma classe, mas é, sobretudo, um dever de toda a classe e, por isso, vinculativo e obrigatório para cada membro dela». «É certo que o instituto do segredo profissional dos Advogados, pelo seu carácter eminentemente social, tem merecido, mesmo entre nós, uma importância cada vez maior (...). Mas a mais exacta ou apropriada interpretação do que se dispõe nas diversas alíneas do artº (...) conduz necessariamente ao entendimento de que se procurou, por um lado, evitar que os Advogados se envolvam, de qualquer modo, nos pleitos e litígios que patrocinam e, por outro lado, acautelar – na esfera moral e jurídica – a defesa e protecção de interesses e direitos de uma das partes, para que a outra, ou as entidades julgadoras, não venham a servir-se da inconfidência ou da revelação do 'segredo profissional'» (ANTÓNIO MACEDO, *in* Ac. Cons. Superior de 04.07.68, ROA.29-1/4-161); Ac. RL. 07.07.2011, *ITIJ* 241/05.9TVLSB-S.L1-8.

[29] É, assim, um autêntico contrassenso, manifestamente *contra legem*, a jurisprudência que proclama, afirmando que «Viola frontalmente o artigo 78.º, alínea *a)* do Estatuto da Ordem dos Advogados, o Advogado que cala em tribunal, um facto de que tinha conhecimento, sabendo que tal omissão influía decisivamente no teor da decisão e poderia levar, como levou injustamente à perda da liberdade do arguido. O calar consciente e voluntário de um facto, cuja revelação poderia evitar uma decisão injusta, contende claramente com a dignidade do Advogado e do Homem, justificando-se plenamente, em nome da defesa de um dos direitos fundamentais do cidadão, como é a liberdade, a quebra do dever do sigilo. O fim social do

De modo que as referidas independência e isenção não lhe permitem só o silêncio. Exigem-lho[30]. A "*fidutia*" não quebra essas virtudes e antes é penhor delas; a "dependência moral", que comporta, é afinal garante das proclamadas independência e isenção da profissão, sabido até que ninguém, nem o próprio cliente, em princípio, pode "obrigar" o seu patrono a revelar os factos sigilosos[31].

4. Carácter restritivo das excepções.

Bem significativo destas enormes dignidade e responsabilidade é o teor das excepções previstas no Direito português (segundo julgamos de maneira particularmente impressiva), ou seja, dos casos em que é possível quebrar o segredo. Como adiante melhor se explicitará, a regra deontológica é tão

direito do advogado ao segredo profissional é o de preservar os interesses dos seus constituintes e não o de prejudicar terceiros seus opositores.» (Ac. STJ 02.02.1995, *ITIJ* 047542).

30 Por isso o CDCCBE pode afirmar a dupla vertente de "dever" e de "direito": "O segredo profissional é, assim, reconhecido como direito e o dever primeiro e fundamental do Advogado" (n.º 2.3.1.). «Não podem confundir-se as questões de inabilidade, incapacidade e as limitações ao dever de depor, previstas no Código de Processo Civil, com as limitações impostas pelos Estatutos de profissionais que estejam abrangidos por dever de sigilo. Quando falamos em limitações impostas pelos Estatutos profissionais, temos de avaliar a que Estatutos nos estamos a reportar; a que Estatutos está a testemunha sujeita, sendo que nas situações em que estejam em causa profissionais estrangeiros, haverá que ver qual o Estatuto profissional a que tais estrangeiros estão sujeitos. Tal como sucede em Portugal, também em Itália, o Estatuto da Ordem dos Advogados Italiano concebe o segredo profissional como um dever de ordem pública, tutelando o interesse geral e social e que deve ser posto na confidencialidade e secretismo, levando assim a que só em situações muito limitadas seja admissível o seu depoimento testemunhal.» (Ac. RL 19.04.2012, *ITIJ* 20.2001.L1-2).

31 Vide Parecer CG. de 14.06.63 (rel. MAGALHÃES GODINHO), *in* ROA. 24-169: "Só em casos muito excepcionais o Advogado poderá quebrar o segredo profissional, precedendo consulta ao presidente do Conselho Distrital da Ordem dos Advogados. Não pode, porém, a Ordem impor a um Advogado que, contra o seu entendimento, quebre o seu segredo profissional.". Merece, porém, especial análise, como se faz adiante, a situação perante o Processo Penal português resultante do actual CPP. Por outro lado, "a regra geral é a de que o Advogado não carece de autorização para manter aquilo que ele entendia ser uma obrigação, ou seja, o sigilo profissional, que, nos termos regulamentares, deve defender por todos os meios" (Parecer CG. de 17.6.78 – rel. CARMELO LOBO, *in* ROA. 39-1-229). Parece, pois, que tais são as consequências normais de o próprio CDCCBE consagrar a sua natureza de "direito" do Advogado.

exigente que, em princípio, a quebra só é possível, cumprida ainda tramitação rigorosa, com o escopo da "defesa" da dignidade, direitos e interesses legítimos do próprio cliente (ou ex-cliente). Isto é, mesmo em tal conturbação, é uma atitude de "defesa" que o deve orientar e não de "prejuízo" daquele que em antes patrocinou[32].

Dentro da tramitação rigorosa se conta, como adiante melhor se refere, a autorização para a revelação dos factos sigilosos ter de ser conferida pela Ordem dos Advogados, o Presidente do Conselho Regional ou o Bastonário, consoante os casos[33].

[32] Isto não obstante ter qualquer coisa de ambíguo, mas porventura por isso mesmo sintomático, admitir-se que, por exemplo no caso de depoimento testemunhal, ele deva ser de "defesa" de alguém, pois que, como é sabido, o seu destino é apenas o da narração verdadeira de factos.

[33] O Ac. RL 05.05.2011 (*ITIJ* 1551/06.9BBNV.L1-8) é de tal modo incompatível e incongruente com o sistema da reserva do sigilo fora dos casos de autorização pelos competentes órgãos da Ordem, cometendo ademais o erro de nem sequer as citar, e, mais, fazendo uma aplicação cível do regime penal, impossível de analogia (e aí esquecendo, aliás, o n.º 4 do art. 135.º CP!), que o consideramos uma grave anomalia jurisprudencial. Apenas segundo o seu sumário, não esclarecedor, «A quebra do sigilo profissional mostra-se justificada face ao princípio da verdade material que exige que sejam apurados os factos com interesse para a decisão da causa, não havendo outro meio de os apurar, o segredo profissional cede após feita a ponderação entre o dever de guardar segredo e o interesse público da administração da justiça.».
Todavia este sumário pode não permitir a apreciação altamente negativa em como se desenvolve a sua argumentação. Permita-se-nos, pois, transcrever essa argumentação, a saber:
«Foi indicado a depor como testemunha ao ponto 11 da base instrutória, entre outros, o Dr. C.
«Conforme consta da acta de audiência de discussão e julgamento de 22.10.2009 (fls. 8 a 12 destes autos) durante o seu depoimento esta testemunha referiu ter tido conhecimento dos factos referidos neste ponto da base instrutória no âmbito das suas funções como advogado, por mandato conferido pela Ré, e invocou o sigilo profissional.
«Na mesma audiência foi proferido despacho que ordenou que fosse solicitado ao Tribunal da Relação de Lisboa a apreciação do incidente do sigilo profissional relativo a esta testemunha, suscitado pela Ré.
«Do ponto 11 da base instrutória consta: "Para além da construção das duas casas unifamiliares referidas em 1), a A. solicitou à R. a construção de mais duas casas unifamiliares nos lotes 8) e 9), pelo preço unitário aí referido (72.500,00€), o que a segunda aceitou?"
«A Ré nos articulados invocou que foi acordada a realização de 4 moradias a construir em simultâneo e que esse facto levou à fixação de um preço mais baixo, mas a Ré mandou avançar apenas a construção de duas vivendas.
«Cumpre decidir.
«O Tribunal para decidir o conflito incluiu na base instrutória, ponto 11, matéria alegada pela Ré com o seguinte teor: "Para além da construção das duas casas unifamiliares referidas em 1),

a A. solicitou à R. a construção de mais duas casas unifamiliares nos lotes 8) e 9), pelo preço unitário aí referido (72.500,00€), o que a segunda aceitou?"
«Para prestar depoimento sobre esta matéria foi indicado o Dr. C..., que disse ser advogado e ter tido conhecimento do que sabia sobre a matéria desse quesito no âmbito das suas funções como advogado da Ré.
«Por segredo profissional entende-se na generalidade a reserva de que todo o individuo deve guardar dos factos conhecidos no desempenho das suas funções ou como consequência do seu exercício, factos que lhe incumbe ocultar, quer porque o segredo lhe é pedido, quer porque ele é inerente à própria natureza do serviço ou à sua profissão (cfr. FERNANDO ELÓI "Da inviolabilidade das correspondências e do sigilo profissional dos funcionários telégrafo-postais", *in O Direito,* Ano LXXXVI, pág. 1954, pág. 81).
«O parecer n.º 49/91 do Conselho Consultivo da Procuradoria Geral da República, refere que "o segredo profissional é a proibição de revelar factos ou acontecimentos de que se teve conhecimento ou foram confiados em razão e no exercício de uma actividade profissional (*cfr.* Diário da República, II série, n.º 64, 16.03.95).
Segundo RODRIGO SANTIAGO *in* "Do crime de violação segredo profissional no C. Penal de 1982, Almedina 1992, pág.106) o bem jurídico que ilumina a tutela do segredo profissional é a necessidade social da confiança em certos profissionais. O art. 87, nº 1 do Estatuto da Ordem dos Advogados (Lei 15/2005, de 26.01) determina que o advogado é obrigado a guardar segredo profissional no que respeita a todos os factos cujo conhecimento lhe advenha do exercício das suas funções ou da prestação dos seus serviços, determinando o nº5 que os actos praticados pelo advogado com violação do segredo profissional não podem fazer prova em juízo.
«Tudo quanto é revelado ao advogado e que assume, ainda que implicitamente carácter sigiloso está abrangido pelo segredo profissional, porque é no exercício e por causa do exercício da profissão que os factos lhe são confiados (cfr. ALFREDO GASPAR – Anotação ao Ac. STJ de 22.06.88, *Rev. Ordem dos Advogados,* Ano 49, Dez. 89, pág. 868.
«Nos termos do art. 618 do CPC, a testemunha que saiba que está sujeita a sigilo profissional deve escusar-se a depor.
«Quem estiver abrangido pelo sigilo profissional deve escusar-se a depor relativamente aos factos abrangidos pelo sigilo.
«O juiz deve após o interrogatório preliminar (nos termos do art. 635, nº 2 e art. 205, nº 2, do CPC) impedir o depoimento que viole o segredo profissional.
«Nos termos do art. 519 do CPC, consagra o dever de cooperação para a descoberta da verdade, determinando no seu nº 1 que todas as pessoas que sejam ou não partes na causa, têm o dever de prestar a sua colaboração para a descoberta da verdade, sob pena das inerentes sanções estabelecidas no nº2 do mesmo preceito legal. O nº 3 do mesmo normativo legal prevê as situações em que a recusa é legítima, nomeadamente, quando importa a violação da integridade física ou moral das pessoas, intromissão na vida privada, familiar, no domicílio, correspondência, violação do sigilo profissional ou de funcionários públicos ou de segredo de Estado, remetendo-se para as regas do processo penal a verificação da legitimidade da escusa e da dispensa do dever de sigilo invocado, n.º 4, do art. 519.º do CPC.
«Nos termos do art. 20.º da Constituição da República Portuguesa a todos é assegurado o acesso ao direito e aos tribunais para defesa dos seus direitos e interesses legalmente protegidos, de que decorre um direito geral de protecção jurídica e de acesso aos tribunais, devendo ser

No entanto, não quer, não pode querer, a lei ter uma interpretação fundamentalista[34], pelo que não é sustentável que exija autorização o uso de factos (aí incluídos documentos) absolutamente necessários para a auto-defesa do Advogado em processo-crime em que seja arguido. Caso típico já foi muito

atendidas todas as provas, desde que lícitas, quando exercido o direito de produção de prova para defesa dos direitos e interesses legalmente protegidos.
«O direito subjectivo à prova implica a admissão de todos os meios de prova permitidos em direito, em qualquer tipo de processo e relativamente a qualquer objecto do litígio, mas a lei perante a recusa de colaboração na obtenção de provas mediante a possibilidade de se invadir a intimidade da vida privada, dignidade humana ou o sigilo profissional.
«LOPES DO REGO, *in* COMENTÁRIOS AO CÓDIGO DE PROCESSO CIVIL diz "O Tribunal Superior ao realizar o juízo que ditará o interesse que, em concreto, irá prevalecer, carece de actuar segundo critérios prudenciais, realizando uma cautelosa e aprofundada ponderação dos delicados e relevantes interesses em conflito, por um lado, o interesse na realização da justiça e a tutela das mesmas em benefício das partes".
«MENEZES CORDEIRO, «Manual Direito Bancário», 3.ª edição, pág. 264, distingue, no que respeita à quebra do sigilo, a par de situações públicas, situações privadas, salientando que nas relações privadas o levantamento do sigilo só poderá ocorrer em conjunturas muito particulares, verificando-se no fundo, uma situação global que faz perder ao sigilo o seu alcance e refere que a jurisprudência actual vai no sentido da exigência de uma concreta ponderação de interesses, nunca devendo a quebra do sigilo ir além do necessário.
«Assim, entre o dever de guardar segredo e o interesse subjacente haverá que fazer um juízo de ponderação e coordenação entre os mesmos e também de proporcionalidade face ao interesse privado em causa e o interesse público da administração da justiça.
«E também se se mostra estritamente necessário o levantamento do segredo profissional requerido, para a prova dos factos indicados, não podendo ser obtida através de outros meios de prova.
«A garantia constitucional dos direitos fundamentais, funcionará sempre que os interesses nela tutelados, não se sobreponham a outros interesses que se mostrem dignos de maior protecção ou seja, tendo presente o critério da proporcionalidade.
«Entre o princípio do segredo profissional e a da verdade material prevalece este que conduz a que se obtenha uma decisão justa quanto aos factos que a Ré invoca e que terão decorrido na presença exclusiva da testemunha e das partes.
«Há que ter em conta que tendo em conta a matéria do quesito não é violada qualquer matéria do foro íntimo que possa ter sido revelada à testemunha indicada. Entendemos assim, que se mostra justificada a quebra do sigilo profissional da testemunha face ao princípio da verdade material, que exige que sejam apurados os factos com interesse para a decisão da causa, não havendo outro meio de o obter senão o depoimento da testemunha, perante o qual deverá ceder o princípio do segredo profissional.
«Face ao exposto, decide-se autorizar a quebra do sigilo profissional do Dr. C... relativamente à matéria do ponto 11 da Base instrutória, determinando-se que preste depoimento sobre essa matéria.».

[34] Por isso bem decidiu a Relação de Lisboa no Ac. 26.04.2017 *ITIJ* 130/14.7DLLSB-C.L1-9.

bem decidido, fazendo prevalecer o direito elementar, e até constitucional (CRP, art.s 13.º, 25.º-1 e 32.º), da auto-defesa à da revelação de factos sigilosos que se prendam com aa matéria criminal de processo em que o Advogado é arguido[35].

A mais recente jurisprudência inculca, e bem, que a restrição à revelação de factos é a regra, de modo tal que «*O Estatuto da Ordem dos Advogados não contém qualquer norma que preveja uma proibição genérica de revelação ou de junção a processos de correspondência trocada entre Advogados e a parte contrária.*». Assim, «*o art.92.º-3 EOA apenas impede a relação ou junção de documentos quando, face ao seu conteúdo, daí resulte violação do dever de segredo. No art. 92.º-1-e) EOA o que se proíbe é apenas a revelação e utilização de factos revelados pela parte contrária, pessoalmente ou através de representante, durante negociações para acordo amigável.* Por outro lado, *no mesmo art.92.º-1-f) EOA o que se proíbe é apenas a revelação e utilização de factos de que o Mandatário teve conhecimento no âmbito de quaisquer negociações malogradas em que tenha intervindo.* Já no que respeita à *junção ao processo de correspondência (não confidencial) trocada entre mandatários e onde consta apenas e só que o valor correspondente a um determinado cheque já se encontra depositado no Banco sacado e que o mesmo cheque pode ser apresentado a pagamento pelo respectivo beneficiário não constitui violação do segredo profissional do Advogado nos termos do art. 92.º EOA*»[36].

[35] Ac RC 25.11.2009, *ITIJ* 291/07.6TASRT-A.CA: «O segredo profissional consiste na proibição da revelação de factos ou acontecimentos de que se teve conhecimento por via de relação de confiança estabelecida no exercício de uma actividade profissional. Este dever de segredo profissional não é absoluto, devendo ceder a outro dever que lhe deva prevalecer e que com ele seja conflituante como sucede nos casos em que está em causa a investigação sobre a prática de um crime. À advogada, arguida, assiste-lhe o direito a poder defender-se da acusação que contra si é dirigida, pois que estando em causa a eventual prática de um crime de difamação em peça processual, tem todo o interesse no exercício desse direito. Por outro lado, e nessa medida, as suas declarações não podem deixar de constituir um contributo para a descoberta da verdade material, com vista à realização da Justiça. Da ponderação destes interesses, e tendo ainda em conta que a própria arguida já em audiência manifestou interesse em prestar essas declarações entendemos que o interesse público da realização da justiça no caso concreto se sobrepõe ao segredo profissional.».

[36] Ac. RP 24.08.2018, *ITIJ* 868/17.T8PRT-B.P1.

5. A confiança, base do segredo profissional.

O segredo profissional traduz-se, pois e como resulta implícito das normas citadas, numa obrigação recheada de múltiplos deveres. Todos estes têm, porém e acima de tudo, o denominador comum da confiança merecida e exigida[37].

Esta está presente não só nas relações com o próprio cliente, como nas com outros Colegas, como nas com a "parte contrária"; nestes dois últimos

[37] Exemplar na sua formulação inicial e descritiva é o Ac. STJ 23.02.2017, *ITIJ* 1130/14.7TVL-SB-C.L1.-9, ao proclamar: «É admissível a revista se não se verifica a situação prevista no art. 639.º, n.º 3, do CPC (conclusões deficientes, obscuras, complexas ou insuficientes) – o que sempre legitimaria convite ao aperfeiçoamento – nem, muito menos, a situação de falta absoluta de conclusões, de que fala o art. 641.º, n.º 2, al. b), do CPC. Na generalidade, entende-se por segredo profissional a reserva que todo o indivíduo deve guardar dos factos conhecidos no desempenho das suas funções ou como consequência do seu exercício, factos que lhe incumbe ocultar, quer porque o segredo lhe é exigido, quer porque ele é inerente à própria natureza do serviço ou à sua profissão. No caso do advogado, o segredo profissional está disciplinado no art. 92.º do EOA, permitindo a cláusula geral do seu n.º 1, que se incluam no referido segredo, para além das elencadas, outras situações que conflituem com os interesses que ela visa proteger. Radicando no princípio da confiança, no dever de lealdade do advogado para com o constituinte, o dever de segredo profissional transcende a mera relação contratual, assumindo-se como princípio de ordem pública e representando uma obrigação para com o constituinte, para com a própria classe, a OA e a comunidade em geral. Por isso, consideram-se abrangidas pelo segredo profissional todas as situações que sejam susceptíveis de significar a violação da relação de confiança entre o advogado e o seu patrocinado e também todas as situações que possam representar quebra da dignidade da função social que a advocacia prossegue.». No entanto as conclusões que, a seguir, retira de princípios tão significantes acabam por ser erróneas.
No mesmo sentido, na sua definição genérica, veja-se o Ac. RC 05.04.2017, *ITIJ* 309/15.9JA-CBR-A.C1: «Por norma aquele que está sujeito ao dever de guardar segredo ou sigilo, obteve conhecimento de factos devido a uma especial relação de confiança com quem lhe presta a informação, justificando-se assim a não divulgação, sem consentimento ou causa justificativa. O princípio da prevalência do interesse preponderante impõe ao tribunal superior a realização de uma atenta, prudente e aprofundada ponderação dos interesses em conflito, a fim de ajuizar qual deles deverá, in casu, prevalecer. Por norma aquele que está sujeito ao dever de guardar segredo ou sigilo, obteve conhecimento de factos devido a uma especial relação de confiança com quem lhe presta a informação, justificando-se assim a não divulgação, sem consentimento ou causa justificativa.». Também aqui, porém, o acórdão retira conclusões com as quais não podemos concordar, como adiante se verá. Veja-se também Ac. RC 25.11.2009, *ITIJ* 291/07.6TASRT-A.CA.

casos não é outro, *v. gr.* o sentido essencial da preservação das "negociações malogradas" [EOA, art. 92.º-1-*e*) e *f*)][38].

No entanto, não deve colocar-se no mesmo patamar o segredo possuído pelo Advogado, como profissional presente na relação mantida como representante de parte e a do membro do Órgão da Ordem doa Advogados encarregado de decidir a nível interno a manutenção ou a dispensa de revelação de factos no decurso de processo interno e/ou de pedido ou pronúncia para a revelação de factos tidos por sigilosos.[39]

Por isso pôde o CDCCBE afirmar, de maneira mais programática do que normativa, que «*sem a garantia da confidencialidade não pode haver confiança*», assim pondo o acento tónico na moldura do sistema.

O Código de Deontologia dos Advogados Europeus (CDAE)[40], no seu estilo descritivo, estipula no seu n.º «*2.3.-1 É requisito essencial do livre exercício da advocacia a possibilidade do cliente revelar ao advogado informações que não confiaria a mais ninguém, e que este possa ser o destinatário de informações sigilosas só*

[38] «Por norma aquele que está sujeito ao dever de guardar segredo ou sigilo, obteve conhecimento de factos devido a uma especial relação de confiança com quem lhe presta a informação, justificando-se assim a não divulgação, sem consentimento ou causa justificativa. O princípio da prevalência do interesse preponderante impõe ao tribunal superior a realização de uma atenta, prudente e aprofundada ponderação dos interesses em conflito, a fim de ajuizar qual deles deverá, *in casu*, prevalecer. O interesse da investigação criminal é preponderante em relação ao interesse protegido pelo sigilo profissional, pelo que se justifica a sua quebra, mediante a prestação dos depoimentos pretendidos.» (Ac. RC 05.04.2017).

[39] Veja-se o Ac. STJ 15.02.2018, *ITIJ* 1130/14.7TVLSB.L1.S1: «Radicando no princípio da confiança, no dever de lealdade do advogado para com o constituinte, o dever de segredo profissional transcende a mera relação contratual, assumindo-se como princípio de ordem pública e representando uma obrigação para com o constituinte, para com a própria classe, a OA e a comunidade em geral. Por isso, consideram-se abrangidas pelo segredo profissional todas as situações que sejam susceptíveis de significar a violação da relação de confiança entre o advogado e o seu patrocinado e também todas as situações que possam representar quebra da dignidade da função social que a advocacia prossegue. Deve, porém, ceder, excepcionalmente, perante outros valores que, no caso concreto, se lhe devam sobrepor, designadamente, quando os elementos sob segredo se mostrem imprescindíveis para a protecção e efectivação de direitos ou interesses jurídicos mais relevantes.».

[40] Aprovado pelo C.C.B.E. (Conseil Consultatif des Barreaux Européens), em sessão plenária de 19.05.2006, sendo a versão oficial em língua portuguesa aprovada pela deliberação do Conselho Geral da Ordem dos Advogados n.º 2511/2007 de 07.12.2007 e finalmente publicado no D.R., II série, n.º 249, de 27.12.2007 (que inclui um Memorando Explicativo do Grupo de Deontologia do C.C.B.E.) – assim ficando a constituir Direito português, complementar do EOA.

transmissíveis no pressuposto da confidencialidade. Sem a garantia de confidencialidade não pode haver confiança. O segredo profissional é, pois, reconhecido como direito e dever fundamental e primordial do advogado.

«A obrigação do advogado de guardar segredo profissional visa garantir razões de interesse público, nomeadamente a administração da justiça e a defesa dos interesses dos clientes. Consequentemente, esta obrigação deve beneficiar de uma protecção especial por parte do Estado.».

Por outro lado, o mesmo diploma europeu e português consagra no seu n.º 2.3.-2: «*O Advogado deve respeitar a obrigação de guardar segredo relativamente a toda a informação confidencial de que tome conhecimento no âmbito da sua actividade profissional.*» E, mais ainda no 2.3.-3: «*A obrigação de guardar segredo não está limitada no tempo.*».

No art. 2.3.-2 estipula-se que «*O Advogado deve respeitar a obrigação de guardar segredo relativamente a toda a informação confidencial de que tome conhecimento no âmbito da sua actividade profissional.*».

Por sua vez, o art. 2.3.-3 afirma que «*A obrigação de guardar segredo não está limitada no tempo.*» – segurança do seu carácter imprescritível.

Fica, pois, bem claro que é precisamente a relação de confiança entre Advogados que, como se viu no acórdão transcrito em sumário no número anterior, as posições tomadas pelas Partes ou pelos respectivo Advogados em negociações, que (por razões que não interessarão tanto) normalmente colocam os interessados no desejo de fazerem cedências, que enganariam o Tribunal quanto à vontade real dos negociadores.

Finalmente, não se justifica a pretensão em retirar de tão cimeiro dever a quem, inscrito na Ordem dos Advogados, exerce apenas funções de «consultor jurídico», quase sempre com a realidade de "cliente único" e, porventura, tendo aceite situação de "vínculo laboral"[41].

[41] «A análise jurídica de um contrato feita por "técnica de apoio jurídico", a advogada com inscrição activa na Ordem dos Advogados, ao serviço de uma empresa que presta serviços de assessoria, deverá incluir-se no âmbito da "consulta jurídica" prevista no art.º 1.º da Lei n.º 49/2004 de 24 de Agosto que define o sentido e o alcance dos actos próprios dos advogados. Logo esta actividade está sujeita ao dever de sigilo profissional.» (Ac. RL 10.11.2016, *ITIJ* 782/14.2TVLSB-A.L1-6).

6. Reprovação social da violação.

Não admira, portanto, que a violação de tão transcendente obrigação seja acompanhada de forte reprovação social.

Permita-se-nos aqui transcrever, como doutrina limpa e síntese daquilo que será exposto nos números seguintes, um aresto exemplar:

«Tanto o *dever de sigilo* que a lei substantiva prescreve como o *direito ao sigilo* que o direito processual reconhece, visam salvaguardar simultaneamente bens jurídicos de duas ordens distintas. A par dos interesses individuais da preservação do segredo sobre determinados factos, protegem-se igualmente valores ou interesses de índole supra-individual e institucional que, por razões de economia, poderemos reconduzir à *confiança* sobre que deve assentar o exercício de certas profissões.

«Presentemente, é clara a prevalência da tutela da privacidade, bem jurídico pessoal, face ao bem jurídico supra-individual institucional, perante a previsão do art. 195.º do CP, sem prejuízo de os valores supra-individuais, que se «identificam com o prestígio e confiança em determinadas profissões e serviços, como condição do seu eficaz desempenho», aparecerem sempre incindivelmente associados à punição da violação do sigilo profissional, embora «com o estatuto de *interesses (apenas) reflexa e mediatamente protegidos*».

«Estão abrangidos pelo segredo profissional do advogado os factos que resultem do desempenho desta actividade profissional, podendo advir da violação desse dever de reserva, para além de responsabilidade criminal e civil, também consequências no plano estatutário e no plano processual.

«A eventual prática de ilícitos criminais por parte do próprio mandatário nunca poderá considerar-se compreendida no exercício das funções profissionais de um advogado, sendo violadora, para além do mais, do dever deontológico de agir de forma a defender os interesses legítimos do cliente, sem prejuízo do cumprimento das normas legais e deontológicas.

«Não pode fazer-se apelo ao sigilo profissional para encobrir a eventual prática de actos ilícitos, de natureza criminal, por parte do mandatário, pois que, não constituindo acto próprio da advocacia, se mostra excluída da esfera de protecção da norma em causa (o art. 87.º da Lei n.º 15/2005, de 26-01, com as alterações do DL n.º 226/2008, de 20-11, e da Lei n.º 12/2010, de 25-06, e actualmente o art. 92.º da Lei n.º 145/2015, 09-09).»[42].

Esta obrigação para com a sociedade vai enquistar-se de modo preponderante cada vez que um Advogado intervém em determinado processo.

Não se diga que, então, o dever de sigilo só tem razão de ser no que se reporta à parte contrária, pois que a relação sigilosa fica limitada bilateralmente. Não. O sigilo vincula-o para com a comparte e a contra-parte, sendo inadmissível que, por prestidigitação, lhe fosse possível num mesmo julgamento, revelar factos só atinentes a outrem também parte no litígio; ou seja, mesmo que fosse "a favor" daquela e não pusesse em causa o seu constituinte[43].

6.1. No plano penal.

Desde logo, esta manifesta-se, entre nós, no plano penal.

Aos Advogados é aplicável o art. 195.º CP, integrado no Capítulo VII do Título I, sob os auspícios «Dos crimes contra a reserva da vida privada»: «Quem, sem consentimento, revelar segredo alheio de que tenha tomado conhecimento em razão do seu estado, emprego, profissão ou arte, e provocar deste modo prejuízo a outra pessoa ou ao Estado, é punido com pena de prisão ou com pena de multa até 240 dias».

O art. 196.º do mesmo Código pune, por sua vez, o aproveitamento indevido de segredo profissional sem consentimento; e o art. 197.º estipula causas de agravamento daqueles actos delituosos.

Na verdade, ninguém duvidará, até pelas normas já referenciadas, de que a "profissão de Advogado" é daquelas que gera o dever/direito público à confidência. A lei incluiu na estatuição penal a violação de segredo devido perante o Estado, por ter ajuntado à falta deontológica poder ter sido cometida em relação ao "segredo de Estado", mas parece que, no caso sob estudo, mais razão de ser concorre na confidência extrafuncional, pois que os crimes contra o Estado estão acautelados noutro lugar do Código Penal (ex.: art.s 308.º segs.).

42 *Ac. RL 23.02.2017, ITIJ 1130/14.7TOLSB-C.L1-9.*

43 «Não pode depor como testemunha, porque tal contraria um princípio fundamental do direito processual, o advogado que mantém em vigor a relação jurídico-profissional com alguma das partes do processo» (Ac. RL 07.03.13, *ITIJ* 2042/09.11DLSB-A.L1.9).

Por outro lado, o actual art. 196.º CP[44] configura um outro crime, com pressupostos constitutivos diferentes: «Quem, sem consentimento, se aproveitar de segredo relativo à actividade comercial ou industrial, *profissional* ou artística alheia, de que tenha tomado conhecimento em razão do seu estado, ofício, emprego, *profissão* ou arte, e provocar deste modo prejuízo a outra pessoa ou ao Estado, é punido com pena de prisão até um ano ou com pena de multa até 240 dias». Como se realçou em itálico na transcrição, esta actual redacção do Código Penal impõe, como elementos constitutivos do crime dois elementos originais: um o da origem do conhecimento do segredo, qual seja, a no *exercício da profissão* (no caso a do exercício da Advocacia, que facultou o conhecimento do facto sigiloso), outro o da *provocação de prejuízo*. Todos estes pressupostos substanciais têm razão de ser e são conformes à gravidade do acto, pelo que a sua originalidade não merece crítica. O "terceiro" cujo prejuízo é penalmente defendido é aquele em favor do qual o segredo foi constituído, pelo que tanto pode ser o "cliente", como outrem beneficiado com o silêncio, caso mais significativo aquando de negociações transaccionais malogradas.

O "consentimento" exigível para que não exista crime será, consoante as circunstâncias, o do "cliente" ou o do Presidente do Conselho Regional da Ordem dos Advogados ou, por recurso, o Bastonário, como melhor se dirá à frente.

Todavia, para que exista crime – em casos como estes, de chamado "crime de perigo" – é preciso que a violação do segredo seja susceptível de *causar prejuízo*[45], e isso não apenas no caso do crime do art. 196.º, mas também no do art. 195.º CP – apesar de, quanto a este, a lei nada referir a esse respeito, o que, porém, não quer dizer que, não havendo susceptibilidade de prejuízo, não ocorra falta deontológica. Não é fácil de imaginar a razão por que o legislador descoloriu o crime do art. 195.º CP da coloração do prejuízo causado;

[44] Cit. Lei n.º 19/2013, de 21.02.

[45] Prevê a nossa lei um outro tipo de crime que, pelo menos em parte, pode provir da revelação de factos sigilosos, mas que não se confunde com o crime de violação de segredo profissional. Referimo-nos ao crime de "prevaricação de Advogado": «1. O Advogado (...) que intencionalmente prejudicar causa entregue ao seu patrocínio é punido com prisão até três anos ou com pena de multa. 2. Em igual pena incorre o Advogado (...) que, na mesma causa, advogar ou exercer solicitadoria relativamente a pessoas cujos interesses estejam em conflito, com intenção de actuar em benefício de alguma delas.» [CP (Lei n.º 59/2007, de 04.09), art. 370.º].

na verdade, não vemos qual o "segredo de Polichinelo" que mereça especial contenção ao Advogado, se os factos sigilosos não provocaram ou puderam provocar qualquer prejuízo! A "função" penalista da norma ficará sem razão de ser, os "contos e ditos" não passarão de fogachos.

Pelo seu relevo permita-se-nos, ainda transcrever parte do Ac. RL 22.11.2017 (*ITIJ* 17.2T9LSB-A.L1-3):

Estudo autónomo tem a delicada matéria do chamado *branqueamento de capitais.*

6.2. No plano disciplinar-deontológico.

A censurabilidade da violação do segredo comina-a também como uma gravíssima falta disciplinar, a apreciar e julgar pela Ordem dos Advogados[46].

E, como é hoje entendimento unânime, a responsabilidade disciplinar é cumulável com a responsabilidade penal.

A reserva do sigilo profissional não tem cabimento em prejuízo do cliente, nem é possível no exercício do mandato, como se pudessem ser confundíveis as funções de Advogado com a de testemunha.[47]

Consequentemente, subsistirão, ainda e também – e em princípio, se acrescer o "dano" – os pressupostos de "responsabilidade civil" profissional, quer se entenda que ela radica em incumprimento ou cumprimento defeituoso de contrato de mandato ("responsabilidade civil" contratual), quer em prática de facto ilícito culposo ("responsabilidade civil" "*tout court*" ou aquiliana).

[46] *Cf.* o art. 92.º EOA com os art.s 81.º, 115.º-1 e 3 e 130.º segs. do mesmo diploma. *Vide*, p. ex., Acs. CS. publ.s na *ROA*. 5-1-514; 9-1/2-419; 11-3/4-421; 25-1/4-248 e 274; 26-1/4-176; 28-1/4-155; 37-3-165; 48-3-1039.

[47] «O parecer da Ordem dos Advogados não pode ser vinculativo pela simples razão de tal vinculação originar uma decisão judicial sem qualquer sentido: a decisão judicial, limitando-se a confirmar o parecer, seria meramente redundante e, como tal, um acto inútil. II- A própria função e substância da advocacia fazem com que as normas que regulam o segredo profissional tenham de ser consideradas como de interesse e ordem pública. Por outras palavras, o dever de guardar segredo, apesar de estabelecido fundamentalmente no interesse do próprio cliente, também visa a protecção do interesse geral. III- Autorizar um advogado que esteja ou tenha estado constituído num determinado pleito a depor nesse mesmo pleito seria a completa subversão do sistema processual e altamente desprestigiante para a advocacia,» (Ac. RL. 07.07.2011, *ITIJ* 241/05.9TVLSB-S.L1-8).

Este tipo de responsabilidade é indiscutivelmente acumulável com a pura responsabilidade penal e a disciplinar[48].

Por outro lado, o dever de segredo profissional não tem limite temporal[49], pelo que se mantém desde que tenha findado o pleito e, quanto à profissão, mesmo que depois de o Advogado ter suspendido ou mesmo cancelado o exercício profissional. Nestes últimos casos não há punição disciplinar, mas há punição penal, salvo prescrição.

6.3. No plano da responsabilidade civil.

Parece não merecer dúvida que a violação do sigilo, a par do gravame antideontológico, faz incorrer o Advogado em responsabilidade civil perante aquele em favor do qual está prevista a obrigação de não revelar os factos.

Os pressupostos da responsabilidade civil estarão aí patentes e eventualmente carecerão de prova cabal. Mais do que responsabilidade civil contratual estará em causa responsabilidade civil aquiliana (CCiv., arts. 483.º a 498.º)[50].

No entanto a questão está longe de ser linear na circunstância de processo de conflito entre o Advogado e o ex-cliente. Caso típico é o da acção para cobrança de honorários: as partes, nesse caso, estão em oposição e – sobremaneira se os serviços profissionais ocorrerem fora de processo judicial – o Advogado vai carecer de revelar todos os factos de um trajecto profissional que não ficou visível em processo judicial (neste último caso a acção de honorários é apensada à acção em que os serviços profissionais foram prestados – CPCiv. art. 73.º)[51]. Uma coisa será certa: afora os factos que estejam patentes em acção anterior àquela por via da qual o Advogado teve de mover acção para cobrança

[48] Com redobrada razão face ao actual art. 128.º CP: «A indemnização de perdas e danos emergentes de um crime é regulada pela lei civil.».

[49] 2.3.3. do Código Deontológico do CCBE, disposição que foi uma conquista face à disparidade dos ordenamentos dos Estados signatários.

[50] Ac. RL 18.09.2014, *ITIJ* 718-13.8TVLSB-B.L1.-2.

[51] «É ilegítima a recusa de advogado em prestar depoimento de parte, numa acção de honorários por si intentada, quando dela resulta a dispensa de sigilo por parte do cliente demandado. A igualdade e transparência na discussão judicial da relação de mandato justificam a quebra do segredo profissional que deve ceder perante o dever de colaboração para a descoberta da verdade e o direito de acesso à justiça, assim contribuindo para a dignificação da advocacia.» (Ac. RP 26.04.2012, *ITIJ* 2573/10. – T.JVNF-B.P1)

de honorários (todos os demais factos, por vezes de maior relevo) carecem de autorização prévia para serem revelados, mesmo factos instrumentais.

Situação diferente é a de os factos encobertos não respeitarem directamente à relação jurídica para a qual o dever de sigilo foi estabelecido. Nessa circunstância não existe nem falta disciplinar nem prática de acto ilícito gerador de responsabilidade civil; dir-se-ia que grande parte dos litígios judiciais ficaria sem suporte probatório razoável[52].

Finalmente, é de admitir o meio de prova «por declaração de parte» (CPCiv., art. 466.º), com a condicionante, atrás referida, de carecer de autorização quando se tratar de factos complementares àqueles que a acção principal já revele.

6.4. No plano do Direito probatório.

A mesma reprovação se faz sentir no plano processual ou do Direito probatório.

Assim é que «os actos praticados pelo Advogado com violação do segredo profissional não podem fazer prova em Juízo»[53] (EOA, art. 92.º-5)[54].

52 I) Mesmo quando se entenda que o sigilo profissional a que estão vinculados os advogados não é estabelecido no interesse dos profissionais, nem do cliente, mas no "interesse público", sempre terá de se aferir se esse interesse é ofendido com a revelação dos factos. II) Tal é particularmente relevante quando o litígio se funda quase exclusivamente na troca de correspondência entre as partes e o conteúdo dessa correspondência é amplamente descrito nos articulados. III) Ademais, a correspondência em causa constitui troca de propostas contratuais entre as partes, dirigidas por uma à outra, embora em correspondência subscrita pelos seus advogados, pelo que o "interesse social na confiança" não é prejudicado pela entrega dos documentos de suporte, tanto mais que são as partes na acção, que afirmam o seu interesse em que se proceda à sua junção. (Ac. RL 16.2014, *ITIJ* 14110.2TBEVR.L1-6).

53 *Cf.* Ac. STJ 17.01.1989, *ITIJ* Ac. RC 21.12.2010, *ITIJ* 2288/08.0TBPTM-A.C1 – adiante sumariado.

Digladia-se a Jurisprudência sobre matéria tão límpida, criando uma instabilidade doutrinal que se nos afigura censurável.

É assim incompreensível que se tenha decidido já que «A quebra do segredo profissional do advogado, incidente a processar de acordo com o disposto no art. 135.º CPP (ex vi arts. 497.º, n.º 3 e 417.º, n.º 4 CPC), é necessariamente precedida da audição da Ordem dos Advogados como expressamente impõe o n.º 4 daquele normativo. Não obstante, a posição que a Ordem dos Advogados veicular a esse respeito não é vinculativa para o tribunal» (Ac. RP 06.05.2019, *ITIJ* 42896/18.8YIPRT-A.P1).

Também é um absurdo a decisão do mesmo Tribunal, por ser contrária à já referida norma expressa, segundo a qual «A quebra do segredo profissional do advogado, incidente a processar de acordo com o disposto no art. 135.º CPP (ex vi arts. 497.º, n.º 3 e 417.º, n.º 4 CPC), é necessariamente precedida da audição da Ordem dos Advogados como expressamente impõe o n.º 4 daquele normativo. Não obstante, a posição que a Ordem dos Advogados veicular a esse respeito não é vinculativa para o tribunal (Ac. RP 24.09.2018, *ITIJ* 868/17.1TBPRT-B.P1).
Já noutro sentido veja-se estoutro aresto: «O incidente processual de quebra do segredo profissional de testemunha oferecida, suscitado perante o tribunal superior e regulado no art. 135º, nº 3 do CPP, só actua nas hipóteses em que o tribunal reconheça a legitimidade da escusa. Quando, ao invés, o depoente não invoque qualquer escusa, nomeadamente por se tratar de solicitador autorizado a revelar factos abrangidos pelo segredo profissional mediante prévia autorização do bastonário ou do conselho superior da Ordem, nenhum incidente deve o juiz suscitar, devendo, sem mais, admitir o depoimento. Se, porém, se demonstrar que o depoimento foi efectivamente prestado em violação de segredo profissional, por ser indevida tal autorização, a consequência jurídica é a que resulta do n.º 7 do art.º 141.º do EOSAE aprovado pela Lei n.º 154/2015, de 14 de Setembro – não pode fazer prova em juízo, sendo nulo enquanto meio de prova, e devendo os efeitos dessa invalidade aferir-se relativamente a cada facto que o Tribunal considere provado ou não provado.» (Ac. RP 11.07.2018, *ITIJ* 666/14.472AVR-H.P1).
Já deve considerar-se genericamente certa a decisão do Ac. RP 28.10.2015, *ITIJ* 3705/11.7TBSTS-B.P.1, segundo a qual: «O nº 3 do art. 87º do Estatuto da Ordem dos Advogados apenas impede a revelação ou junção de documentos quando, face ao seu conteúdo, daí resulte violação do dever de segredo. Na alínea *e)* do nº 1 do Estatuto da Ordem dos Advogados o que se proíbe é tão só a revelação e utilização de factos revelados pela parte contrária, pessoalmente ou através de representante, durante negociações para acordo amigável».
Em contrapartida já é tergiversante o Ac. RL 24.10.2018, *ITIJ* 2130/18.3T9CSC-A.L1-3, ao proclamar: «Se a prevalência do segredo ou do dever de cooperação com a justiça depende da conclusão a que, em concreto, se chegue quanto ao interesse dominante, afigura-se-nos que tal interesse predominante é, no caso, o dever de manter sigilo sobre a relação havida entre a testemunha, enquanto advogado, e o arguido, enquanto cliente, pois caso assim se não entenda estar-se-á a minar o grau de confiança próprio da relação cliente/advogado em prol do esmiuçar e concretizar uma prova que já se mostra suficientemente carreada para os autos. Se a violação daquele dever de sigilo pode fazer incorrer o advogado infractor em responsabilidade disciplinar conforme estabelece o artigo 115 do seu Estatuto, por outro lado, também, não tem um carácter absoluto e assim, pode, em casos especiais ou excepcionais, o Sr. Advogado ser dispensado do respectivo sigilo e prestar as informações desejadas. Esta decisão compete, no caso de dúvida sobre a legitimidade da recusa, aos Tribunais- no caso ao Tribunal da 2a. Instância.»; na realidade este aresto parece esquecer o poder autónomo e exclusivo dos órgãos da Ordem dos Advogados assinalados no EOA na dispensa do sigilo profissional.

[54] «A nulidade do depoimento produzido com infracção ao dever de segredo profissional produz uma nulidade secundária, porque inominada, nos termos do art° 201.° n.°1 Código de Processo Civil, e encontra-se sujeita ao regime geral das nulidades processuais. Da infracção

E é seguro que não está na mão de qualquer das partes, ou do Tribunal, a tácita revelação de segredo, a ponto de o silêncio ou a não oposição bastasse para considerar validamente um facto ilícito (a revelação pura e simples do sigilo!)[55].

Aí tem relevo a prova documental, em especial a contida em correspondência trocada entre Advogados ou do Advogado com a parte contrária[56]. Neste último aspecto entendemos ser de ressalvar a correspondência com destino específico e assim aí assinalado (referindo-se, por cautela, que a matéria não está sujeita a segredo profissional) de interpelação da contraparte para declaração de cumprimento ou de incumprimento de obrigação.

Mas já se afigura errónea a tese do Tribunal da Relação de Lisboa (aliás provinda de decisão singular)[57], segundo a qual que «o Estatuto da Ordem dos Advogados não contém qualquer norma que preveja uma proibição genérica de revelação ou de junção a processos de correspondência trocada entre advogados em representação dos seus mandantes, ou entre advogados e a parte contrária ou seu mandante»; que «o n.º 3 do artigo 92.º do EOA apenas

da obrigação de segredo, poderá resultar para a testemunha que a infrinja sujeição a responsabilidade civil e penal. Ressalva-se o segredo profissional dos advogados, para o qual existe a norma reforçada constante do disposto no art.° 87.° n.º 5 E.O.A. [hoje art. 92.º-5], segundo a qual não podem fazer prova em juízo as declarações feitas por advogado em violação do segredo profissional.» (Ac. RP 13.09.2011, *ITIJ* 2055/09.3TVPRT.01).

[55] Hoje ainda é mais inconcebível a jurisprudência "cavernícola" (que só citamos para que se verifique quão era, ou é, por vezes absurdo pactuar com a própria legislação revogada), segundo a qual «A disposição do artigo 581.º n.º 4 do Estatuto Judiciário de 1962 só é de aplicar quando tenha havido violação do segredo profissional. Não pode haver violação do segredo profissional respeitante a parte que oferece a testemunha. Não tendo havido oposição da parte contrária ao depoimento pode concluir-se que tacitamente julgou desligada a testemunha da obrigação de segredo profissional que porventura tivesse para consigo.» (Ac. STJ 04.11.71, *ITIJ* 063846).

[56] «A consequência essencial da obtenção de prova por «métodos proibidos de prova» é a sua não utilização. O depoimento de advogado que infrinja o dever de sigilo profissional, revelando factualidade ou dando a conhecer documentos que se considerem estar a coberto do segredo profissional do advogado, não podendo fazer prova em juízo, nos termos do EOA, dá origem a uma proibição de prova. Seja qual for a posição doutrinal exposta respeitante ao regime de proibições de prova que se tenha como mais defensável, sempre a prova obtida com violação do segredo profissional de advogado, comunicada à sentença através da valoração do depoimento da testemunha, deve ser considerada prova proibida e afastada a sua valoração para efeitos de fundamentação da matéria de facto.» (Ac. RC 20.06.18, *ITIJ* 20.6.2018, 708/13.OTACLD.C2).

[57] Ac. RL 24.09.2008, *ITIJ* 868/17.1T8PRT-B.).

impede a revelação ou junção de documentos quando, face ao seu conteúdo, daí resulte violação do dever de segredo»; que «na alínea e) do n.º 1 do artigo 92.º do EOA o que se proíbe é apenas a revelação e utilização de factos revelados pela parte contrária, pessoalmente ou através de representante, durante negociações para acordo amigável»; que «na alínea *f)* do n.º 1 do mesmo artigo 92.º o que se proíbe é apenas a revelação e utilização de factos de que o Mandatário teve conhecimento no âmbito de quaisquer negociações malogradas em que tenha intervindo; e que «a junção ao processo de correspondência (não confidencial) trocada entre mandatários e onde consta apenas e só que o valor correspondente a um determinado cheque já se encontra depositado no banco sacado e que o mesmo cheque pode ser reapresentado a pagamento pelo respectivo beneficiário não constitui violação do segredo profissional do advogado nos termos do art. 92.º do EOA». Esta decisão judicial firma-se tão-só na correspondência entre Advogados no decurso de negociações que vieram a malograr-se. Mas o sigilo guardado em documentos tem uma maior abrangência, pelo que não pode ser restritiva e matéria tão delicada (*odiosa restringenda*). As partes do citado artigo do EOA são apenas parte da definição do rigoroso regime do sigilo profissional, que, no que se refere ao meio de prova que é um documento, se expande não apenas pelo art. 92.º-1-*f)* EOA, mas também os preceitos da alínea *e)* do art. 92.º-1 e do n.º 3. Desta feita, a interpretação limitativa do aresto não é aceitável.

Pior ainda é dar valor probatório a depoimento manifestamente violador do sigilo profissional, com o pretexto da "verdade material" e ainda atirando sobre o violador o "pecado" da violação, a castigar no plano deontológico ou disciplinar e/ou no plano civil[58].

[58] «1. O Código de Processo Civil de 2013 (reproduzindo o que sobre tal matéria o anterior estipulava) consagra nos artigos 495.º a 497.º as situações de inabilidade e impedimentos para depor como testemunha. No primeiro de tais preceitos referem-se os que têm a ver com as capacidades físicas e psíquicas do depoente, enquanto que o impedimento a que alude o art.º 496.º, se prende com a posição de parte que o depoente assuma na acção. 2. A circunstância de uma pessoa ter interesse directo na causa é elemento a que o juiz atenderá naturalmente para avaliar a força probatória do depoimento; mas não deve ser fundamento de inabilidade, sendo pois uma questão de valoração de prova e não de admissibilidade de depoimento. 3. O art.º 497.º, n.º 3, por seu turno, não estabelece qualquer inabilidade ou impedimento da testemunha que esteja sujeita a sigilo profissional. O Juiz não pode, em princípio, com base nesse preceito, impedir o depoimento de quem se lhe apresente e pretenda depor, antes o deverá admitir valorando depois o depoimento, tendo em atenção essa particularidade.

6.4.1. No Processo Civil.

Assim é também que no campo do Processo Civil português[59] segundo o qual «devem escusar-se a depor os que estejam adstritos ao segredo profissional (...) relativamente aos factos abrangidos pelo sigilo» (art. 497.º-3), o que vem na senda da norma processual anterior que considerava inábeis para testemunhar "por motivo de ordem moral" "os que, por seu estado ou profissão, estejam vinculados ao sigilo profissional, quanto aos factos abrangidos por este" (CPCiv., art. 497.º-3)[60].

Acresce que «a parte contra a qual for produzida a testemunha pode impugnar a sua admissão com os mesmos fundamentos por que o Juiz deve obstar ao depoimento» (CPCiv., art. 514.º), assim sendo feita remissão para o art. 497.º-3; o que vale dizer que, mesmo em casos censuráveis, em que,

O preceito está concebido essencialmente para proteger o depoente e não para o impedir de depor, constitui uma prerrogativa, não um impedimento. 4. Se aquele que está sujeito a um dever de sigilo, ainda assim pretender depor, fá-lo-á, podendo posteriormente estar sujeito a eventual responsabilidade disciplinar ou mesmo civil. É porém livre de optar.».
Em sentido contrário, e correcto, *vide* Ac. RL 29,09,2011, *ITIJ* 339/11.0TCFUN-B.L1-7: «O segredo profissional tutela essencialmente a necessidade social de confiança em certas profissões, entre as quais a de advogado, impondo-se por razões de interesse e ordem pública que extravasam o círculo do relacionamento entre o advogado e o cliente. O que interessa para a exigência da protecção do sigilo profissional é a actuação substantiva do advogado que, tomando efectivamente em mãos a tentativa de resolução de determinado conflito, pratica actos próprios e adequados à actividade da advocacia, mormente a convocatória da "parte contrária" ao seu escritório de advogado e obtenção por parte desta de factos que acabam por se tornar decisivos no sentido da procedência em juízo das pretensões da pessoa no interesse de quem se dispôs a agir. A obrigação de não revelar tais factos mais se adensa pela circunstância de nos encontrarmos no âmbito dum procedimento cautelar de arresto que, nesta fase processual, não admite sequer o exercício do contraditório. Constando, na fundamentação do Juiz *a quo*, que o mesmo foi relevante, no âmbito da apreciação global da prova, para o sentido da decisão de facto, impor-se-á a anulação dessa decisão e a repetição de toda a prova, depurada deste depoimento.».

[59] CPC aprovado pela Lei n.º 41/2013, de 26.06. *Cf.* no CPCiv. anterior, o art. 618.º-1-*e)* onde se dizia, com rigor, que «se consideram inábeis para testemunhar por motivo de ordem moral os que, por seu estado ou profissão, estejam vinculados ao sigilo profissional, quanto aos factos abrangidos por este».

[60] Cf. parecer CG. de 26.10.962 (rel. AMARAL BARATA), *in* ROA. 23-1/4-212: «Ainda que só tenha intervindo em fase anterior do processo de que se trate, o Advogado não deve depor como testemunha dos que foram seus constituintes e a sua admissão nessa qualidade pode ser impugnada».

com fundamento na necessidade de "obter a verdade material", o Juiz tente autorizar um depoimento (dum Advogado vinculado ao sigilo), deve a parte contrária opor-se nos termos do art. 514.º CPCiv..

Esclareça-se, porém, que não se vislumbra apoio jurídico, muito menos normativo, ainda que sob a sacrossanta obtenção da verdade material, para decidir que «*Ao tribunal, nos termos da lei de processo em vigor, compete alcançar a verdade material, como fim último do direito, mais do que outra coisa qualquer; e daí as faculdades inquisitórias que, em particular, em matéria instrutória lhe são concedidas (artigo 265º, nº 3, do CPC); Em regra, é o encerramento da discussão em 1.ª instância aquele que fixa o momento para o termo da produção das provas tempestivamente propostas pelas partes e oportunamente admitidas pelo tribunal; III – Não há, por isso, fundamento legal para em acção de honorários rejeitar a inquirição de uma testemunha, na audiência, oportunamente arrolada pelo advogado autor, e admitida pelo tribunal, mas sujeita a sigilo profissional por ser sua colaboradora, com o fundamento de que só a escassos dias dessa audiência ele ter solicitado a devida autorização, o que conseguiu, mas para lá do prazo geral de dez dias a contar do momento em que soube dessa necessidade, e por decorrência do princípio da preclusão.*»[61]. A contradição no que ficou dissertado é manifesta: se a testemunha tinha sido «*oportunamente arrolada e admitida pelo tribunal*», não pode o Tribunal "voltar atrás"... só porque quaisquer 10 dias antes... existiria preclusão do que o Tribunal já consentira como arrolamento e respectiva admissão? É patente que o Tribunal só pode apreciar um depoimento pelo seu valor de «verdade material»!

Deve ser esclarecido que, quer a nível do Conselho Regional, quer do Conselho Superior, o mesmo sigilo deve levar os respectivos relatores a evitar na explanação dos factos sigilosos nos correspondentes despachos, se está em curso processo judicial e até mesmo que seja o pedido formulado aos competentes Órgãos da Ordem dos Advogados. É que, se assim não for, há o risco de os revelar antes de tempo. É por isso jurisprudência correcta da Ordem a de que bastará notificar o Advogado imprecante, e só ele, de que é autorizado pela Ordem a invocar a matéria destinada à prova dos quesitos aí enumerados.

[61] Ac. RL 11.01.2011, *ITIJ* 265B/99.L1-7.

Todavia, sabido que o Advogado não pode em articulado narrar matéria sigilosa, o que, com mais rigor, deve o Advogado fazer é formular o seu pedido antes de articular factos sigilosos, sob pena de, não o fazendo, estar já a violar o sigilo profissional, com os inerentes prova írrita e cometimento de grave falta disciplinar.

Perante o transe de risco de prescrição ou mesmo usucapião e/ou prazo judicial com termo iminente o imprecante deve solicitar a maior urgência ao Órgão da Ordem competente, mesmo com uso justificado e comprovado dos actuais meios de comunicação mensageira. Isto sem esquecer o que se dispõe nos arts. 139.º e 140.º CPCiv..

Ademais, se é certo que o Tribunal pode oficiosamente determinar o depoimento de parte do Advogado, quando este é parte no processo (CPC, art. 452.º-1), não lhe pode impor a revelação de factos sigilosos. Outrossim carece de competência para solicitar aos órgãos competentes da Ordem dos Advogado a emissão de decisão sobre o levantamento do segredo profissional.

Coisa diferente é a solicitação pelo Tribunal de laudo de honorários, que frequentemente ocorre em acção destinada à obtenção do pagamento da conta de honorários, na medida em que tais acções exigem a junção da conta de serviços e honorários, sob prévia obtenção pelo Advogado de desvinculação de sigilo, como se viu. Deve ser esclarecido que, quer a nível do Conselho Regional, quer do Conselho Superior, o mesmo sigilo deve levar os respectivos relatores a evitar na explanação dos factos sigilosos nos correspondentes despachos, se está em curso processo judicial e até mesmo que seja o pedido formulado aos competentes Órgãos da Ordem dos Advogados. É que, se assim não for, há o risco de os revelar antes de tempo. É por isso jurisprudência correcta da Ordem a de que bastará notificar o Advogado imprecante, e só ele, de que é autorizado pela Ordem a invocar a matéria destinada à prova dos quesitos aí enumerados.

6.4.2. Advogado em causa própria.

Entretanto, urge ter presente que é lícito ao Advogado agir judicialmente, em Processo Civil, em causa própria, embora o bom-senso aconselhe a que o não faça, a fim de manter a maior isenção, já que o subjectivismo é dificuldade facilmente inultrapassável. Afirmemos com humildade que o Advogado está sujeito psicologicamente a forte pressão se "fala" em assunto próprio!

Mas, tanto em iniciativa personalizada – como se disse – como em qualquer outra, aquela possibilidade não lhe permite invocar factos contidos no delicadíssimo âmbito do segredo profissional, com relevo nas acções de honorários, mormente quando exige do ex-cliente o pagamento devido daqueles, que na devida altura solicitou de maneira correcta. Mandam as boas práticas que principie por solicitar ao Presidente do Conselho Regional autorização para a arguição em articulado e perante o Tribunal dos factos-base da acção de honorários, altura em que não só pode, como deve, explicitá-los previamente perante aquele Conselho, sabido que o seu relator está vinculado também a grave dever de sigilo nesta competência (EOA, art. 92.º-1-*b*)). Claro que, normalmente o Advogado não corre o risco da prescrição, dada a sua natureza presuntiva (CCiv., arts. 312.º a 317.º) e esta só tem razão de ser com os pressupostos das referidas normas civilísticas.

Uma vez obtida a autorização do Conselho Regional, pode já o Advogado solicitar, se quiser – mesmo como Advogado em causa própria – e até antes de intentar a acção de honorários, prévio laudo de honorários ao Conselho Superior, o que o obriga à narração dos factos essenciais para tanto necessários (EOA, art. 44.º-3-*e*)). E é de encarecer que este máximo e deontológico Conselho, mormente o seu relator, fica também sujeito a rigoroso sigilo (EOA, art. 92.º-1-*b*)).

6.4.3. No Processo Penal.

Já no plano do Processo Penal é estabelecido CP., art. 135.º-1) que os Advogados podem escusar-se a depor sobre os factos abrangidos pelo segredo profissional[62]. Como tem sido dito, esta prevenção inscreve-se no quadro dos direitos de defesa: a delação do Advogado, comprometendo designadamente o cliente, traduzir-se-ia em atribuir valor decisivo – em contradição com importante princípio processual penal – à "confissão" por interposta pessoa.

[62] Ac. CS. de 04.07.63 (rel. ANTÓNIO MACEDO), *in* ROA. 24-116: «É ilegal o procedimento do Tribunal ao pretender que o Advogado responda a um questionário, em processo-crime, relativo ao seu constituinte, em termos de o Advogado se transformar em objecto de prova contra o seu próprio mandatário».

Por outro lado, «A constituição de advogado como arguido, só por si, não integra os pressupostos de derrogação do segredo profissional», definido e delimitado pelo art. 92.º do EOA, aprovado pela Lei n.º 145/2015, de 09 de Setembro, permitida pelos art.ºs 180.º, n.º 2, do C. P. Penal, 76.º, n.º 4 do EOA e 17.º da Lei n.º 109/2009, de 15 de setembro, se os factos que lhe são imputados, em si mesmos e na conexão com os documentos apreendidos a fato que constitua crime, imputável ao advogado reclamante e/ou aos seus clientes, se apresentam demasiado vagos, de baixa densidade ao nível, quer da sua materialidade, por muito genéricos, quer da sua imputação subjetiva, permitindo aceitar a sua alegação de consulta, de trabalho de advogado, por contraposição a participação na conceção e execução do crime[63].

Adiante se estudará a situação especial da legitimidade de levantamento do sigilo sob a égide do art 135.º CPP.

6.4.4. No Contencioso Administrativo.

Nesta Jurisdição o Advogado mantém os mesmos deveres deontológicos[64].

Quer isso dizer que devem ser dados aqui como aplicáveis os princípios de base do processo civil, com as devidas adaptações.

6.4.5. Prova proibida e ineficaz.

A esse respeito, e genericamente, estabelece o art. 92.º-5 EOA que «os actos praticados pelo Advogado com violação de segredo profissional não podem fazer prova em Juízo». Esta norma vem na sequência da prescrição do revogado art. 87.º-5 EOA, que previa a protecção tanto "*a priori*" como "*a posteriori*"[65].

[63] Ac. RL 04.07.2016, *ITIJ* 108/15.8JALRA-A.L1-3.

[64] Cf. MÁRIO AROSO DE ALMEIDA & CARLOS ALBERTO FERNANDES CADILHA, «Comentário ao Código de Processo nos Tribunais Administrativos», ed. Almedina, Coimbra, 3.ª ed., 2010.

[65] Ac. RE de 29.03.79, *in* BMJ. 288-475. Vide também Parecer CG. de 26.10.62 (rel. AMARAL BARATA) *in* ROA. 23-1/4-212: «(...) não deve depor como testemunha daqueles que foram ou ainda são seus constituintes na causa, ainda que nela apenas tivesse intervindo na fase preparatória do processo principal»; Ac. CS. 15.02.65 (rel. MÁRIO FURTADO), in ROA. 25-1/4-248: «Findo o mandato, o Advogado recorrente elaborou a sua conta de despesas e honorários e permitiu-se nela fazer uma desnecessária descrição de factos, com o evidente

As sucessivas normas têm ademais um alcance transcendente[66].

Na verdade, todos os meios de prova trazidos ao processo com violação de segredo profissional são passíveis daquela sanção processual, como o são de sanção penal. O Advogado "declara" não apenas quando fala ou quando escreve, mas quando mostra, quando exibe, quando junta um "documento". O contrário seria tirar com uma das mãos o que se dera com a outra, seria fomentar a maior torpeza[67].

propósito de valorizar os seus serviços. Tais factos diziam respeito à confissão de um crime praticado pela própria cliente, além de se relacionarem, ainda, com outras pessoas sobre as quais recaíam responsabilidades criminais, não importando o seu respectivo grau. Ainda que a conta tivesse sido entregue directamente à cliente ou ao seu novo Advogado, a divulgação de segredos verificar-se-ia (...)»; Parecer C.G. de 22.5.987 (rel. MACHADO RUIVO), *in* ROA. 47-2-651: «Por isso, o segredo profissional respeita, quanto ao caso concreto, e enquanto não se dispuser de outro regulamento específico para Advogados de empresa, à obrigação de o Advogado não revelar os factos de que haja tido conhecimento no exercício da profissão (...)»; nosso Despacho de 11.4.988, *in* ROA. 48-2-653: «O dever de sigilo mantém-se em relação ao Advogado que sucedeu no patrocínio àquele com quem ocorreram os factos sigilosos e primeiro esteve vinculado à sua não revelação». No entanto, não estamos de acordo com o Ac. CS. de 04.07.68 (rel. ANTÓNIO MACEDO), *in* ROA. 29-1 a 4-159, segundo cujo sumário «o facto de o Advogado submeter a um jurisperito, sem prévia autorização do cliente, cartas íntimas que este lhe confiara, para saber se o seu conteúdo poderia basear uma acção de separação ou, eventualmente, de anulação de casamento – se não envolve quebra de segredo profissional, traduz inconsideração ou negligência que o preceito do artº 570º do E.J. condena», pois que, efectivamente, não estará em causa violação de segredo profissional, porque nada impedirá (salvo evidentemente desejo expresso do cliente) que o Advogado se socorra de colaboradores para patrocinar o caso que lhe é entregue; aqueles é que ficam automaticamente vinculados à relação de confiança sigilosa; não se afigura, pois, que tenha havido negligência do Advogado, mas porventura até diligência para bem defender o caso.

66 Este alcance, de profunda raiz doutrinária, não pode ser minimizado pela interpretação restritiva da palavra "declarações" que o artigo da lei portuguesa contem, que melhor se compreende em ligação com o nº 3 do mesmo preceito de lei.

67 «Os documentos tendentes a demonstrar a realidade dos factos só interessam ao processo, na medida em que possam ser suscetíveis de influenciar a decisão da causa, tendo em conta os temas da prova, selecionados, nomeadamente, a partir da causa de pedir ou da matéria de exceção alegadas na acção. O documento emitido por Advogado, no âmbito do exercício do mandato judicial, está abrangido pelo segredo profissional e, como tal, não é idóneo a fazer prova em juízo. Não constando a autorização prévia para a revelação de factos abrangidos pelo segredo profissional e não podendo tal documento fazer prova na acção, é inútil a sua junção, ainda que feita a coberto de uma ordem judicial, justificando-se o seu desentranhamento.» (Ac. RL 01.10.2015, *ITIJ* 5419/12.1TBALM-B.L1-2).

Finalmente, estas conclusões parecem de apadrinhar sem reservas no ordenamento jurídico português se tivermos ainda em consideração a norma genérica de carácter probatório que emana do art. 32.º-6 do Constituição da República Portuguesa, segundo a qual «são nulas todas as provas obtidas mediante tortura, coacção, ofensa da integridade física ou moral da pessoa, abusiva intromissão na vida privada, no domicílio, na correspondência ou nas telecomunicações».

Entendemos que a violação da reserva sigilosa representa uma «*abusiva intromissão na vida privada*», na medida em que representa a defraudação da justa esperança e confiança em que determinado profissional (no caso o Advogado) compartilhe de maneira privilegiada da privacidade necessária à respectiva relação profissional.

7. Os "colaboradores" do Advogado.

7.1. Os Advogados hoje designados por "associados"

A exigência para o Advogado é tão forte que é de entender que devem considerar-se vinculados ao sigilo aqueles que colaboram no seu escritório, sob pena de ser fácil defraudar o sistema.

Tal princípio foi consagrado – na perspectiva da responsabilidade do próprio Advogado, que não na da responsabilidade directa dos seus colaboradores – pelo CDAE, que prescreveu no seu art. 2.3.-4 que «*O Advogado exigirá aos membros do seu pessoal e a todos aqueles que consigo colaborem na sua actividade profissional, a observância do dever de guardar segreddo profissional a que o próprio está sujeito.*»[68].

A categoria de «associados» é tributada a outros Advogados que, mesmo sem serem sócios da mesma Sociedade de Advogados, mantenham com ela e/ou com seus sócios uma relação permanente no mesmo escritório, porventura em "fase" ou na previsão de que venham a ter parte social.

[68] N.º 2.3.4. daquele diploma, aprovado em sessão plenária da CCBE de 28.10.88, com as alterações introduzidas em 28.11.98 e 06.02.2002.

Todavia, o art. 92.º-7 EOA prescreve que o dever de guardar sigilo quanto à multiplicidade de factos elencados no n.º 1 do mesmo artigo «*é extensivo a todas as pessoas que colaborem com o Advogado no exercício da sua actividade profissional*», o que sobremaneira inclui os Colegas de escritório que colaborem em determinado dossier.

Daí que aqui seja aplicada a «cominação prevista no n.º 5» daquele artigo.

7.2. Os empregados e secretários dos Advogados e da Ordem dos Advogados.

E que dizer dos empregados e secretários?

A citada norma do EOA não refere senão «as pessoas que colaborem com o Advogado no exercício da sua actividade profissional».

Quererá isso dizer que só os Colegas do titular do dossier estão vinculados ao sigilo?

Antes da norma da CCBE atrás invocada, e sua aplicação analógica, já fora sustentado entre nós que «os empregados dos Advogados não podem depor sobre factos de que tenham tomado conhecimento nos respectivos escritórios e no exercício do seu trabalho, desde que esses factos estejam cobertos pelo segredo profissional do Advogado»[69].

Assim, não nos parece convincente, em sentido contrário, o argumento meramente formal de não existir norma sobre sigilo que cure, sob expressão directa, dos empregados forenses, ao reportar-se apenas a membros do pessoal do escritório e a todos os que consigo colaborem na sua actividade profissional[70].

É que, contra o que sustentou o Supremo Tribunal de Justiça, não se pode dizer que não existam quanto àqueles razões paralelas às que subjazem à citada norma expressa da CCBE. O máximo que pode extrair-se, *a contrario*,

[69] Parecer CG. de 14.10.953 (rel. FERNANDO DE CASTRO), *in* ROA. 13-3/4-422. Vide também Parecer CG. de 22.05.87 (rel. MACHADO RUIVO), *in* ROA. 47-2-651: «Sempre a Ordem dos Advogados tomou posição no sentido de que os empregados não podem depor sobre factos de que tenham conhecimento nos respectivos escritórios e no exercício do seu trabalho, desde que tais factos estejam cobertos pelo segredo profissional do respectivo Advogado».

[70] Ac. STJ de 04.11.974, *in* BMJ 241-324. *Vide* norma 14 do Código Internacional de Ética Profissional aprovado pela I.B.A., *in* ROA. 13-1-31.

do art. 195.º CP é que o sujeito deste ilícito não comete crime, sob a consabida regra de *nullum crimine sine lege*. Mas não se duvidará que está incurso na obrigação sigilosa a que se refere o art. 92.º-7 EOA, vale dizer que é sujeito à falta deontológica aí expressamente referida.

De resto, uma interpretação excluindo os empregados seria uma porta aberta à fraude à lei, como é óbvio.

Por isso, não foi suficientemente longe o citado preceito do CDCCBE quando referiu a matéria apenas no plano da responsabilidade do Advogado: este é que teria o dever de "exigir" dos seus empregados a manutenção do segredo de que ele, Advogado, era o verdadeiro detentor. As consequências jurídicas desta limitada perspectiva seriam, pois, apenas as de o Advogado ter de arcar com a responsabilidade por não ter sido respeitada pelos seus empregados aquela exigência! E aqueles que, de facto, tinham procedido à revelação dos factos sigilosos, factos de que eram naturalmente detentores por força da colaboração profissional que prestavam, ficariam impunes! Não pode ser!

Mas, finalmente, afigura-se-nos não sustentável em qualquer norma específica a tese de recente acórdão, segundo o qual «O segredo profissional a que estão sujeitos aos Advogados e as pessoas que colaboram com estes é extensível aos funcionários da Ordem dos Advogados quanto a factos a ele abrangidos que tenham conhecimento no âmbito dessas funções.»[71]. Isto sem sequer se aduzir que o visado fosse empregado ou secretário de Advogado. Parece que se trataria de empregado da secretaria da Ordem!

Trata-se de abusiva extrapolação para outra profissão daquilo que é privativo (como direito e como obrigação) da profissão de Advogado.

Também o mesmo diploma do CDAE estabelece no seu n.º 2.3-4: «*O advogado exigirá aos membros do seu pessoal e a todos aqueles que consigo colaborem na sua actividade profissional, a observância do dever de guardar segredo profissional a que o próprio está sujeito.*»[72].

[71] Ac. RG 08.02.2018, *ITIJ* 3764/15.3398BRG-A.G1.

[72] Vejam-se também os Princípios Básicos das Nações Unidas à função dos Advogados, transcritos por FERNANDO SOUSA MAGALHÃES, *Estatuto de Ordem dos Advogados anotado e comentado*, 13.ª ed. Coimbra, Almedina, págs. 549 a 557.

Por último, saliente-se recente jurisprudência, segundo a qual «o segredo profissional a que estão sujeitos aos Advogados e as pessoas que colaboram com estes é extensível aos funcionários da Ordem dos Advogados quanto a factos a ele abrangidos que tenham conhecimento no âmbito dessas funções[73].

7.3. Os Colegas.

Ora, por maioria de razão e perdoe-se-nos a tautologia, devem considerar-se vinculados ao segredo profissional os Colegas de escritório e os Advogados/estagiários[74] que, por razão da proximidade profissional e/ou colaboração, tiveram acesso àquilo que foi confiado a certo Advogado.

Na própria norma do art. 92.º-1-*c)* EOA cabe a situação. Certo é que, segundo ela, estão sujeitos a segredo os próprios «*factos referentes a assuntos profissionais comunicados por colega com o qual esteja associado ou ao qual preste colaboração*». Caso típico é o da simples presença física do "cliente" no escritório partilhado por vários profissionais da Advocacia, aplicável aos empregados. Outro será o da prestação de colaboração por um Advogado num "caso" de outro.

Por isso também menos se justifica que a mencionada norma do CDCCBE remeta a situação identicamente para, quando muito, uma responsabilidade indirecta destes colaboradores-Advogados. Na verdade, tal norma estabelece que o Advogado (e não o cliente, nem a sociedade!) tem o dever de exigir a observância do sigilo aos "seus associados" (por natureza Colegas de profissão).

[73] Desta feita, «numa acção contra um advogado a título de responsabilidade civil, tendo em atenção a alegação do autor de que não conseguiu contactar com a patrona nomeada, nem com a intervenção que pediu à Delegação da O.A., e a versão oposta da patrona, afigura-se-nos imprescindível para a decisão da causa saber o que a funcionária daquela Delegação sabe a este propósito, assim prevalecendo o interesse na realização da justiça e tutela do direito à produção de prova pela parte onerada sobre o interesse tutelado com o estabelecimento do dever de sigilo.» (Ac. RG 8.3.18, *ITIJ* 15.3T8BRG-A.G1).

[74] São inábeis por motivo de ordem moral, para testemunhar, os que, por seu estado ou profissão, estejam vinculados ao sigilo profissional, quanto aos factos abrangidos por este. É o caso de um advogado estagiário que, presente a conversas entre o seu patrono e o cliente é chamado, pela parte contrária, a depor, como testemunha, no julgamento (Ac. STJ 02.04.1992, proc. 081935).

8. Factos não relativos ao exercício profissional.

Para haver legitimidade e obrigação para a manutenção do segredo forçoso é que, por um lado, se trate de factos conhecidos no exercício da profissão e que, por outro lado, eles sejam relativos a esse exercício.

Por isso, já bem foi opinado que não estão incursos nessa categoria de factos os que, embora ocorridos no escritório de Advogado, não eram relativos ao exercício profissional[75]. E bem se decidiu que não pode caber no privilégio do sigilo a prática pelo Advogado de actos passíveis de censura penal, sob pena de se pretender que o Advogado tivesse um estatuto de auto-defesa a despeito de ter perpetrado um crime[76].

[75] Parecer CG. de 30.10.952 (rel. FERNANDO DE CASTRO), *in* ROA. 12-3/4-404: «É evidente que não existe a obrigação de guardar segredo profissional de factos que nenhuma relação tenham com o exercício da profissão (...)». «A análise jurídica de um contrato feita por "técnica de apoio jurídico", advogada com inscrição activa na Ordem dos Advogados, ao serviço de uma empresa que presta serviços de assessoria, deverá incluir-se no âmbito da "consulta jurídica" prevista no art.º 1.º da Lei n.º 49/2004 de 24 de Agosto que define o sentido e o alcance dos actos próprios dos advogados. Logo esta actividade está sujeita ao dever de sigilo profissional.» (Ac. RL 04.07.2016, *ITIJ* 108/15.8JARLA-A.L1.-3).

[76] «Tanto o *dever de sigilo* que a lei substantiva prescreve como o *direito ao sigilo* que o direito processual reconhece, visam salvaguardar simultaneamente bens jurídicos de duas ordens distintas. A par dos interesses individuais da preservação do segredo sobre determinados factos, protegem-se igualmente valores ou interesses de índole supra-individual e institucional que, por razões de economia, poderemos reconduzir à *confiança* sobre que deve assentar o exercício de certas profissões.» Presentemente, é clara a prevalência da tutela da privacidade, bem jurídico pessoal, face ao bem jurídico supra-individual institucional, perante a previsão do art. 195.º do CP, sem prejuízo de os valores supra-individuais, que se «identificam com o prestígio e confiança em determinadas profissões e serviços, como condição do seu eficaz desempenho», aparecerem sempre incindivelmente associados à punição da violação do sigilo profissional, embora «com o estatuto de *interesses (apenas) reflexa e mediatamente protegidos*». Estão abrangidos pelo segredo profissional do advogado os factos que resultem do desempenho desta actividade profissional, podendo advir da violação desse dever de reserva, para além de responsabilidade criminal e civil, também consequências no plano estatutário e no plano processual. A eventual prática de ilícitos criminais por parte do próprio mandatário nunca poderá considerar-se compreendida no exercício das funções profissionais de um advogado, sendo violadora, para além do mais, do dever deontológico de agir de forma a defender os interesses legítimos do cliente, sem prejuízo do cumprimento das normas legais e deontológicas. Não pode fazer-se apelo ao sigilo profissional para encobrir a eventual prática de actos ilícitos, de natureza criminal, por parte do mandatário, pois que, não constituindo acto próprio da advocacia, se mostra excluída da esfera de protecção da norma em causa (o art. 87.º da Lei n.º 15/2005, de 26-01, com as alterações do DL n.º 226/2008, de 20-11, e

Outra não é também a razão por que o n.º 2 do art. 135.º CPP, como adiante se refere, prevê a possibilidade de a «autoridade judiciária» ou o Tribunal concluir que o Advogado não tenha "legitimidade" para se escusar a depor em processo-crime com o pretexto de segredo profissional, obrigando-o então ao depoimento.

9. Os deveres de informação, lealdade e zelo para com o cliente.

Embora possa parecer evidente, deverá realçar-se que não se deve colocar a necessidade de dispensa ou autorização para revelar segredo profissional em relação ao próprio cliente.

Referimo-nos aos factos conhecidos pelo Advogado a partir da "parte contrária", designadamente quando intervém sozinho nos contactos com ela ou com o seu patrono.

É que, nessa circunstância, sobrepujam os seus deveres de informação, de lealdade e de zelo para com o seu patrocinado[77]. Este, porque é o ponto de referência inicial da relação de confiança que caracteriza o exercício profissional, tem direito a conhecer todos os factos relativos ao exercício do patrocínio, nomeadamente, por exemplo, a correspondência trocada durante negociações.

A própria eminente respeitabilidade das relações entre Colegas tem esses limites, e o Advogado probo deve administrar estes com a maior das lisuras, tendo também em conta que lhe é exigível um importante papel de pacificador das relações sociais (matéria esta de grande delicadeza que mereceria maior detença em trabalho de outra natureza).

da Lei n.º 12/2010, de 25-06, e actualmente o art. 92.º da Lei n.º 145/2015, 09-09.» (Ac. RL 23.02.2017, *ITIJ* 1130/14.7TDLSB-C.L1-9).

[77] São deveres do Advogado para com o seu cliente «dar (ao cliente) a sua opinião conscienciosa sobre o merecimento do direito ou pretensão que este invoca, assim como prestar, sempre que lhe for solicitado, informação sobre o andamento das questões que lhe forem confiadas» e «estudar com cuidado e tratar com zelo a questão de que seja incumbido, utilizando para o efeito todos os recursos da sua experiência, saber e actividade.» (EOA, art. 100º-1-*a)* e *b)*).

10. Relações com Colega copatrocinador.

Porque já se suscitou a questão, saliente-se que não carece também de autorização revelar os factos sigilosos a Colega copatrocinador, ainda que estrangeiro, pois que também este estará vinculado pelas mesmas confiança e confidencialidade. Isto a menos que o "cliente" solicite a reserva pessoal do Advogado a quem especialmente cometeu o assunto.

Mas a situação não deixará de ter melindre em relação a Advogado estrangeiro se o seu regime deontológico do "segredo profissional" for diferente do português (p. ex. o sistema britânico em relação à troca de correspondência)[78].

Entendemos que o Advogado nacional tem o dever de assegurar com o seu correspondente e colaborador estrangeiro o cumprimento das nossas regras estritas nesta matéria, sob pena de ser responsável pela sua violação, ocorrida por acto de seu "auxiliar"[79].

11. Sucessão no segredo.

Aspecto de grande relevância prática – e que por isso frequentemente se alevanta – é o de que o segredo se transmite integralmente, em toda a sua extensão e com todos os seus destinatários ou beneficiários, do Advogado

[78] Ainda hoje se não conseguiu unanimidade em todos os aspectos do conteúdo da obrigação do segredo profissional nos países membros do CCBE. Veja-se a "Declaração de Peruggia", Secção IV-n.º 2, in B.O.A., 19-24. Vejam-se também as normas comuns, de extrema importância, contidas no CDCCBE. De realçar, porém, duas normas (além das citadas 5.3.1. e 5.3.2., que, por si, são paradigma do compromisso que foi preciso obter nessa matéria da troca de correspondência face às diversas praxes deontológicas dos países da UE): «De harmonia com o Direito Comunitário (nomeadamente a Directiva 77/249, de 22.3.977), o Advogado de um Estado Membro pode ser obrigado a respeitar as regras deontológicas da Ordem do Estado Membro de Acolhimento. É dever do Advogado informar-se acerca das regras deontológicas a que está sujeito no exercício de determinada actividade.» (2.4.); e «O Advogado que compareça ou tome parte em um processo num Tribunal de um Estado Membro deve observar as regras deontológicas aplicáveis nesse Tribunal.» (4.1.).

[79] Tal é o consectário lógico de um princípio geral de Direito das Obrigações, contido no art. 800.º CCiv.

detentor primitivo para aquele que lhe sucede no patrocínio daquela causa ou de outra que com ela se prenda e em que os factos tenham relevo[80].

Tal sucede nos casos de substabelecimento[81], com ou sem reserva, de renúncia ao mandato, de revogação do mandato, de sucessão no mandato de Colega falecido.

Assim mesmo que os factos lhe não tenham sido transmitidos pelo antecessor, mas ou constem do "dossier" ou lhe sejam revelados pelo cliente como passados antes ou no decurso da causa.

O segredo, aliás, fica a fazer parte do património moral do primitivo como do ou dos sucessores titulares no mandato, indistintamente e com a mesma força.

Mais ainda, o Presidente CD irá ser particularmente rigoroso para com o cessante se ele pretender obter autorização para levantar o sigilo, como adiante se referirá.

O sucessor, esse, é seguramente um "*alter ego*" do primitivo, cabendo a origem do seu conhecimento por inteiro no exercício da profissão no art. 66.º-1 EOA[82].

[80] *Vide* nosso Despacho de 24.10.988, *in* ROA 48-3-1062: «O Advogado que sucedeu no patrocínio a um Colega, deste tendo recebido em 'dossier' a correspondência trocada com o Advogado da parte contrária ou directamente com a parte contrária, correspondência essa a coberto de segredo profissional, tem legitimidade para requerer autorização da sua dispensa, para junção desses documentos aos autos». Curioso, pelo paralelismo analógico, é o Parecer CG de 22.11.968 (rel. CUNHA E SOUSA), *in* ROA 29-1/4-226, que firmou a seguinte doutrina: «Quem interveio como Delegado do Procurador da República na instrução preparatória de um processo crime em que se determinou que os autos ficassem a aguardar melhor prova, não pode, posteriormente, intervir na mesma causa, agora como Advogado dos arguidos, ainda que o processo só tenha prosseguido com base em factos novos e diferentes.».

[81] Parecer CG. de 29.05.51 (rel. DOMINGOS PINTO COELHO), *in* ROA. 9-1/2-564: «O Advogado que, com substabelecimento de um Colega momentaneamente impedido, representou uma das partes numa acção julgada improcedente, não pode aceitar mandato da outra parte para acção conexa que depois venha a ser proposta».

[82] «(...) só os Advogados com inscrição em vigor na Ordem dos Advogados podem, em todo o território nacional, praticar actos próprios da Advocacia, nos termos definidos na Lei n.º 49/2004, de 24 de Agosto.».

CAPÍTULO II
SOBRE O CONTEÚDO DO SEGREDO PROFISSIONAL

12. Razão de ordem.

A extensa gama de assuntos que devem ser abarcados pelo segredo profissional na Advocacia permite o seu tratamento abstracto e doutrinário, já que tudo tem a ver com a natureza daquela obrigação.

Deste modo, ao fazer depois referência ao nosso Direito positivo, ficará coberta a matéria no essencial; e não ficará certamente perdida uma visão institucional que possa ser útil para além do legislado e até das nossas idiossincrasias, pois que basta ler as normas do Código Deontológico do CCBE para ver que as reflexões lhe aproveitarão.

Assim, fazendo alguma exegese do art. 92.º EOA, por mero pragmatismo, é possível referirmo-nos previamente aos grandes princípios que emolduram as suas normas, sem perda doutrinal e com eventual benefício para outros ordenamentos jurídicos europeus.

I – Os factos referentes a assuntos profissionais revelados pelo cliente ou por sua ordem ou conhecidos pelo Advogado no exercício da profissão.

13. Matriz legislativa.

Na alínea *a)* do art. 92.º-1 EOA contem-se a verdadeira matriz do conteúdo (tal como da natureza) da obrigação de segredo profissional, pelo que vale a pena transcrevê-la: «*O Advogado é obrigado a segredo profissional no que respeita*» «*a factos referentes a assuntos profissionais que lhe tenham sido revelados pelo cliente ou por sua ordem ou conhecidos no exercício da profissão*».

Dir-se-á, com efeito, que as demais regras que podem ser previstas sobre o tema[83] são sobretudo explicitações ou porventura pormenorizações da norma transcrita em primeiro lugar, que seguramente só foram previstas para salientar hipóteses mais marcantes e que eventualmente poderiam dar lugar a dúvidas de interpretação dentro da regra cimeira.

14. O "cliente".

Como se disse, a fonte mais importante do fornecimento dos factos sigilosos é o próprio "cliente".

E esta expressão – "cliente" – tem aqui um sentido amplo, que é o que tem o merecimento da tal relação de confiança.

É não só o consulente fortuito como o patrocinado com mandato forense, ou com outro tipo de mandato outorgado em razão de o mandatário desempenhar a sua profissão de Advogado e como tal ter sido procurado.

Por isso, não deixa de caber nesse conceito a intervenção de um Advogado procurado apenas para intervir em nome de outrem como "procurador" ou mandatário na celebração de um contrato, apesar de tal função ter podido ser desempenhada por pessoa não-Advogado, na medida em que foi o exercício profissional que o vocacionou para desempenhar tal papel.

[83] E que se encontram nas outras alíneas do mesmo artigo do EOA.

É tanto o "consulente" que foi aconselhado como aquele que, tendo procurado conselho, foi rejeitado (como é caso típico o de ser recusada a consulta por o Advogado se considerar deontologicamente impedido – ex: ter sido ouvido já pela "parte contrária"; ter relações pessoais ou relações conflituais com outrem envolvido no caso, etc..

É tanto aquele de quem, para o representar, possui "procuração" como aquele que patrocina sem que lha tenha sido conferida em documento escrito, sabido, aliás, que o mandato não é, em princípio, um contrato formal[84].

Por tudo isso, tem sido considerado particularmente antideontológico que um Advogado possa vir a patrocinar interesses contra quem já foi seu cliente, no mesmo assunto ou se o novo pleito, ainda que diferente, tem qualquer relação com o anterior[85].

Só em casos raríssimos, como o é o da acção de divórcio ou de separação judicial de pessoas e bens por mútuo consentimento, se tem entendido que nada haverá a obstar a que um mesmo Advogado represente ambas as partes[86], mas nem isso parece ser desejável dado que é extremamente delicado

[84] O nosso país mantém essa coisa anacrónica da necessidade de mandato forense formal para intervenção em Tribunal.

[85] Parecer CG. de 16.12.48 (rel. ADELINO DA PALMA CARLOS), *in* ROA. 8-3/4-389: "O Advogado pode aceitar mandato contra um seu antigo constituinte; mas é-lhe proibido fazê-lo para pleitear na mesma causa em que o representara, ou em causa com ela conexa"; Ac. CS. 25.03.49, *in* ROA. 9-1/2-419: "Constitui infracção disciplinar o facto de um Advogado aceitar mandato contra um antigo constituinte, a quem já patrocinara, embora extrajudicialmente, no mesmo assunto ou em assunto conexo"; Ac. CS. 03.04.951 (rel. CARLOS OLAVO), *in* ROA. 11-3/4-527: caso de Advogado consultor da Ordem dos Médicos que aceitou patrocinar um individuo acusado do exercício ilegal de Medicina; Parecer CG. de 5.4.951 (rel. FERNANDO DE CASTRO), *in* ROA. 11-3/4-549: "Não pode aceitar mandato para intervir numa partilha judicial em representação apenas de alguns dos interessados o Advogado que a todos orientou em negociações para partilha amigável"; Parecer CG. de 29.5.951 (rel. DOMINGOS PINTO COELHO), *in* ROA. 11-3/4-564 cujo sumário foi atrás transcrito; Parecer CG. de 26.7.951 (rels. ÁLVARO DO AMARAL BARATA e DOMINGOS PINTO COELHO), *in* ROA. 11-3/4-442: "Não pode aceitar mandato para demandar duas menores que andam em litígio com o pai o Advogado que a este represente em tal litígio, visto que o seu constituinte tem de intervir na demanda a instaurar em representação das filhas".

[86] Parecer CG. de 18.4.941 (rel. AUGUSTO VITOR DOS SANTOS), *in* ROA. 18-1-128: «Enquanto não houver colisão de interesses, pode o mesmo Advogado representar mais de um interessado. Por isso o Advogado pode representar ambos os cônjuges em divórcio ou separação por mútuo consentimento e igualmente pode representar mais de um interessado no inventário».

aconselhá-los simultaneamente e será inconcebível manter o patrocínio de um deles apenas quando, porventura, se desentenderam, ainda que porfiem em utilizar a acção por mútuo consentimento.

15. Todos os factos; a presença no escritório.

O sigilo abrange todos os factos revelados pelo cliente e não apenas aqueles de que ele lhe tenha pedido confidência.

E principia logo pelo "facto" da simples presença física do "cliente" no escritório do Advogado, que deve ser considerada de total reserva. Para além de isso ser um princípio geral, ninguém desconhece quanto para muita gente esse "facto" é de enorme relevo sigiloso, já que não quer frequentemente que "outrem" (ex: cônjuge desavindo) saiba dessa presença, designadamente pelo peso social que para muitos tem a simples circunstância de "ter de" recorrer a um Advogado (tal como ir ao médico, ir ao psiquiatra, ir à confissão...). Daí a exigência de particular cuidado na prevenção dos empregados ou secretários para se negarem a responder às frequentes perguntas feitas por telefone sobre se "lá" esteve ou está X ou Y!

16. Factos revelados por ordem do cliente.

Embora desnecessariamente, deve entender-se claro – e quis a nossa lei que assim ficasse expresso – que igual relevo têm os factos revelados "por ordem" do cliente.

Isso procura cimentar a ideia de que nada de mais natural do que alguém pretender ser aconselhado ou patrocinado, mas forneça os factos por intermédio de outrem em seu nome, porventura não querendo, ou não podendo, comparecer no escritório do Advogado. O *nuntius* está, pois, em lugar do "cliente" e a reserva mantém-se na íntegra em todos os seus aspectos. A situação mais frequente que se nos depara é a da intervenção de pessoa de família[87].

[87] Parecer CG. de 10.02.54 (rel. EDUARDO FIGUEIREDO), *in* ROA. 14/16-324: «Não pode o Advogado revelar, em declarações a prestar na Polícia Judiciária, o que lhe foi confidenciado

Merece especial atenção, pois não tem sido suficientemente salientado, que estão excluídas da reserva sigilosa as cartas enviadas pelo Advogado à previsível parte contrária, destinadas essencialmente à interpelação para cumprimento de obrigação, quer com prazo certo quer com prazo dependente da interpelação contratual. Manda a boa prática que o Advogado faça o envio com aviso de recepção e informe nessa carta que ela tem carácter interpelativo, pelo que não está sujeita a segredo profissional.

17. Factos revelados pelo cliente.

Que fique, contudo, bem claro que o princípio da revelação "pelo cliente" – e a expressão "revelados pelo cliente" – não pode ter uma interpretação literal e formal como se aí só estivessem contidos os factos que vieram da sua boca ou dos seus escritos.

Estão em causa no próprio princípio e na expressão todos os factos que envolvem a relação com o cliente. Assim acontece com o modo como foi procurado por aquele ou para aquele cliente (caso típico quando está sujeito a prisão), o modo como conheceu os elementos do processo, seja qual for a natureza deste (por exemplo, nunca poderá revelar como colheu conhecimento de conteúdo de processo em segredo de justiça), o modo como lhe foram entregues provisões ou como foi pago[88] (caso típico que se chegou a colocar a propósito do "Caso das FP 25"), etc..

Questão de particular delicadeza será a de saber se o cliente, ele mesmo, pode desvincular o Advogado dos factos que lhe foram por aquele revelados. Mas a resposta não pode ser senão unívoca:, pois, segundo a norma a base do art. 92.º e seu n.º 1-*a)*, «O advogado é obrigado a guardar segredo profissional no que respeita a *todos os factos referentes a assuntos profissionais conhecidos, exclusivamente, por revelação do cliente ou revelados por ordem deste*» [EOA, art. 92.º-1-*a)*].

Segue-se que há que distinguir entre as funções que o Advogado desempenha no litígio:

por pessoa de família de uma cliente, desde que tal depoimento não seja absolutamente indispensável à defesa da dignidade, direitos e interesses legítimos da mesma cliente».

[88] Caso típico que chegou a colocar-se, entre nós e no nosso mandato como Bastonário, a propósito do "Caso das FP 25".

- seria absurdo que o Advogado não pudesse revelar os factos revelados pelo cliente ou por ordem deste quando se trata de construir a peça processual de base (articulados), pois que é óbvio que o Advogado, em princípio, só pelos referidos modos pôde ter acesso aos factos que constroem a posição processual do cliente (normalmente litigiosa);
- mas o que é inconcebível é que um Advogado "não vista a toga" ou "dispa a toga"; ou, pior, aceite renunciar ao mandato ou ser-lhe este revogado, para poder passar a depor como testemunha; é que o cliente, ou ex-cliente, então, não é o senhor da autorização para a revelação dos factos sigilosos pois só a Ordem dos Advogados o pode fazer com a isenção e completude devida.[89]

18. Revogação do mandato e renúncia ao mandato.

Com muito mais razão a revelação dos factos relativos às relações com o cliente não pode ser feita quando tais relações terminam por acto unilateral, conflitual ou não: revogação do mandato ou renúncia ao mandato[90].

O Advogado que renuncia ao mandato não pode de modo nenhum, ainda que com o desejo de "varrer a sua testada" ou de cobrir o seu bom nome, tornar públicos os motivos dessa atitude, na medida em que normalmente isso envolve uma gravíssima quebra da confiança exigível, confiança porventura não merecida ou não correspondida pelo ex-patrocinado. As posições pessoais não têm paralelo. O máximo que é figurável é a de, em circunstância sopesada cuidadosamente pelo Presidente do Conselho Regional, o Advogado vir a ter necessidade de revelar essas razões para se defender justamente de difamação

[89] É, assim, um erro decidir-se «Acresce o juiz não ter de impedir a violação do segredo profissional do advogado quando é a própria parte beneficiária desse segredo que implicitamente o dispensa, ao indicá-lo como testemunha» (Ac. RL 10.03.2011, *ITIJ* 5098/05.2TBAMO.L1-2).

[90] Ac. CS. de 05.04.75 (rel. VITORINO DE ALMEIDA), *in* ROA. 36-279: «O Advogado que renuncia à procuração não tem de tornar públicos os motivos da renúncia, e pode até suceder que o segredo profissional impeça essa publicidade. Se o Advogado explica aos Juízes que renunciou ao mandato por o cliente recusar o exame psiquiátrico que aquele lhe aconselhou, trai o segredo a que está obrigado». Não pode igualmente aproveitar-se da circunstância de lhe ter sido revogado o mandato para publicitar os factos sigilosos (Ac. CS. de 8.10.964 (rel. ANTÓNIO MACEDO), *in* ROA. 25-1/4-208).

grave[91]. Mas é de arredar, em princípio, tal revelação a nível do processo em que cessou o patrocínio, na medida em que isso possa influenciar o Julgador na sua decisão sobre o fundo da causa.

19. Factos conhecidos no exercício da profissão.

Aparentemente de «*todos os factos cujo conhecimento lhe advenha do exercício das suas funções ou da prestação dos seus serviços*» (art. 92.º-1 EOA) apresentar-se-ia como redundante, na medida em que, como se viu, um dos pressupostos gerais da existência da obrigação de segredo profissional é precisamente a de que os factos sejam conhecidos naquelas circunstâncias[92].

Mas não é assim. Poderia querer admitir-se que na dita expressão o legislador cometera um *lapsus calami*, de tal modo que onde escrevera "*ou* conhecidos no exercício da profissão" quisera dizer "*e* conhecidos no exercício da profissão"; e já se decidiu como se tal raciocínio fosse pressuposto. Todavia, se tal tivesse ocorrido, então o redactor fora ainda mais inábil, por redundante, já que mal se compreenderia que falasse em «*factos cujo conhecimento lhe advenha do exercício das suas funções*» (...) «*ou da prestação dos seus serviços*», por ser óbvio que aqueles assuntos são por natureza conhecidos neste exercício ou prestação.

[91] Vide Despacho Pres. CDLx. (ALFREDO GASPAR) de 24.10.88, *in* ROA. 48-03-1057: «Se a petição inicial de uma acção for desabonatória, quer do brio profissional do anterior mandatário do Autor, quer do carácter do Réu, justifica-se que se defira – embora a título excepcional – o pedido do Advogado do Réu de dispensa do sigilo profissional, para o efeito de o autorizar a invocar em Juízo negociações transaccionais malogradas, se tal invocação satisfizer aos seguintes requisitos: a) servir para esclarecer os comportamentos desacreditados pelo Autor, atentatórios da dignidade do seu primeiro Advogado e da pessoa do Réu; b) não comprometer os fins da Justiça e, designadamente, não for susceptível de influir no espírito do Julgador».

[92] Vide nosso Despacho de 11.04.88, *in* ROA. 48-2-653: «Está por natureza sujeita a segredo profissional a troca de correspondência entre Advogados relativa a assunto pendente, porque contem necessariamente factos revelados pelo cliente ou por sua ordem ou conhecidos no exercício da sua função». «O Advogado que interveio como testemunha num testamento deve abster-se de aceitar procuração para intervir no inventário por morte do testador» (Parecer CG. de 20.01.54 (rel. ABRANCHES FERRÃO), *in* ROA. 19-2-181); «O Advogado não deve, em princípio, patrocinar qualquer das partes em processo no qual esteja em causa uma escritura em que tenha intervindo como testemunha» (Parecer CG. de 22.06.55 (rel. ABRANCHES FERRÃO), *in* ROA. 19-3/4-343).

O que se pretendeu, e bem, foi incluir nesta norma-charneira, ao concentrar aí a essência da relação de sigilo profissional, a indicação de que também há factos necessariamente sigilosos que não serão trazidos ao conhecimento do profissional pelo cliente ou por sua ordem (art. 92.º-1-*a)* EOA)[93]. É tipicamente, mas não só, o que acontece com os oriundos da parte contrária ou seu patrono ou representante[94].

Trataremos, porém, essa matéria adiante com autonomia.

20. Factos conhecidos por causa do exercício profissional.

Mas não são essas as únicas hipóteses a ter em conta na ideia e expressão «*cujo conhecimento lhe advenha do exercício das suas funções ou da prestação dos seus serviços*».

Daqui extrai-se sobremaneira que o Advogado, trate-se ou não de negociações com a "parte contrária", nunca será uma "testemunha comum" relativamente ao conhecimento de factos ocorridos «*no exercício das suas funções*»[95], ou seja, por causa desse exercício e relativos ao desempenho concreto do patrocínio em causa. Isto é, como atrás se referiu, devem daqui excluir-se os factos passados no ou fora do seu escritório que nada têm a ver com esse patrocínio (ex: o furto, um assalto, um rapto de que um cliente foi vítima, e de cuja identificação de criminoso e circunstâncias pode testemunhar, quando o patrocinava em questão de outra natureza).

Assim acontece quando o Advogado é encarregado de procurar elementos ou fazer averiguações (sem a confusão com o tipo de "detective" que nos

[93] «Toda a correspondência que integra factos levados ao conhecimento dos respectivos Advogados subscritores, no domínio da sua actividade profissional, constitui segredo profissional. Assim, nem os próprios poderão dela utilizar-se sem prévia consulta à Ordem» (Parecer CG. de 22.3.980 (rel. CARMELO LOBO), *in* ROA. 40-2-566).

[94] Causa, no mínimo, perplexidade o Ac. RG 05.04.2018, *ITIJ* 938/15.0T8VRL-A.G1, que não tem qualquer fundamento inteligível para decidir contra o despacho do Presidente do Conselho Regional, e cujo restante teor nem sequer permite saber a razão por que obriga uma Advogada a depor!

[95] Parecer CG. 23.11.955 (rel. MAGALHÃES GODINHO), *in* ROA. 19-3/4-357: «Para que ao Advogado seja consentido depor como testemunha de factos cujo conhecimento obteve por virtude de exercício do mandato, ainda que verbal e sem remuneração, é indispensável a necessidade absoluta da revelação desses factos».

pintam certos filmes!). Não lhe será lícito depor espontaneamente acerca daquilo que encontrou ou averiguou, ainda que em diligências no estrangeiro, ou, pelo menos, nunca antes de obter autorização para tal, com dispensa do sigilo, ponderada a atendibilidade das circunstâncias.

É que, repetimos, o Advogado não é no ponto de vista deontológico uma pessoa vulgar. A sua actuação tem uma dignidade e estatuto incompatíveis com aquele procedimento. Não é preciso que o cliente lhe solicite confidencialidade, pois esta é automática.

21. Proibição da revelação de factos sigilosos por todos os modos.

A proibição de revelação dos factos sigilosos abrange todos os modos de o fazer, pelo que há que pôr cobro a muitas situações dúbias a que frequentemente se assiste nos Tribunais.

Uma coisa é certa: é o Advogado o impendente da obrigação, pelo que não podem ser criados ínvios que almejem transferi-la para outro meio.

21.1. Depoimento testemunhal.

Um dos meios típicos é o do depoimento testemunhal.

Como melhor se explicitará, a dispensa só é sequer figurável quando tenha cessado o patrocínio e em circunstâncias que não constituam grave ofensa à dignidade exigível ao exercício da Advocacia. Aliás, como os autores têm salientado, é indesejável que, em princípio, o Advogado seja visto como testemunha.

21.2. Exibição e/ou junção de documentos.

Outro é o da exibição de documentos ou da sua junção aos autos em pleno exercício de patrocínio. Também a autorização para o fazer terá de se revestir de cuidados próprios.

Urge aqui salientar que não cabe na reserva sigilosa a utilização de correspondência travada entre o Advogado e a parte contrária do cliente, mesmo que isso tenha lugar por troca de cartas com o Advogado daquela, quando o meio epistolar seja expressamente dito que se destina à interpelação para o cumprimento de obrigação, consagrada em contrato ou estipulada por lei (ex: notificação epistolar para correcção do novo valor da renda). Por isso, bem teria feito o Tribunal se tivesse salientado o carácter interpelatório duma carta enviada pelo Advogado, pois é nesse caráter que se funda a não exigência de pedido de dispensa de sigilo profissional[96].

21.3. Narração escrita dos factos.

Outro é o da simples narração ou articulação dos factos no processo, aquando do exercício de mandato.

Ninguém poderá questionar que essa atitude, por si mesma, já constitui ofensa à obrigação de sigilo, pelo que nenhum Advogado o pode fazer sem prévia autorização, ainda que sob o pretexto da urgência na elaboração da peça processual ou de que isso constituiria coisa diferente da futura prova dos factos invocados, essa, sim, sujeita a cautelas deontológicas. É que esta invocação, por si mesma, já é revelação dos factos sujeitos a segredo ... pelo que será absurdo pretender mais tarde, ou seja, *a posteriori*, vir solicitar apenas autorização para juntar documentos destinados, por exemplo, a provar os quesitos onde os factos sigilosos, porque antes articulados, já estão contidos.

A não reserva de sigilo está patente quando o Advogado dirige à parte contrária, em representação do seu cliente, como meio de normal interpelação para cumprimento de obrigação.[97]

[96] «Não é toda a correspondência de advogado que está abrangida pelo segredo profissional, ela tem de estar abrangida por uma das situações previstas nas alíneas do n.º 1 do art.º 87º do EOA. A correspondência enviada por advogado à parte contra quem o seu cliente mantém um diferendo não se encontra coberta por tal segredo. As cartas subscritas pelo então advogado dos autores/senhorios à inquilina destes e a que se reporta o contrato de arrendamento em discussão na acção e através da qual se comunica a alteração da renda devida e nos termos da legislação sobre o arrendamento, não se reporta propriamente a negociação relativa a um litígio pré-judicial, mas de comunicação de alteração de renda e respectivas resposta e contra-resposta, e a sua junção não viola o segredo profissional imposto ao advogado. (Ac. RP 12.01.2017, *ITIJ* 1226/13.2TVLSB-C.L9-2).

[97] «Não viola o disposto no art.º 87.º, n.º 1, al. *f)* e n.º 3, do Estatuto da Ordem dos Advogados, com referência ao art.º 1.º, n.º 6, al. *b)* da Lei n.º 49/2004, de 24 de agosto [de então], devendo ser admitida a sua junção aos autos, a carta enviada por Advogado à parte contrária, em nome do seu constituinte, na qual, sob o assunto "pagamento de saldo/credor", interpela o

Escusado será alertar para que o Presidente CR é normalmente solicitado a despachar os pedidos de autorização com a máxima urgência; e que, numa emergência, haverá muitas vezes meio de fazer um articulado, sem descobrir *ex professo* o facto sigiloso concreto.

22. Sucessão no patrocínio.

Finalmente aqui há que reiterar o que já ficou atrás dito: o Advogado sucessor do primitivo detentor do segredo tem necessariamente conhecimento dos factos a ele sujeitos ou por via do cliente (ou por sua ordem) ou por força do exercício da profissão, em especial através da documentação que lhe foi transmitida.

II – Os factos comunicados por coautor, corréu ou cointeressado do cliente ou pelo seu representante.

23. Coautor, corréu ou cointeressado.

Parece evidente que o segredo profissional deve ter em conta as relações privilegiadas que naturalmente se estabelecem entre o Advogado e outros cointeressados do seu cliente, ou os Colegas que os patrocinam. Isto é, abrange os factos que vieram ao seu conhecimento por essas vias, e que têm em conta o patrocínio de interesses comuns ou afins.

Isso mesmo é relembrado, embora sem necessidade, pela alínea *d)* do art. 92.º-1 EOA, ao estabelecer que o segredo profissional também respeita «*a factos comunicados por coautor, corréu ou cointeressado do cliente ou pelo respectivo representante*». De facto, não ficariam por certo dúvidas de que tal conclusão já poderia ser tirada com base na norma-chave do mesmo artigo, na medida

destinatário para proceder ao pagamento, no prazo que indica, uma vez que uma simples interpelação para pagamento, não constituindo proposta nem contraproposta, nem sequer para início de negociações, não pode ser considerado um acto de negociação tendente à cobrança de créditos.» (Ac. RL 19.06.2012, *ITIJ* 1695/11.5TVLSB – A.L1-7).

em que aí se protegem os factos «*cujo conhecimento lhe advenha do exercício das suas funções*».

24. Extensão da relação de confiança.

Todavia a especificidade desta nova alínea radica sobretudo – e por isso talvez não tenha sido inútil – em alertar para que a relação de confiança profissional vai para além da surgida com o "cliente", em função do qual a profissão existe.

Aqui trata-se, como se disse, de factos não revelados pelo cliente, mas por alguém que tem um interesse paralelo ao seu, porventura mesmo convergente. Admitiu assim o legislador que, havendo grande número dos casos em que a posição de comparte no processo seja a de convergência, ou pelo menos de proximidade, de interesses, isso possa ter originado uma abertura de informação recíproca que motive defender deontologicamente a natural confiança gerada.

Por conseguinte, esta norma protege o segredo profissional, já não em relação ao cliente, mas em relação ao que tenha co-interesse na causa, ou seja, quem aí não tenha posição processual ou de facto antagónica. Mas deve entender-se, para não se cair em casuísmo nefasto, que tal exigência sigilosa se mantém mesmo que não seja evidente ou seja muito ténue a convergência de interesses, e só assim não quando haja efectiva divergência.

Tal situação é particularmente marcante quando a intervenção do Advogado se destina à formação da(s) vontade(s) contratual(is), designadamente quando em Juízo na busca da vontade real na formulação do texto contratual[98].

[98] «O Advogado que interveio na redacção de contratos celebrados por sociedade a que estava vinculado por uma relação de trabalho subordinado está sujeito a segredo profissional relativamente a esses factos, carecendo de autorização da Ordem dos Advogados para depor sobre eles em tribunal, ainda que a entidade patronal não se oponha a tal depoimento, tendo-o arrolado como testemunha. Não pode ser utilizado como meio de prova depoimento de testemunha prestado num outro processo, em que não foi parte a parte contra a qual se pretende usar esse depoimento, sendo irrelevante que essa parte (uma sociedade comercial) pertença ao mesmo grupo económico que uma das partes do primeiro processo.» (Ac. RL 15.12.2011, *ITIJ* 3163/08.3TTVLSB.l1-2).

25. Cointeressado em antagonismo com o cliente.

Esta última asserção não é despicienda. É que é frequente haver um coautor, corréu ou cointeressado no processo que assuma uma dessas posições adjectivas não por convergência ou afinidade de interesses, mas por meras razões processuais. Haja em vista múltiplas figuras de interessados, às vezes coautores ou corréus, tipificados nos diversos incidentes de intervenção de terceiros, entre os quais se manifesta verdadeira oposição de interesses no resultado da demanda.

Não é, pois, para esses casos que aponta a necessidade moral do sigilo, pois que não lhe subjaz idêntica dignidade no que respeita à relação de confiança personalizada.

Poderíamos então aventar que situações dessa natureza estariam sempre acobertadas pela alínea *d)*, na medida em que se trataria sempre de factos conhecidos no exercício da profissão. Mas isso seria um excesso face aos princípios inerentes ao uso legítimo do direito de defesa e de armas probatórias quando esse uso não conflitue com uma relação de confiança. Nesta relação incorrem, sim, as negociações malogradas, o que é coisa bem diferente como se verá.

Ficará apenas de pé o tipo de meio probatório que possa eticamente ser usado pelo Advogado para revelar tais factos, mas mais nada.

III – Os factos de que a parte contrária do cliente ou seus representantes lhe tenham dado conhecimento durante negociações para acordo amigável e que sejam relativos à pendência e os factos de que tenha conhecimento no âmbito de quaisquer negociações malogradas, orais ou escritas, em que tenha intervindo.

26. Parte contrária do cliente.

Estão abarcados outrossim pelo segredo profissional – e vale a pena transcrever a nossa norma por ser impressiva – «*os factos de que a parte contrária do cliente ou respectivos representantes lhe tenham dado conhecimento durante negociações para acordo que vise pôr termo ao diferendo ou litígio»* (EOA. art. 92.º-1-*e*))[99].

No entanto, aquilo que a lei protege é a participação concreta do Advogado nas negociações, não o facto de, em antes, estas terem existido.[100]

Melhor dizendo, porém, já assim não sucede se o Advogado sucedeu no patrocínio a outro Colega, dele ou do cliente colhendo os factos negociais. Doutra forma poderia estar "descoberta" a maneira de defraudar a Deontologia: o Advogado que sucede a Colega no patrocínio e passa, por exemplo,

[99] «O segredo profissional tutela essencialmente a necessidade social de confiança em certas profissões, entre as quais a de Advogado, impondo-se por razões de interesse e ordem pública que extravasam o círculo do relacionamento entre o Advogado e o cliente. O que interessa para a exigência da protecção do sigilo profissional é a actuação substantiva do advogado que, tomando efectivamente em mãos a tentativa de resolução de determinado conflito, pratica actos próprios e adequados à actividade da advocacia, mormente a convocatória da "parte contrária" ao seu escritório de advogado e obtenção por parte desta de factos que acabam por se tornar decisivos no sentido da procedência em Juízo das pretensões da pessoa no interesse de quem se dispôs a agir. A obrigação de não revelar tais factos mais se adensa pela circunstância de nos encontrarmos no âmbito dum procedimento cautelar de arresto que, nesta fase processual, não admite sequer o exercício do contraditório. Constando, na fundamentação do juiz a quo, que o mesmo foi relevante, no âmbito da apreciação global da prova, para o sentido da decisão de facto, impor-se-á a anulação dessa decisão e a repetição de toda a prova, depurada deste depoimento.» (Ac. RL 27.09.2011, *ITIJ* 339/11.0TCFUN-B.L1-7).

[100] É, todavia, duvidosa, por alargar em excesso o regime do sigilo, a tese do Ac. RC 28.03.2007, *ITIJ* 190/03.0TBTMR.C1: «O segredo profissional só existe quando alguém deva estar excluído do acesso ao conhecimento de um determinado facto, correspondendo a sua preservação ainda a uma exigência de protecção da privacidade do defensor, dos seus demais clientes e, por via disso, da própria liberdade do exercício da profissão. Tendo o autor marido, não obstante ser Advogado de profissão, participado nas negociações preliminares tendentes à celebração de um contrato de trespasse de farmácia e de compra e venda do prédio onde a mesma se encontrava instalada, de que seria beneficiária exclusiva a autora mulher, farmacêutica de profissão, que o não constituiu mandatário judicial, fora do âmbito de quaisquer negociações para acordo amigável que vise pôr termo a um litígio pendente e que se tenham malogrado, não se coloca a questão de ter de guardar segredo profissional do exercício de funções que realizou, mas não a coberto de uma relação de mandato, que tem subjacente a outorga de procuração forense, tanto mais que, na acção ordinária que os autores propuseram contra os réus, aqueles constituíram mandatário judicial. Se o autor revelou ao seu mandatário constituído factos ou documentos que resultaram das negociações preliminares em que interveio, enquanto parte, com os réus ou o Advogado destes, tal não é sancionado pela proibição genérica da obrigação de guardar segredo profissional, quer por não se referirem a um acordo amigável inconclusivo, alcançado em sede contenciosa, quer porque aquele nunca foi, nem é o mandatário constituído pela autora mulher, quer, finalmente, porque não advoga em causa própria.».

a possuir a correspondência do antecedente (quiçá falecido!) mantém a estrita obrigação de reservar sigilo dessa matéria factual, para cuja revelação terá de recorrer ao Presidente do Conselho Regional.

27. Negociações para acordo amigável.

Estão abarcados outrossim pelo segredo profissional – e novamente vale usar o método da transcrição pena transcrever a mesma norma nacional por ser impressiva – os «*factos de que a parte contrária do cliente ou respectivos representantes lhe tenham dado conhecimento durante negociações para acordo que vise pôr termo ao diferente ou litígio*»" [EOA, art. 92.º-1-*e)* e *f)*].

Diferentemente do regime pregresso, a norma deontológica transcrita abarca, sem necessidade de repetição, tanto o conhecimento a partir da própria parte contrária, como por intermédio do Advogado desta.

O conceito de «*negociações*» não tem um sentido típico por referência à preparação de um contrato de transacção judicial, mas é mais amplo. Reporta-se quer à formação da relação jurídica constituída finalmente, quer à evolução "patológica" de uma relação jurídica, carecida de uma conciliação de interesses desavindos[101], quer a essa tentativa de conciliação finalmente gorada[102].

Deste modo é garantida automaticamente toda a correspondência escrita entre Advogados relativa a uma contratação ou relativa a um dissídio, sem necessidade de prévia e declaradamente por escrito a confidencialidade como garantia recíproca de que o sigilo será mantido[103].

[101] Por maioria de razão, foi opinado com todo o rigor que «o Advogado escolhido ou aceito por ambas as partes para intervir em negociações tendentes a resolverem por transacção as suas divergências não pode aceitar depois mandato de qualquer delas, nem revelar, em nenhumas circunstâncias, os factos ocorridos durante as negociações para acordo em que interveio» (Parecer CG. – rel. ADELINO DA PALMA CARLOS, *in* ROA. 18-4-448).

[102] «Constituem 'malogradas negociações transaccionais' as simples conversas tidas nos escritórios dos Advogados sobre a maneira de resolver os problemas pendentes entre os seus constituintes» (Ac. CS. de 09.02.67 – rel. ACÁCIO DE GOUVEIA, *in* ROA. 28-1/4-146).

[103] Não merece, pois, a nossa concordância a jurisprudência criada no Supremo Tribunal de Justiça, segundo a qual «Não viola a proibição contida no art. 87.º do Estatuto da Ordem dos Advogados [de então] a carta dirigida por advogado (alegadamente em nome da A. e do seu irmão) ao R., limitando-se a manifestar o propósito de revogação das doações e a sugerir um acordo esse sentido, sendo legítima a sua utilização como meio de prova. A aludida carta é

Todavia, segundo o art.º 113.º-1 EOA, «*sempre que um Advogado pretenda que a sua comunicação, dirigida a outro Advogado ou Solicitador, tenha carácter confidencial, deve exprimir claramente tal intenção.*». E acresce que «*As comunicações confidenciais não podem, em qualquer caso, constituir meio de prova, não lhes sendo aplicável o disposto no n.º 4 do art. 92.º*» (*idem*, n.º 2). Por outro lado; e, por fim, «*O Advogado ou Solicitador destinatário da comunicação confidencial que não tenha condições para garantir a confidencialidade da mesma deve devolvê-la ao remetente sem revelar a terceiros o respectivo conteúdo.*» (*idem*, n.º 3).

Como concatenar as normas do art. 92.º com a do art. 113.º? Vejamos adiante.

Em primeiro lugar, o art. 113.º EOA contradiz, manifestamente e à primeira vista, o art. 92.º do mesmo diploma, pelo que foi uma introdução infeliz, quiçá contraproducente.

É óbvio, como se diz adiante, que – diferentemente de uma carta de negociação em litígio – uma carta de interpelação para cumprimento de obrigação em representação do cliente deve dizer-se, dada a sua natureza, que não está a coberto de sigilo, pois se inscreve no trajecto patológico da relação contratual. Por isso, o Advogado deve, apenas por prudência, aí afirmar que a sua carta não está sujeita a segredo profissional. Logo, para essa vulgar situação não se torna necessário o citado art. 113.º EOA, sob pena de se ter criado um regime duplo, como criou, o que é juridicamente um absurdo: fácil seria que, por força do art. 113.º EOA, tivesse sido criado um regime «*confidencial*», que, se não cumprido formalmente, castraria o pedido de dispensa de segredo que a lei atribui à Ordem e as garantias deontológicas das relações entre Advogados – no caso, em prejuízo do próprio cliente, ou garantindo desigualdade de armas. Dissemos "por prudência" tão-só para que não se levante a questão, que todavia pode e deve ser tratada pelo Conselho Regional da Ordem, de qual a natureza da carta, se tem ou não o carácter de interpelação no regime das Obrigações, pois o Presidente do Conselho Regional sabe, e tem de saber, distinguir entre uma carta interpelatória ou de outro tipo.

um mero documento particular não subscrito pela autora ou pelo seu falecido irmão e que se encontra impugnado, não podendo concluir-se que o advogado subscritor o redigiu e enviou em sua representação, nem que deva nessa data, para efeitos do disposto no art. 287.º, n.º 1, do CC, considerar-se cessado o vício que serve de fundamento à arguição da anulabilidade.» (Ac. STJ 17.04.2008, *ITIJ* 08756).

Logo, não é em *ultima ratio* o Advogado quem define se a comunicação que usou tem carácter confidencial ou não. É, sim, a natureza jurídica daquela que a qualifica. Um exemplo em que o Advogado não pode declarar validamente a confidencialidade da comunicação é o do envio de carta com a nota de honorários, o que não quer dizer que não deva pedir autorização para a juntar à acção que proponha para obter o seu pagamento.

Deve, pois, ficar claro que prevalece sempre o que dispõe o art. 92.º-4, ou seja, não pode arguir-se confidencialidade quando esteja em causa tão-só a absoluta necessidade da defesa da dignidade, direitos e interesses legítimos do próprio Advogado ou do cliente ou seus representantes. Sendo assim, as comunicações perdem o seu carácter de confidencialidade, se não têm esse escopo e não há formalismo que lhes valha, qual fosse o de, não obstante, ter sido introduzido na carta a pretensão do emitente de que aquela "tem carácter confidencial". A carta é o que é e não aquilo que se lhe chama (CCiv., art. 9.º); e o art. 113.º EOA aparece como consagrador de eventual atitude de má-fé por parte do emitente, ao obrigá-lo a declarar o carácter confidencial do documento/carta, ou de má-fé do receptor, aproveitando-se da falta de declaração de confidencialidade, porventura por mera inadvertência. Prevalece, pois, o art. 92.º-1-*e)*, o que não pode deixar de ser. É que a "arte mágica" de ápodo de "carácter confidencial" é fonte de graves distorções deontológicas e premeia o infractor. Deverá, pois, tal como dantes sustentávamos, que a nova norma, copiada sem rebuço, tem de ter uma interpretação restritiva, para a aplicar tão-só às cartas que se destinem a interpelar para cumprimento de obrigações, que, essas sim, não estão a coberto de segredo profissional, quer se acoimem de confidenciais quer não. Estaria descoberta a maneira de o Advogado, ele mesmo, só poder, em representação do cliente, interpelar com a ápodo de "caráter confidencial" a carta que a tanto se destinava, isto sob pena de, não usando aquele qualificativo, estar inibido de a juntar aos autos, mesmo que, não tomando a precaução de lhe chamar de "caráter confidencial" dispensado do sigilo nos termos do art. 92.º-4. Esta norma seria "um verbo de encher", não permitindo sequer o Presidente do Conselho Regional de emitir ou não a desejada autorização.

Esclareça-se, todavia, que o citado art. 113.º EOA limitou-se, sem imaginação, a repetir o que vigora em todos os países membros da UE, pelo que entendemos que o sistema português é (era) bem mais perfeito do que aquele que, compromissoriamente, ficou consagrado no CDCCBE. Por isso que, à cautela, cada vez que haja uma comunicação escrita entre um Advogado português e um Colega de outro Estado-membro deverá aquele manifestar expressamente que deseja que essa correspondência mantenha carácter confidencial[104]. Nestas circunstâncias, e só nessas, será sempre e obrigatoriamente mantido o segredo. O Colega comunitário é que tem a faculdade de devolver a carta ao remetente, por entender que não está em condições de garantir o seu carácter confidencial, mas, nesse caso, não pode revelar o seu conteúdo a ninguém, pelo que o segredo permanece (CDCCBE n.º 5.3.2.).[105] Claro que

[104] CDCCBE n.º 5.3.1..

[105] Vítima do estranho art. 113.º EOA (como se viu, não é por imitar o art. do CDCCBE que é estranho) é a ambígua doutrina expendida pelo Ac. RP 24.09.2018, *ITIJ* 868/17.IT8PRT-B.1. Aqui se transcreve o sumário, com breves comentários:
a) «1. O Estatuto da Ordem dos Advogados não contém qualquer norma que preveja uma proibição genérica de revelação ou de junção a processos de correspondência trocada entre advogados em representação dos seus mandantes, ou entre advogados e a parte contrária ou seu mandante; II. O n.º 3 do art. 92.º do EOA apenas impede a revelação ou a junção de documentos quando, face ao seu conteúdo, daí resulte violação do dever de segredo; III. Na alínea e) do n.º 1 do art. 92.º EOA o que se proíbe é apenas a revelação e utilização de factos revelados pela parte contrária, pessoalmente ou através de representante, durante negociações para acordo amigável; IV. Na alínea f) do n.º 1 do mesmo art. 92.º o que se proíbe é apenas a revelação e utilização de factos de que o mandatário teve conhecimento no âmbito de quaisquer negociações malogradas em que tenha intervindo; V. A junção ao processo de correspondência (não confidencial) trocada entre mandatários e onde consta apenas e só que o valor correspondente a um determinado cheque já se encontra depositado no Banco sacado e que o mesmo cheque pode ser reapresentado a pagamento pelo respectivo beneficiário não constitui violação do segredo profissional do advogado nos termos do art. 92.º EOA.». Em breve comentário diga-se que é um excesso desconcertante afirmar, sem mais, que o Estatuto da Ordem dos Advogados não contém qualquer norma que preveja uma proibição genérica de revelação ou de junção a processos de correspondência trocada entre Advogados em representação dos seus mandantes, ou entre Advogados e a parte contrária ou seu mandante. Isso não é assim. Basta ter em conta a totalidade do art. 92.º EOA. A pretensão de o sigilo se aplicar apenas ao que é «dado conhecimento durante negociações para acordo que vise pôr termo ao diferendo ou litígio», face ao art. 92.º-1-e) EOA, equivale a olvidar as demais alíneas do art. 92.º EOA e é uma cacofonia atribui-lhe só carácter confidencial «face ao seu conteúdo». Antes de mais, este aresto socorre-se incompletamente, e também, da alínea e) do art. 92.º EOA, que é essencial. Por outro lado, o próprio teor do acórdão não transmite o teor da carta, pelo que não é possível formular um juízo completo sobre o documento. Depois alicerça-se maquinalmente no art. 113.º EOA e nos arts. 2.3.1 e 2.3.2 CDCCBE. Por outro lado, não é exacto que a lei portuguesa não consagre «uma proibição genérica de revelação ou junção a processos de correspondência trocada entre Advogados em representação dos seus mandantes, ou entre

Advogados e a parte contrária ou seu mandante». A restrição que o acórdão pretende quanto ao art. 92.º-3 EOA nunca, mas nunca, assim foi entendido pela jurisprudência da Ordem, antes a base, que o Acórdão há por bem restringir, é sempre o art. 92.º-1-e), tendo sido o n.º 3 no mesmo artigo um excesso de cautela para incluir a importância dos documentos, mas por referência aos «factos sujeitos a sigilo», isto é, por remissão óbvia ao citado n.º 1-e) EOA. Daí a ambiguidade injustificada.
Finalmente, dos Acórdãos que cita não podem retirar-se as conclusões que o Ac. de 2018 tira.
b) Assim, o Ac. RP 28.10.2015 (ITIJ 3705/11.7TBSTS-BB.P1) diz em seu sumário: «O Estatuto da Ordem dos Advogados não contém qualquer norma donde decorra uma proibição genérica de revelação ou de junção a processos de correspondência trocada entre advogados em representação dos seus mandantes, ou entre advogados e a parte contrária ou seu mandante. II – O n.º 3 do art. 87.º [hoje art. 92.º] do Estatuto da Ordem dos Advogados apenas impede a revelação ou junção de documentos quando, face ao seu conteúdo, daí resulte violação do dever de segredo. III – Na alínea e) do n.º 1 do Estatuto da Ordem dos Advogados o que se proíbe é tão só a revelação e utilização de factos revelados pela parte contrária, pessoalmente ou através de representante, durante negociações para acordo amigável. IV – A junção ao processo de correspondência trocada entre mandatários referente à comunicação de vícios e defeitos existentes no locado e pedido de solução urgente desses problemas não constitui violação do segredo profissional do advogado nos termos dos n.ºs 1, al. e) e 3 do Estatuto da Ordem dos Advogados.» – ou seja, tal aresto, certo na sua doutrina, não serve nem para afirmar nem para infirmar a doutrina do de 2018.
c) Por seu lado, o Ac. RP de 10.11.2015, *ITIJ* 964/11.9TBMAI-D.P1 diz em seu sumário: «Nos termos do art. 87.º [hoje 92.º], n.º 1, alínea a) do Estatuto da Ordem dos Advogados (EOA), aprovado pela Lei n.º 15/2005, de 26 de janeiro (entretanto revogada pela Lei n.º 145/2015, de 9 de setembro, mas mantendo a mesma disciplina jurídica no art.º 92.º), o advogado é obrigado a guardar segredo profissional no que respeita a todos os factos cujo conhecimento lhe advenha do exercício das suas funções ou da prestação dos seus serviços, designadamente a factos referentes a assuntos profissionais conhecidos, exclusivamente, por revelação do cliente ou revelados por ordem deste. II – O segredo profissional é reconhecido como direito e dever fundamental e primordial do advogado e tem a sua razão de ser na necessidade de preservar o princípio da confiança, sendo que o exercício da advocacia assume reconhecido interesse público, dada a natureza social dessa função. III – Mas nem todos os factos estão abrangidos pelo sigilo profissional, mas apenas aqueles que se reportam a assuntos profissionais que o advogado tomou conhecimento, exclusivamente, por revelação do cliente ou revelados por ordem deste, já que o princípio da confiança, essencial e imprescindível ao exercício dessa função, exige confidencialidade relativamente aos factos e informações reveladas pelo seu cliente e que, não fora essa garantia, os não revelaria a mais ninguém. IV – O mandatário para fazer valer o seu direito de crédito, referente aos honorários em dívida, terá de alegar e provar, como factos constitutivos do seu direito, a existência do contrato de mandato e serviços prestados no seu âmbito, apresentando a respetiva conta de honorários com discriminação dos serviços prestados (art.º 342.º/1 do C. Civil e n.º 2 do art.º 100.º do E. O. A. – aprovado pela Lei n.º 15/2005, de 26 de Janeiro). V – O laudo realizado pela Ordem dos Advogados, não obstante estar sujeito à livre apreciação do julgador, merece toda a credibilidade, enquanto valor probatório, atenta a elevada qualificação dos profissionais que

esta regulamentação excessiva retira ao Advogado o poder de vir a obter autorização para a junção da carta interpeladora.

Como compaginar a aparente contradição entre o art. 92.º-1-*e)* e *f)* com o novo art. 113.º, ambos do EOA?

Só vemos que urge aplicar os princípios dimanantes do art. 9.º CCiv.. Assim, o art. 113.º não conflitua com o art. 92.º, antes o especifica, de modo tal que, perante situação como a referida no art. 113.º, está desde logo definida a absoluta necessidade de recorrer ao CR para o levantamento do segredo profissional e, pelo contrário, não *facit saltus* sobre o art. 92.º por força do art. 113.º: o CR é que está à partida vinculado à classificação da correspondência em causa como *confidencial*, mas não inibido de dispensar ou não a revelação sigilosa da correspondência a que se reporta o art. 113.º.

28. Intervenção de um Advogado pelo menos.

Vamos, portanto, dar prevalência ao estudo das duas normas portuguesas.

Afigura-se-nos que, segundo elas, condição essencial para sua aplicação – como resultaria, aliás, do espírito do sistema – é que nas negociações tenha intervindo, pelo menos, um Advogado[106].

o elaborou, do mesmo ofício, possuindo os conhecimentos técnicos específicos para avaliar da razoabilidade dos honorários devidos. A sua credibilidade só deverá ser posta em causa quando ocorram factos suficientemente fortes que a enfraqueçam.». Também esta correcta doutrina em nada corrobora o acórdão de 2018.

d) Finalmente, o Ac. RP de 07.07.2010, *ITIJ* 10443/08.6TDPRT-A.P1 proclama em sumário: «O segredo profissional proíbe a revelação de factos ou acontecimentos de que se teve conhecimento ou foram confiados em razão e no exercício de uma actividade profissional. II- A relação constituída com o mandato forense apenas impõe dever de segredo sobre os factos inerentes ao exercício concreto do mandato. III- Se o advogado foi testemunha de um crime estranho ao mandato constituído inexiste fundamento para a invocação do dever de segredo profissional.». Também este aresto não serve de arrimo ao mesmo acórdão de 2018.

[106] *Vide* parecer CG. de 06.01.88 (nosso relato), *in* ROA. 49-1-287: «As negociações, mesmo malogradas, designadamente a troca de correspondência ocorrida durante elas, só estão sujeitas a segredo profissional quando nelas tenha intervindo Advogado. Basta, para tanto, que tenha havido intervenção apenas do Advogado de uma parte, estando a outra ainda ou no momento desacompanhada de patrono, pois doutra forma criar-se-ia situação de desigualdade injustificável».

Ou, ao invés, não há razão para exigência de sigilo quando apenas intervieram os interessados desacompanhados de Advogado. Deste modo, a troca de correspondência entre elas não tem limites de revelação, e, antes, é meio probatório normal de prova das relações negociais ou contratuais em causa[107].

Mas continuamos a sustentar que está sujeita a sigilo a troca de correspondência mesmo em negociações directamente pelas partes, quando sob conselho ou minuta de Advogado ou Advogados, pois doutro jeito podia cair-se em evidente a fraude à lei[108]. Isto é, deste modo se devia claramente preservar todo o tempo em que o patrocínio já vem sendo exercido, mesmo que de maneira não ostensiva ou indirecta pela assinatura de cartas pelo próprio Advogado[109].

Desta feita, todo este tipo de cartas (correspondência) está resguardado pelo segredo profissional.

29. Uma das partes desacompanhada de Advogado.

Já não poderá oferecer qualquer dúvida – e pena é que por vezes se veja soerguê-la – que o sigilo é exigível quando interveio apenas um Advogado, estando ao tempo a outra parte desacompanhada de patrono[110].

Isso não é apenas resultado de uma simples interpretação literal, já que o artigo 92.º-1-*e)* refere os factos conhecidos a partir da «*parte contrária do cliente*» (para além também dos «*respectivos representantes*», entre os quais se conta,

[107] Parecer CG. de 30.12.82 (rel. MAIA DE CARVALHO), *in* ROA. 43-1-210: «O Advogado pode, sem quebra de regras deontológicas, revelar em Tribunal, no decurso de acção em que seja mandatário, negociações malogradas havidas entre os contendores, quando tais negociações e seu malogro acontecerem em fase anterior à outorga do mandato a qualquer Advogado e sem intervenção deste».

[108] Nosso cit. Parecer de 06.01.88, *in* ROA. 49-1-287: «Não estão, pois, sujeitas a segredo profissional as negociações, e a correspondência ocorrida durante elas, entabuladas apenas entre os interessados sem intervenção e iniciativa dos respectivos Advogados, não sendo estes, pois, detentores de sigilo baseado na relação de confiança que está ínsita nas disposições dos art.s 81.º-1-d) e 86º-1-e) do EOA. Merece, no entanto, ponderação, para eventual sujeição a segredo profissional, a ocorrência de negociações por correspondência apenas assinada pelas partes interessadas, mas sob conselhos, iniciativas ou minutas do ou dos respectivos Advogados, para se evitarem situações de fraude à lei.».

[109] Cf. Ac. RG 31.10.2018, *ITIJ* 539/05.ITBCBC-C.G1.

[110] Nosso Despacho de 21.12.84, in ROA. 45-1-294, cuja doutrina aqui se desenvolve.

claro, o Advogado); e que se reporta a «*representantes*", e não só a «*representante*», mas também a própria «*parte contrária do cliente*». É a consequência lógica da tal relação de confiança que se estabelece também com da referida a «*parte contrária*», quando com ela se contacta e negoceia directamente.

30. Patrocínio de Advogado só após as negociações.

Mais ainda, porém, a vinculação sigilosa impõe-se, também e sempre, ao Advogado que surgiu tão-somente após as negociações já havidas entre um Colega e a parte que passa a representar, parte esta, portanto, ao tempo não assessorada[111].

[111] Ac. CS. de 09.02.67 (rel. ACÁCIO DE GOUVEIA), *in* ROA. 28-1/4-146: «Constituem 'malogradas negociações transaccionais' as simples conversas tidas nos escritórios dos Advogados sobre a maneira de resolver os problemas pendentes entre os seus constituintes. Se, ocorrido um acidente de viação, o patrono do lesado, antes de recorrer a Juízo, dirige uma carta à companhia seguradora do veículo causador do acidente propondo-lhe uma transacção extrajudicial e se, depois, proposta já a acção, por não se ter lavado a cabo a transacção, o Advogado da seguradora junta ao processo a carta dirigida à sua constituinte, infringe o preceito do artº 574.º-2-*l*)-2.ª parte do E.J.. Não ilide a sua responsabilidade a alegação de que assim procedeu por determinação do gerente da seguradora, sua constituinte, porque incumbe ao Advogado ajuizar do que, no exercício da profissão, lhe é lícito ou vedado fazer, e não colocar-se na posição de simples cumpridor das indicações ou ordens dos clientes»; nosso Despacho de 28.11.981, *in* ROA. 42-2-573: «À face da boa interpretação dos art.s 581.º-1-d) e 574.º-2-m) do E.J., está a coberto de segredo profissional a troca de correspondência havida entre certo Advogado e a própria parte contrária, antes de esta se fazer representar por Advogado, em negociações que vieram a malograr-se. Não pode, assim, o Advogado – que posteriormente veio a ser constituído pela parte que antes esteve em negociação directa com Advogado do seu antagonista – invocar essa correspondência e juntá-la ao processo em que se discuta o dissídio objecto do acordo malogrado. Se não fosse deste modo, um Advogado (o primeiro a contactar com a parte adversa) estaria em posição de desfavor relativamente ao Colega»; nosso Despacho de 21.11.84, *in* ROA. 45-1-294 com a mesma doutrina; nosso Despacho de 11.4.88, in ROA. 48-2-653: «Está sujeita a segredo profissional a carta enviada por Advogado directamente à parte contrária do seu cliente, ainda então não acompanhada por Advogado ou cujo patrono era pelo emitente desconhecido, carta essa relativa a dissídio surgido entre as partes e em fase de procura de negociação amigável. Também não pode revelar, sem autorização, a carta referida, através da sua cópia que ficou em dossier, o Advogado emitente, por respeito também pelo princípio da igualdade de oportunidades entre Advogados, sabido que o patrono que a parte contrária viesse a constituir não poderia invocar o original da mesma carta».

Para concluir deste jeito não se tratará de arvorar que se tratava de caso típico por força de que o conhecimento dos factos resultava do exercício da profissão, pois que sempre se podia objectar que esse conhecimento era *a posteriori* tal como o dos demais factos que lhe são transmitidos pelo cliente para o desempenho do patrocínio.

O que lhe está na base é um princípio de justa e ética igualdade, quer dos Advogados, quer das partes. Seria inconcebível que, nessas circunstâncias, o Advogado interveniente nas negociações não pudesse revelá-las, e já o pudesse, qual passe de mágica, aquele que só mais tarde teve conhecimento delas pelo cliente. Era chocante a desigualdade de meios probatórios e o consequente "prejuízo" (o contrário, portanto, do *without prejudice* do n.º 5.3. do CDCCBE) daquele que na emergência negocial tivera o cuidado de se fazer acompanhar por Advogado e correlativo "prémio" para quem não cuidara desse acompanhamento. Seria outrossim desvalorizar e desincentivar a importante intervenção de Advogados como conciliadores.

31. Negociações levadas a bom termo.

Se bem que a letra da lei portuguesa o permitisse por si mesma, não se deverá hesitar em concluir que do seu espírito sempre adviria que as "negociações" protegidas pelo sigilo são não apenas aquelas que se malograram, mas também aquelas que foram levadas a bom termo[112].

E a actual redacção contida no art. 92.º-1-*e)* menciona, algo tautologicamente, «*negociações para acordo que vise pôr termo ao diferendo ou litígio*».

Sendo assim, a intervenção de um Advogado na conformação da vontade negocial do "cliente", com tudo o que isso represente de conhecimento dos "meandros" que deram origem à manifestação patente ou pública dessa vontade, é justificativa da confiança de e entre todos os intervenientes no negócio. Por isso está coberta pelo segredo.

Mal seria que fosse possível, sem mais, descobrir esses factos um dia que a contra-parte negocial se tivesse "transformado" em "parte contrária" do seu

[112] Despacho Bastonário MÁRIO RAPOSO de 31.10.77, *in* ROA. 37-3-851.

representado em litígio judicial depois surgido[113]. Casos típicos serão os da eventual discussão sobre vícios na formação ou na manifestação da vontade.

Mas por razões de fundo é evidente também que todos os factos relativos aos negócios que a formalização não publicitou são património sigiloso, quer em benefício do cliente quer da contra-parte.

32. A situação do Advogado de empresa.

Não deixaremos de sublinhar a situação peculiar do Advogado de empresa, quando intervém frequentemente como procurador daquela em contratos por ela firmados.

A sua situação em matéria de sigilo, a respeito dos tais antecedentes da assinatura, não difere da do Advogado noutro tipo de relação profissional[114].

O Advogado vinculado por contrato de trabalho[115] não pode ter uma dupla veste, com deontologias diferentes, e antes deve opor-se tenazmente à aparente "vantagem" que daí lhe adviesse, e que, de facto, afinal mais não seria do que uma *capitis diminutio* à sua inteireza profissional. Se é certo que a sua relação laboral, no dizer do antigo EOA, «*não pode afectar a sua plena isenção e independência técnica perante a entidade patronal, nem violar o presente Estatuto*»[116], não tem o direito nem se lhe pode exigir que tenha o dever de ter um regime diferente em matéria tão transcendente como a do segredo profissional[117].

113 Vide Parecer CG. de 05.04.951 (rel. FERNANDO DE CASTRO), *in* ROA. 11-1/2-549: «Não pode aceitar mandato para intervir numa partilha judicial em representação apenas de alguns dos interessados, o Advogado que a todos orientou em negociações para partilha amigável»; e já cit. Parecer CG. de 30.01.46, *in* ROA. 18-4-448.

114 «Não ilide a sua responsabilidade a alegação de que assim procedeu por determinação do gerente da seguradora, sua constituinte, porque incumbe ao Advogado ajuizar do que, no exercício da profissão, lhe é lícito ou vedado fazer e não colocar-se na posição de simples cumpridor das indicações ou ordens dos clientes» (Ac. CS. de 09.02.67 – rel. ACÁCIO DE GOUVEIA, *in* ROA. 28-1/4-146).

115 Que o nosso Estatuto permite – art. 73.º.

116 Então art. 55.º; hoje art. 92.º-1-*f*).

117 «A análise jurídica de um contrato feita por "técnica de apoio jurídico", advogada com inscrição activa na Ordem dos Advogados, ao serviço de uma empresa que presta serviços de assessoria, deverá incluir-se no âmbito da "consulta jurídica" prevista no art.º 1.º da Lei n.º 49/2004 de 24 de Agosto que define o sentido e o alcance dos actos próprios dos advogados.

33. Negociações transaccionais malogradas.

A nossa lei, porém, deu, como se viu, um relevo especial àquilo que hoje designou por «*negociações para acordo que vise pôr termo ao diferendo ou litígio*» e emparelhou estes dizeres aos «*factos de que tenha tido conhecimento no âmbito de negociações malogradas, orais ou escritas, em que tenha intervindo*»[118]. E, como se viu, quis aí defender tanto o respeito que é devido aos Colegas como à "parte

Logo esta actividade está sujeita ao dever de sigilo profissional.» (Ac. RL 10.11.2016, *ITIJ* 782/14.2TVLSB-A.L1-6).

[118] Art. 92.º-1-*e)* EOA. A anterior regulamentação falava, como se viu, em «negociações malogradas». *Vide* Parecer CG. de 16.04.53 (rel. FERNANDO DE CASTRO), *in* ROA. 12-1/2-540: «Não deve depor como testemunha o Advogado que teve conhecimento de factos revelados pelo adversário do seu constituinte durante negociações para acordo amigável»; Parecer CG. de 05.06.53 (rel. FERNANDO DE CASTRO), *in* ROA. 13-3/4-413: «O facto de um Advogado invocar numa acção negociações malogradas para acordo, não dá ao Advogado da parte contrária o direito de proceder de igual forma»; Parecer CG. de 30.01.46 (rel. ADELINO DA PALMA CARLOS), *in* ROA. 18-4-448: «O Advogado escolhido ou aceito por ambas as partes para intervir nas negociações tendentes a resolverem por transacção as suas divergências não pode aceitar depois mandato de qualquer delas, nem revelar, em nenhumas circunstâncias, os factos ocorridos durante as negociações para acordo em que interveio»; Parecer CG. de 10.02.61 (rel. MAGALHÃES GODINHO), *in* ROA. 21-3/4-121: «É vedado ao Advogado escolhido ou aceito por ambas as partes intervir nas negociações para acordo, revelar os factos ocorridos durante as negociações em que interveio»; Parecer CG. de 13.07.62 (rel. ÁLVARO AMARAL BARATA), *in* ROA. 23-1/4-200: «É absolutamente vedado ao Advogado invocar ou exibir perante o Tribunal correspondência trocada com profissionais do foro sobre negociações transacionais»; Ac. CS. de 13.04.67 (rel. JOSÉ JAIME NEVES), *in* ROA. 28-1/4-155: «Uma vez malogradas as negociações, coisa nenhuma a tal respeito deve ficar a constar dos autos, susceptível de influenciar o julgador pelo conhecimento de concessões ou abdicações feitas em dado momento»; Parecer CG. de 12.05.67 (rel. ÁLVARO DO AMARAL BARATA), *in* ROA. 28-1/4-180: «A proibição de o Advogado fazer referência a malogradas negociações transaccionais verifica-se não só quando o Advogado, em nome do seu constituinte, contacta com o Colega que representa o antagonista daquele, mas ainda quando contacta directamente com o adversário do cliente»; Ac. CS. de 09.10.69 (rel. JOSÉ PAREDES), *in* ROA. 30-1/4-232: «O preceito do art. 574.º-*b)* do E.J. tem em vista obstar a que, entabuladas antes de instaurado o pleito ou no decurso dele negociações transaccionais, sem resultado, se dêem a conhecer em Juízo. Quis-se assim evitar orientar por elas a decisão da causa, alheando-se da prova produzida nos autos»; nosso Despacho de 11.12.85, *in* ROA. 46-1-276: «É precisamente para situações da natureza da consulta que foi prevista a norma, querendo evitar a revelação de factos que, no desejo de obter acordo, as partes tenham declarado ao Advogado, porventura numa atitude de confiança que não deve ser desmerecida»; nosso Despacho de 02.02.86, in ROA. 46-2-615 com a mesma doutrina; nosso Despacho de 07.12.87, in ROA. 48-1-321 com a mesma doutrina; nosso Despacho de 11.04.88, in ROA. 48-2-653 com a mesma doutrina.

contrária". Também aqui pode falar-se em tautologia, dada a abrangência que já provinha da alínea *e)*.

Para o legislador, contudo, "todo o cuidado é pouco", de tal modo que urge a garantia da lealdade e confiança. Na verdade, já na fase transaccional é indispensável criar uma relação de recíproca confiança[119]. Muitos elementos desconhecidos ressaltam, muitos "trunfos" se jogam. Frequentemente, se é que não sempre, as partes estão dispostas a abdicar de direitos de que, não fora apostarem em que "mais vale um mau acordo que uma boa demanda", nunca prescindiriam. Deste modo, o simples conhecimento narrativo dessas atitudes não espelha a "verdade" de que cada uma se julga de facto possuída, nem dá notícia exacta dos "direitos" almejados em demanda com boa-fé; ou antes, dá uma imagem distorcida da "realidade" litigiosa[120].

Seria, pois, um péssimo serviço à Justiça dar a conhecer ao Julgador o que se passou no ínterim e nos bastidores[121]. O mínimo que poderia daí resultar era influenciá-lo psicologicamente na apreciação da prova que se seguisse. Quem é que não ouviu já a afirmação primária de que se A esteve disposto a pagar X é porque reconhece que sempre terá de pagar algo face à responsabilidade que lhe vem imputada?! Mais deverá asseverar-se que a revelação de matéria

[119] Nossos cits. Despachos de 11.12.85 (*in* ROA. 46-1-276) e de 11.04.88 (*in* ROA. 48-2-653).

[120] Citando de novo: «O preceito do art. 574.º-b) do E.J. tem em vista obstar a que, entabuladas antes de instaurado o pleito ou no decurso dele negociações transaccionais, sem resultado, se dêem a conhecer em Juízo. Quis-se assim evitar orientar por elas a decisão da causa, alheando-se da prova produzida nos autos" (Ac. CS. de 09.10.69 – rel. JOSÉ PAREDES, *in* ROA. 30-1/4-232).

[121] Cits. Ac. CS. de 13.04.67 (*in* ROA. 28-1 a 4-155); Parecer CG. de 12.05.67 (*in* ROA. 28-1 a 4-180). No Ac. CS. de 09.10.69, referido na nota anterior, afigura-se-nos, no entanto, que, para além da parte atrás transcrita acabou por ser errónea a doutrina que fez vencimento, assim sumariada: «Não infringe, porém, o preceito o Advogado do autor que: na audiência preparatória apresentou, sem resultado, uma proposta que consistia em ambas as partes desistirem dos respectivos pedidos; que notificadas mais tarde as partes, depois de decorrido largo prazo sem resolução a tal respeito, para dizerem o que se lhes oferecesse, veio declarar que o réu não aceitara a solução por ele formulada na audiência preparatória, conquanto disposto a considerar uma proposta aceitável, mas que o constituinte dele, Advogado, mantinha a dita proposta». Com efeito, na sequência da melhor tese dos diversos votos de vencido, que aí foram formulados, parece evidente haver, no caso, revelação do conteúdo das negociações, com o risco de influenciar o julgador, a despeito de ser público e de ser do conhecimento oficioso do Tribunal que tinham ocorrido negociações e que estas não tinham sido levadas a bom termo.

sigilosa desta natureza, não sendo uma verdadeira nulidade, torna írrito o facto, e inútil, para ser desprezada, a narração desse facto[122].

O que releva, com efeito, para o Julgador não é o negócio tentado, mas o negócio concluído. Durante a tentativa, e não conseguida esta, nada mais deve do que exercer o seu dever de julgar, com o máximo de objectividade que a "psicologia judiciária" lhe consinta.

IV – Os factos sigilosos que lhe foram comunicados por qualquer Colega, em virtude de cargo que o Advogado desempenhe ou tenha desempenhado na Ordem dos Advogados.

34. Segredo no desempenho de cargo na Ordem.

Finalmente, também se deve considerar como regra doutrinal – tal como se estatui entre nós[123] – que o Advogado é obrigado a segredo profissional «*no que respeita a factos que, por virtude de cargo desempenhado na Ordem dos Advogados, qualquer Colega, obrigado quanto aos mesmos factos ao segredo profissional, lhe tenha comunicado*».

Este princípio deve entender-se de maior amplitude do que aquela que normalmente se lhe atribui, para que cubra, como parece indispensável, todo o importante desempenho de cargos na Ordem dos Advogados.

Como adiante se desenvolverá, aqui já tem assento a doutrina, que propugnamos, de não poder nem dever ser lícito recorrer da última decisão de titular da Ordem dos Advogados para os Tribunais.

[122] «A parte de um articulado em que se revela o teor das negociações (malogradas) havidas entre os Advogados das partes com vista a solução do litígio deve ser considerada como não escrita, por violação do dever de sigilo profissional nos temos do art. 92.º-1 do EOA. Tal não afecta o resto de tal articulado que não tenha a ver com essa factualidade. Nem existe nulidade, já que a irregularidade cometida, ou seja, a admissão do articulado onde se encontram os focados artigos atinentes às negociações entre mandatários, não viria a ter consequência alguma em termos da matéria dada como provada e da sentença proferida.» (Ac. RL 12.01.2017, *ITIJ* 136577/15.6YIPRT-A.L1-8).

[123] EOA art. 81.º-1-*b*). Dir-se-á igualmente que tal norma se continha inteiramente na matricial alínea a), pelo que a explicita ou particulariza.

35. Os deveres de sigilo de quem o pode dispensar.

A norma citada versa *prima facie* os casos de comunicação expressa de factos secretos assim comunicados por parte de um Advogado a Colega, no desempenho por um deles de cargo na Ordem dos Advogados.

Trata-se, desde logo, de uma obrigação funcional por natureza. A relação de *fidutia* protegida já não é a do exercício comum da profissão, que tem em conta o "cliente" e/ou a "parte contrária", mas a estabelecida por virtude daquele cargo, uma terceira pessoa; cargo este marcado por deveres funcionais, um dos quais, no caso, é precisamente o do sigilo.

35.1. Deveres funcionais em específica matéria de sigilo profissional.

São típicas deste género de dever as funções exercidas na Ordem pelo Presidente do Conselho Distrital[124] e pelo Bastonário[125], precisamente a propósito da sua exclusiva competência para autorizar a dispensa de segredo profissional.

Para o efeito, o Advogado requerente (mais do que a autoridade judiciária ou o Tribunal em Processo Penal) terá de revelar na íntegra os factos sigilosos. Só por esse meio o Presidente CD e o Bastonário ficam detentores do seu conhecimento, pelo que toda a confidencialidade se lhes comunica, desde a natureza secreta de tal tipo de processo a nível burocrático. Mais: é certo que cada um daqueles titulares funcionais pode delegar a sua atribuição[126] noutro membro dos respectivos Conselho Regional e Conselho Geral[127]. Mas continuamos a patrocinar a interpretação restritiva destas duas normas, dada a natureza especialmente delicada da atribuição pretendida; trata-se de casos em que não tem razão de ser o brocardo latino da *odiosa restringenda*. É que só a detenção singular de tão ingente atribuição evitará, contra o que vai acontecendo, jurisprudências contraditórias, com o enorme risco de desvios deontológicos.

[124] EOA art. 55.º-1-*l)*; ex art.s 81.º-4 e 48.º-1-*m)*.

[125] EOA art. 40.º-1-*n)*; ex art. 81º-4.

[126] A lei qualifica de «competência», quando o mais exacto conceitualmente é tratar-se de atribuição.

[127] Art.s 40.º-2 e 55.º-2. Vide manifestos casos de exercício por delegação nos Despachos publicados na ROA. 41-3-900 e 44-3-735.

Segue-se que não lhe será lícito sequer revelar que este ou aquele Advogado requereu tal tipo de autorização. E *a fortiori* muito menos pode desvendar o conteúdo do pedido. E isso tanto para o exterior como mesmo para com os próprios órgãos colegiais de que fazem parte e a que presidem, mais ainda se for aceite a doutrina, que sustentamos, da exclusividade de atribuições nesta matéria, restando a aplicação dos art.s 40.º-2 e 55.º-2 EOA a outro tipo de matérias delegáveis).

Eles devem outrossim evitar uma reprodução minuciosa dos factos no despacho de autorização de levantamento do segredo, e com mais razão no de rejeição, limitando-se ao essencial que torne o despacho compreensível e coerente[128].

35.2. Direito de audição da "parte contrária"?

Não tem sido abordada matéria tão delicada como aquela a que se reporta a epígrafe.

A questão, no entanto, merece reflexão perante o princípio processual vinculativo, segundo o qual, *mutatis mutandis*, «o Tribunal não pode resolver o conflito de interesses que a acção pressupõe sem que a resolução lhe seja pedida por uma das partes e a outra seja devidamente chamada para deduzir oposição» (CPCiv., art. 3.º-1), princípio este que deve considerar-se tangente a quem tem por função "decidir" questão susceptível de controvérsia.

[128] Parecer CG. de 24.03.54 (rel. EDUARDO FIGUEIREDO), *in* ROA. 14/16-327 ss. É interessante transcrever a parte deste preclaro texto que se reporta à matéria: «Assente a obrigatoriedade da consulta, logo acode que nela tem de se expor o que se pretende dizer, pois só assim ficará o Presidente da Ordem ou do Conselho Distrital respectivo em condições de emitir o seu Juízo e dar o seu parecer. E não se diga que esta exigência acarretará a divulgação de factos que devem, afinal, manter-se secretos, pois a lei não exige que a consulta seja escrita, podendo assim revestir a forma verbal. E para que as posições de todos fiquem devidamente acauteladas, poderá dar-se forma escrita à indicação das linhas gerais do caso, reservando-se para exposição verbal a enunciação dos factos que se pretendam revelar. Na exposição escrita lançará o Presidente despacho emitindo o seu parecer, isto é, dizendo se concorda ou não com a prestação do depoimento. Por esta forma, que a lei não contraria e por isso deve aceitar-se como possível, defende-se eficazmente o segredo, pois é seguro que não deixa de o ser pela circunstância de ter sido referido a mais uma só pessoa, ela própria, aliás, também legalmente obrigada ao segredo.» (pág. 332).

A necessidade de levantamento de sigilo não deixa de ter aos auspícios de uma controvérsia, pois que é de presumir que quem requer esse levantamento tem presente que os "factos" a revelar se inscrevem no silogismo de contraditório: quem requer pretende usar da autorização de invocar facto sigiloso contra a parte adversa, e, sobremaneira, com a característica de se tratar de facto «absolutamente necessário para a defesa da dignidade, direitos e interesses legítimos» (EOA, art. 92.º-4).

Sendo assim, para que o membro competente da Ordem dos Advogados possa aferir ou ajuizar, pelo menos, pela dita "absoluta necessidade" é possível que lhe surjam dúvidas legítimas ou que haja por bem não emitir pronúncia definitiva. Dir-se-á, pois, que a audição da "parte contrária" sobre tão ingente questão, mais que não seja sob o manto da já citada necessidade de contradição (art. 3.º-1 CPCiv.) use da audição prévia da entidade opositora; aliás, a formulação do pedido tem precisamente o alvo de tornar públicos factos sigilosos.

E em que medida é possível a pronúncia preambular da parte contrária à da requerente e quais os seus efeitos?

Aqui já se nos afigura que nunca tal contra-parte pode esperar mais do que ter senão dado ao membro da Ordem elementos mais esclarecedores para a decisão, mas sem poder esperar que a pronúncia final tenha como destinatária a "parte" ou o Advogado que solicitou o direito à revelação de factos sigilosos. Dito de outro modo, o membro da Ordem não dirime um conflito, apenas procurou possuir os melhores elementos para autorizar ou não a revelação dos factos secretos e terá de ter a prudência de não correr o risco de ser ele quem revela os factos, para além do que será depois legítimo serem dados a conhecer ao Tribunal... antes de serem revelados! Tal decisão, como adiante sufragamos, não será nunca susceptível de recurso para o Tribunal superior!

36. Deveres funcionais dos membros dos Conselhos.

Mas não se esgota na analisada perspectiva aquilo que, no campo funcional, é de exigir de quem desempenhe cargos na Ordem dos Advogados e que pode considerar-se outrossim incluído no mesmo princípio normativo.

Por outro lado, esse desempenho, constitui, por si mesmo e apodicticamente, «*exercício da profissão*». E isso não apenas pela obrigatoriedade de exercício de funções para que tenha sido eleito ou designado, a ponto de, sem justa escusa aceite, ser a recusa de tomada de posse uma falta disciplinar[129]. Sobretudo, porque, sendo tal tipo de funções só atribuível a Advogado, este assume um importante patrocínio profissional da Advocacia, da Ordem dos Advogados e dos Advogados em geral quando as exerce. É mais do que nunca Advogado.

Por isso, em muitas circunstâncias, do membro de órgão da Ordem é exigível toda a discrição, que o reduz ao silêncio do que pôde conhecer, mesmo perante os demais membros do órgão colectivo – o que reforça o nosso ponto de vista quanto à não delegação de tão insigne função e se nos afigura reforçado pelos n.ºs 7 e 8 do mesmo art. 92.º.

Referimo-nos, por exemplo, à delicadíssima missão que está cometida aos Presidentes dos Conselhos de Deontologia de «*resolver amigavelmente as desinteligências entre Advogados da respectiva região*»[130].

Outros tipos de intervenções devem ser igualmente garantidos pelo sigilo, quais sejam as ocorridas nos processos disciplinares. Aí haverá que distinguir entre a natureza secreta do processo até ao despacho de acusação[131], em que está visado especialmente o secretismo da instrução, e o carácter secreto geral do processo disciplinar, que só deverá ser quebrado no que respeita à publicidade de certas penas[132] ou na limitada possibilidade de obtenção de certidões[133].

129 EOA art. 15.º-1.

130 EOA art. 59.º 1. d) (ex art. 47.º-1-*g*)). Na legislação pregressa surdia a atribuição a membro do Conselho Geral de «diligenciar resolver amigavelmente as desinteligências entre Advogados, quando para isso seja solicitado pelo Conselho Distrital ou Delegação competente e, sem dependência de tal solicitação, em caso de urgência ou se as diligências respeitarem a Advogados» que «pertencerem ou tiverem pertencido ao Conselho Superior ou ao Conselho Geral» (EOA art.s 42.º-1-s) e 47.º-1-*g*)).

131 EOA art. 92.º-2 (ex art. 98.º-1) e Reg. Disciplinar, art. 9.º-1).

132 EOA art. 107.º e Reg. Disc. art. 82.º.

133 "Mediante requerimento em que se indique o fim a que se destinam, pode o Conselho competente autorizar a passagem de certidões em qualquer fase do processo, mesmo depois de findo, para defesa de interesses legítimos dos requerentes, podendo condicionar a sua utilização, sob pena de o infractor incorrer no crime de desobediência" (EOA art. 98º-4); "Só serão passadas certidões destinadas à defesa de interesses legítimos do requerente, podendo o seu uso ser condicionado, sob pena de o infractor incorrer no crime de desobediência" e "o arguido e o titular do interesse directo nos factos participados, quando advogado, que não respeitem a natureza secreta do processo, incorrem em responsabilidade disciplinar" (Reg. Disc., art. 9.º-3 e 4).

V – Serviço solicitado ou cometido ao Advogado envolvendo ou não representação judicial ou extrajudicial e aceitação ou não da representação ou serviço.

37. Representação/não representação; aceitação/não aceitação.

Entre nós, teve o legislador a cautela de definir que «*a obrigação do segredo profissional existe quer o serviço solicitado ou cometido ao Advogado envolva ou não representação judicial ou extra-judicial*»; ajuntando ainda que assim ocorrerá «*quer deva ou não ser remunerado*»; e ainda «*quer o Advogado haja ou não chegado a aceitar e a desempenhar a representação ou serviço*». Finalmente acrescenta a mesma norma «*o mesmo acontecendo para todos os Advogados que, directa ou indirectamente, tenham qualquer intervenção no serviço*»[134].

Afigura-se-nos que o legislador usou de cautela, porque não se poderia facilmente duvidar que isso estava pressuposto na actividade profissional[135]. Ela contém todos esses aspectos e estes devem considerar-se incursos em princípio doutrinal geralmente aplicável.

38. O simples exercício profissional.

Quaisquer dúvidas ficaram, porém, adrede arredadas.

Por um lado, as exigências deontológicas da profissão não se impõem só na vida forense e durante ela. Os factos merecedores de sigilo tanto podem ser colhidos fora[136] como no decurso da intervenção judicial.

[134] EOA, art. 92.º-2.

[135] Vide Despacho Bastonário COELHO RIBEIRO de 13.01.83, *in* ROA. 43-1-211: «A representação que um Advogado aceite de outrem não está nem pode ser regulada pelas regras do mandato puramente civil conferido a quem não seja Advogado. A obrigação de guardar segredo profissional, com respeito a factos nele compreendidos, existe quer o serviço que lhe tenha sido solicitado ou cometido envolva, ou não, representação judicial».

[136] *Vide* Ac. CS. de 25.01.49, *in* ROA. 9-1/2-419: «Constitui infracção disciplinar o facto de um Advogado aceitar mandato contra um antigo constituinte, a quem já patrocinara, embora extrajudicialmente, no mesmo assunto ou em assunto conexo»; Parecer CG. de 05.04.51 (rel. FERNANDO DE CASTRO), *in* ROA. 9-1/2-549: «Não pode aceitar mandato para intervir

Por outro, não releva apenas a descoberta de factos perante o Juiz de causa. O silêncio é exigido perante todas as outras circunstâncias da vida social, a começar, como atrás realçámos, pela notícia da simples presença física no escritório do Advogado.

39. Desnecessidade de mandato formal.

Numa outra perspectiva é sabido que o mandato, a representação, conferida a Advogado – e não apenas entre nós – não carece de forma escrita[137]. Quando não age judicialmente, ele é vulgarmente verbal, assim representando o seu patrocinado por vezes em extensas e complexas negociações com outros contraentes até à configuração contratual, formal ou não, por parte dos directos interessados. E mesmo o mandato forense pode, entre nós, ser conferido por declaração verbal em auto[138].

Acresce que nem sempre o Advogado actua em representação ou por força de representação de "cliente". Tal sucede no exercício da função de consulta ou aconselhamento ou até de acompanhamento em múltiplas situações (ex: durante a contratação, numa assembleia geral, num exame ao local, etc.).

Em todo esse circunstancialismo não há razão para diferença em matéria de segredo profissional: o exercício da profissão não é compartimentável.

40. Recusa de patrocínio.

Por fim, deve vincar-se – como o quis o preceito português – que o Advogado, mesmo quando não aceita qualquer patrocínio ou até o recusa, não vê assim diminuída a importância social de manter o escritório aberto.

Não se questiona já a presença nesse escritório, provocada ou motivada porventura por referência a um anúncio no exterior (cada vez menos), nem a narração, mesmo que mal esboçada, dos factos, o conhecimento dos

numa partilha judicial em representação apenas de alguns dos interessados, o Advogado que a todos orientou em negociações para partilha amigável»; etc..

137 Vide citado Despacho Bastonário COELHO RIBEIRO de 03.01.83, *in* ROA. 43-1-211.

138 CPCiv. art. 44º-1.

documentos, antes de poder ter respondido ao consulente que não aceitava patrociná-lo. A consulta, essa, tem de ser sagrada pela sua total privacidade. O consulente, quando se dirige a quem está profissionalmente posicionado para o atender, é sempre um "cliente" em sentido genérico.

41. A situação do Advogado de empresa.

De novo uma referência ao Advogado de empresa (por vezes chamado "Advogado de cliente único"), porventura mais tentado a separar a relação laboral da essência da sua actividade[139].

Lembremos, no entanto, que, à face da nossa lei, o Advogado de empresa é sempre aquele que, mesmo que só exercendo a "consulta jurídica", se encontra inscrito na Ordem dos Advogados.

Seja como for, ele terá de manter consciência de que não é a sua situação laboral que lhe tributa uma mera qualidade de empregado ou de funcionário e que deva, por isso, sentir-se submetido ao dever, ligado ao de obediência funcional[140], de revelar factos que, se outra fosse a relação como cliente, jamais poderia desvendar. A obrigação do segredo profissional é indiscutível.

Reiteramos que esse é o apelo da igual isenção e independência[141], aqui realçada ainda a "independência técnica", para clarificar que ele não recebe ordens que constranjam a sua visão do Direito e da oportunidade jurídica de agir[142].

[139] Deverá reconhecer-se, porém, a infeliz inovação da Lei n.º 49/2004, de 24.09 (cf. art. 68.º EOA), que foi a não vinculação à Ordem do mero consultor jurídico, que criou grandes ambiguidades, de que em particular a inexistente obrigação estatutária de segredo profissional é expoente. *Vide*, porém, infra nota 108.

[140] Cit. Ac. CS. de 09.02.67, *in* ROA. 28-1/4-146; vide também Parecer CG. de 22.05.87 (rel. MACHADO RUIVO), *in* ROA. 47-2-651, que se reportou a caso de negociações entre um cliente de um Banco e um dos Advogados do contencioso deste, procurando saber-se se ocorria sigilo profissional que impedisse esse Advogado, que negociou com aquele cliente bancário, de revelar esse trato como testemunha no decurso de questão judicial que surgiu.

[141] Sufragada *expressis verbis* no art. 89.º EOA.

[142] «O Advogado que interveio na redacção de contratos celebrados por sociedade a que estava vinculado por uma relação de trabalho subordinado está sujeito a segredo profissional relativamente a esses factos, carecendo de autorização da Ordem dos Advogados para depor sobre eles em tribunal, ainda que a entidade patronal não se oponha a tal depoimento, tendo-o

Por outro lado, o Advogado não pode desempenhar uma dupla função, designadamente para efeito de revelação de factos secretos, por exemplo em litígio laboral, gracioso e/ou litigioso.[143]

VI – Remuneração e/ou gratuidade.

42. Remuneração/não remuneração.

Acrescenta o citado n.º 2 do art. 92.º EOA – na explicitação de doutrina evidente – que a obrigação existe para o Advogado «*quer deva ou não ser remunerado*».

Analisemos essa questão um pouco.

43. A gratuidade dos serviços.

Na citada norma portuguesa melhor teria sido escrito «*quer deva ou não ser remunerado*».

Na verdade, não está em causa tanto "dever", mas "querer" e, querendo, ter ou não sido já remunerado.

É que, se é certo que o mandato a Advogado se presume oneroso[144], a onerosidade não é requisito para a existência da relação profissional respectiva. Aquela presunção é *iuris tantum* e é frequentíssimo que o serviço seja prestado gratuitamente.

arrolado como testemunha. Não pode ser utilizado como meio de prova depoimento de testemunha prestado num outro processo, em que não foi parte a parte contra a qual se pretende usar esse depoimento, sendo irrelevante que essa parte (uma sociedade comercial) pertença ao mesmo grupo económico que uma das partes do primeiro processo.»

[143] O instrutor de processo disciplinar instaurado a trabalhador (visando o seu despedimento), que é em simultâneo advogado do empregador, permanece adstrito ao seu dever de sigilo profissional, se for arrolado como testemunha no mesmo pelo primeiro. (Ac. RL 23.06.2010, *ITIJ* 3951/09, 3TTLSB.L1.4).

[144] Tal é o que se deduz entre nós dos termos do art. 1158.º-1 CCiv.: «O mandato presume-se gratuito excepto se tiver por objecto actos que o mandatário pratique por profissão; neste caso, presume-se oneroso.».

A gratuidade não "diminui" a Advocacia, antes a nobilita; e o pagamento não lhe acrescenta um côvado à grandeza. Por isso num caso como no outro não varia a Deontologia.

Por outras palavras, o sigilo profissional não é um "prémio" da remuneração; nem a sua violação pode ser um "castigo" do justo pagamento desejado mas não obtido. O segredo não tem preço.

VII – Os outros Advogados que, directa ou indirectamente, tenham qualquer intervenção no serviço em causa.

44. Advogados com intervenção no serviço.

A disposição nacional que vimos comentando conclui dizendo: «*o mesmo acontecendo para todos os Advogados que, directa ou indirectamente, tenham qualquer intervenção no serviço*» (cit. art. 92.º-2). Também aqui é intuído um princípio geral, certamente aceite noutros ordenamentos jurídicos. Dir-se-ia que o legislador português foi cauteloso em excesso, em suma dentro da chamada "jurisprudência das cautelas", do "mais vale prevenir que remediar".

45. Colaboradores no caso concreto.

Pretende-se, portanto, referenciar todo o profissional que, no exercício da sua actividade concreta, se tenha relacionado com o caso («*directa ou indirectamente tenham qualquer intervenção no serviço*», como reza o preceito), pelo que se trata de situação diferente daquela a que atrás nos reportámos da simples proximidade física com o gabinete do Advogado detentor directo do sigilo, que acontece quando existe escritório em comum.

Na hipótese sob exame deve considerar-se vinculado, para além do Advogado titular, outro ou outros que colaboraram com ele no "caso", quer tenham contactado o cliente do primeiro ("*directamente*"), quer mesmo que não o tenham feito e porventura nem sequer o conheçam ("*indirectamente*")[145],

[145] Quanto à colaboração de um "jurisperito" *vide* Ac. CS. de 04.07.68 (rel. ANTÓNIO MACEDO), *in* ROA. 28-1 a 4-159: «O facto de o Advogado submeter a um jurisperito, sem prévia

em suma «*todas as pessoas que colaborem com o Advogado no exercício da actividade profissional*»

Estas circunstâncias são muito frequentes. E passam-se quer com Colega de escritório, quer com outros, quer com Advogados estagiários.

Não subsistindo nesses casos relação de patrocínio, dir-se-á, porém, que esta se lhes estende para os efeitos da relação de confiança exigível, até porque, como se viu, a obrigação de sigilo não tem natureza contratual. E tal sucede evidentemente também em relação à "parte contrária" se o titular solicita a Colega que, por exemplo, acompanhe diligências ou negociações com ela noutro local.

É, pois, inconcebível que possa vir a obter dispensa de segredo essoutro Advogado para depor em processo em que mantenha patrocínio o Advogado titular. Na verdade, a vinculação sigilosa é una e reporta-se a este último, o qual nunca poderia ser desvinculado nessas circunstâncias.

VIII – Documentos ou outras coisas que se relacionem, directa ou indirectamente, com os factos sujeitos a sigilo

46. Documentos e outras coisas.

Prescreve ainda o art. 92.º-3 EOA que «o segredo profissional abrange ainda documentos ou outras coisas que se relacionem, directa ou indirectamente, com os factos sujeitos a sigilo». Dir-se-á mais uma vez que se trata de norma implícita em tudo o que tem vindo a ser considerado como sendo o espírito do

autorização do cliente, cartas íntimas que este lhe confiara, para saber se o seu conteúdo poderia basear uma acção de separação ou, eventualmente, de anulação de casamento – se não envolve quebra do segredo profissional, traduz inconsideração ou negligência que o preceito do artº 570 do EJ condena». Este acórdão, porém, cremos que conclui em excesso numa parte e por defeito noutra: por defeito quando admite que se mantenha a obrigação de segredo profissional quando o jurisperito não é nem um Advogado nem um Jurisconsulto (professor de Direito), mas, no caso, um Magistrado, o que é francamente duvidoso; por excesso, quando exige que o Advogado, na orientação que lhe cabe do assunto – e, claro, salvo proibição expressa de procurar qualquer colaborador na mesma área – tivesse necessariamente de obter a prévia aquiescência do Cliente para ouvir conselho de outro jurisperito, a fim de realizar com maior consciência e competência o trabalho que lhe está cometido, conclusão que se nos afigura errónea.

sistema, pelo que o entendimento que provém deste preceito complementar não poderia deixar de estar presente numa coerente hermenêutica[146].

47. Documentos. Desentranhamento.

Se é certo que o segredo se reporta a factos, estes são traduzidos para o exterior ou revelados através de variados meios de prova, e não só pela sua narração verbal ou testemunhal. Seria, por isso, uma hipocrisia sustentar que só pelo primeiro meio de prova, o testemunhal, poderia ocorrer violação de sigilo. Em grande parte das vezes estes está contido em "documentos ou outras coisas", como é o caso da troca de correspondência entre Advogados ou de um Advogado com a "parte contrária".

Desta feita, quando contravencionalmente documentos sejam juntos a um processo, mais não deve o Juiz do que ordenar o seu desentranhamento, sabido que não só se tratará de prática de acto inútil[147], como de prática de acto proibido e até penalmente censurado[148].

[146] *Vide* Ac. CS. de 01.07.65 (rel. VASCO DA GAMA FERNANDES), *in* ROA. 26-1/4-176: «Viola o segredo profissional o Advogado que, numa acção por ele próprio movida contra o ex-cliente, junte aos autos cartas que dele recebera enquanto exercia o patrocínio».

[147] CPC. art. 130.º, que proíbe processualmente a prática de actos inúteis.

[148] Vide CP anterior art. 184.º e 132.º-j) e EOA art. 92.º-5, atrás referidos e comentados. Veja-se, como exemplar o Ac. RC 21.12.2010, *ITIJ* 2288/08.0TBPTM-A.C1, conforme sumário: «As normas que regem o segredo profissional dos Advogados são de interesse e ordem pública, transcendendo a mera relação Advogado/cliente. A revelação do segredo profissional, que abrange os documentos directa ou indirectamente relacionados com os factos sujeitos a sigilo, só é legalmente permitida desde que verificados os seguintes requisitos cumulativos: *i)* que a mesma se revele absolutamente necessária para a defesa da dignidade, direitos e interesses legítimos do próprio advogado ou do cliente ou seus representantes; *ii)* que haja prévia autorização do presidente do Conselho Distrital (hoje Regional) respectivo. Viola o segredo profissional, a junção aos autos de cartas subscritas pela autora e recebidas pelo mandatário da ré, no âmbito de negociações anteriores à entrada da acção, bem como de correspondência trocada entre dois Advogados que em momentos diferentes acompanharam o litígio, nas quais se fala abertamente do que lhes foi comunicado pelos clientes. Tendo sido as cartas juntas aos autos sem a prévia dispensa de sigilo por parte do Presidente do Conselho Distrital (hoje Regional) da Ordem dos Advogados, impõe-se ao Juiz do processo, no âmbito da apreciação da legalidade dos meios de prova, a avaliação sobre se as cartas juntas aos autos, violam ou não o segredo profissional a que os Advogados se encontram vinculados, face ao disposto no

48. Outras coisas.

O legislador foi tão veemente (não encontramos melhor adjectivo) que prescreveu no n.º 3 do art. 92.º ROA que o segredo profissional abrange ainda «*outras coisas que se relacionam, directa ou indirectamente*»[149]. Nenhum espaço de dúvida ficou assim nos espíritos, podendo sustentar-se que a palavra "documentos" foi aqui usada no sentido corrente de documentos escritos.

49. Relacionamento directo e indirecto com o segredo.

Subsiste ainda – e foi procurada na norma – uma extensão do segredo para os documentos «*que se relacionem*» com esse segredo, quer directa quer indirectamente, evitando a falácia que consistisse em revelar os factos, porventura contidos expressamente em certos documentos, através de outros de onde eles mesmos se deduzissem. Daí a máxima atenção do Julgador para pôr cobro a tais situações dúbias, e que não deixam de acontecer.

50. A simples articulação dos factos.

Merece retorno à reflexão o problema da simples articulação dos factos sigilosos, a que já aludimos, para o fazer agora no âmbito dos meios probatórios. Reiteramos, antes de mais, que essa actuação constitui, por si mesma, violação grave da obrigação de sigilo, independentemente dos meios de prova que seguidamente sejam usados para corroborar as asserções constantes dos articulados (ou de outras peças).

n.º 5 do artigo 87.º (hoje 92.º) do respectivo Estatuto, onde se determina que os actos praticados pelo Advogado com violação de segredo profissional não podem fazer prova em Juízo.».

[149] Para além da imperfeita técnica jurídica ao referir "documentos ou outras coisas", pois que ninguém duvidará que os "outras coisas" são juridicamente "documentos". É o que se conclui do art. 362.º do nosso CCiv.: «diz-se documento qualquer objecto elaborado pelo homem com o fim de reproduzir ou representar uma pessoa, coisa ou facto»; vide Parecer CG. de 19.2.953 (rel. ADOLFO BRAVO), *in* ROA. 13-1/2-534: «O Advogado não deve fazer entrega à Justiça de papéis ou outras coisas cuja detenção faça objecto do segredo profissional – se isso for contra o interesse ou a vontade do seu constituinte.».

Por isso é insustentável a opinião contrária já patrocinada implicitamente pelo Supremo[150]. Aí é esquecido, para além de tudo o mais que já argumentámos, que a articulação de factos envolve, por si mesma, a tentativa de uso de um meio probatório cimeiro, o da confissão, aqui a confissão judicial espontânea por intermédio de mandatário[151]. Mais ainda a dita opinião jurisprudencial é em si mesma contraditória, pois se, por um lado, permite a simples articulação de factos, logo a seguir lhe retira qualquer valor se os documentos não forem juntos antes do saneamento do processo: isso só quer dizer que até aí o Tribunal deixara praticar um acto inútil (ao contrário do princípio processual da sua proibição); e que, tanto era assim, que não o admitia no processo como elemento base de uma plausível solução jurídica do litígio, pois que se dispunha a não o admitir no despacho saneador para uso na fase de julgamento[152]. Logo essas "declarações" – o que infelizmente vemos acontecer quando no articulado se veem reveladas negociações transaccionais malogradas em que interveio Advogado – são inatendíveis, pelo que devem os factos ser considerados como não escritos.

[150] Ac. STJ. 16.07.85, *in* BMJ. 349-409: «É lícito às partes articularem factos cobertos pelo sigilo, constantes duma subscrita por Advogado interveniente no pleito, embora tal carta só possa ser junta aos autos após a concessão de dispensa pela Ordem dos Advogados. A junção da carta, precedida de autorização da Ordem dos Advogados, deve ser efectuada antes da fase de condensação do processo, de molde a permitir que tais factos sejam levados ao despacho saneador.»

[151] É o que se conclui iniludivelmente da conjugação dos art.s 35.º-1 e 2 e 356.º-1 CCiv. e dos art.s 46.º, 574.º-1 e 2 e 587.º do CPCiv., onde é bem claro o efeito probatório de "confissão" da simples declaração do mandatário forense.

[152] Efectivamente, como sabemos, só podem ser incluídos no despacho saneador os «elementos constantes dos autos», e designadamente «sem necessidade de mais provas» (CPCiv. art. 595.º), ou seja, factos que interessem à decisão da causa, segundo as várias soluções plausíveis da questão de direito, como dantes se proclamava (CPCiv. anterior art. 511.º-1), pelo que é absurdo admitir que os factos pudessem ter essa natureza antes do despacho saneador e já não o pudessem ter para a fase seguinte. Tal contradição é a demonstração de que a proibição probatória dos factos sigilosos principia na fase da sua mera invocação.

CAPÍTULO III
SOBRE A CESSAÇÃO DO SEGREDO PROFISSIONAL

I – Desvinculação pelo cliente:

51. Razão de ordem.

No capítulo anterior estudámos em linhas gerais a extensão do segredo profissional. Isso não quer dizer, porém, que este seja necessariamente absoluto, ou seja, que nunca possa ser revelado.

Casos há em que é possível ou se justifica essa revelação, sem que com isso perigue a dignidade profissional que em princípio exigia a sua manutenção. Trata-se, no entanto, de hipóteses restritas, e a melhor política é de as limitar o mais possível, dentro da velha máxima latina de *odiosa restringenda*. É que, por muitas razões justificativas que possam existir para a descoberta dos factos secretos, aquela descoberta deixa sempre um rasto desfavorável à imagem pública da Advocacia e, logo, da Justiça.

52. Desvinculação pelo cliente.

O primeiro caso é o de ser o próprio cliente a desvincular o Advogado do segredo.

Antes de mais, convém não esquecer que esta é a grande regra: é porque o cliente desvincula o Advogado do segredo que este pode invocar em Juízo (designadamente nos articulados) e provar os factos que lhe tinham sido revelados sob confidência. Nesse caso tal não é apenas lícito, mas indispensável.

Mas não cabe nesta liberdade a revelação em articulado da existência e/ou do teor de negociações malogradas[153].

Coisa diferente será a de saber se o cliente pode impor ao Advogado que ele revele apenas certos factos e omita outros. O plano em que esta questão se tem de colocar é já outro. Se é certo que o Advogado não tem o direito de revelar os factos sigilosos que o cliente não queira que sejam propalados, não poderá deontologicamente pactuar com a omissão (que, como revelação parcial da verdade, frequentemente é tanto mentira como o é a afirmação de factos totalmente inverídicos!), pelo que a solução que tem é a de recusar o patrocínio e não a de dar a conhecer o que é secreto.

Mas a questão já não é pacífica quando se trata de eventual revelação de factos conhecidos a partir de ex-cliente com a sua autorização, porventura para benefício directo de outrem. Sustentamos, porém, que isso é lícito, com segurança, apesar de haver opiniões em sentido adverso[154].

Para tal milita a natureza do sigilo. Resultando este da relação radicial, se bem que não necessariamente por ser contratual, entre cliente-Advogado, pois que é em função daquele que a profissão existe, mal se compreenderia que não estivesse na disponibilidade do confitente a possibilidade de ele dispensar o Advogado de o manter.

Por outro lado, nenhuma sombra recai sobre a profissão em tal eventualidade face ao senso comum, à sua imagem pública.

[153] Ac. RL 12.01.2017, *ITIJ* 136577/15.6YIPRT-A.L1.8.

[154] No nosso sentido *vide* Ac. STJ. de 02.12.69, *in* BMJ. 192-197 e Ac. RE. de 07.01.92, *in* Col. Jur. XVII-1-288. Em sentido contrário, Ac. CS. de 03.06.65 (rel. MÁRIO FURTADO), *in* ROA. 25-1/4-274. Esta última tese alicerça-se sobretudo na natureza não contratual da obrigação se segredo profissional, mas parece que este argumento demonstra demasiado, pois que não é por se considerar natureza oposta que sustentamos o ponto de vista que sustentamos. É antes por não estar em crise o valor deontológico e social imanente. Aliás, o acórdão cita jurisprudência anterior que não confirma o seu ponto de vista, mas apenas se reporta à obrigação de sigilo em geral.

Mas isso, evidentemente, se os factos sigilosos tiverem esta natureza para benefício exclusivo do cliente[155]. Nesse caso, e só nesse caso, nada impede que, para obtenção de um depoimento como para a junção de um documento a um processo, o Advogado depoente ou quando fornecedor desse documento a outro Colega faça acompanhar a sua atitude de declaração do ex-cliente, ou em sua representação, no sentido de que permite a revelação dos factos inerentes. Mais ainda isso deve ser reputado obrigatório, pois que não deve ser consentido o uso de qualquer desses meios probatórios sem a dispensa concreta. O caso mais frequente consiste no envio de carta admonitória, ou seja, em uso de meio escrito (incluídos os meios electrónicos) como interpelação para cumprimento de obrigação. Seria exigência excessiva a interpelação feita pelo próprio cliente para aquele adimplemento: o Advogado pode ser encarregado daquela, devendo, então, declarar à parte contrária que exige o cumprimento da obrigação, designadamente para o início de contagem de juros e, por maioria de razão, para cumprir, e que o faz em nome do seu cliente, titular como credor ou devedor na relação contratual invocada.

Não haja, todavia, confusão: aquilo que acaba de referir-se reporta-se tão-só à revelação dos factos enquanto o Advogado se mantém como patrocinador do cliente: factos necessários à sustentação da tese em Juízo. Se o Advogado visado já não patrocina quem foi seu patrocinado a revelação testemunhal que o ex-cliente queira obter exigirá que esse Advogado seja autorizado pela Ordem (a principiar pelo Presidente do CR)[156]. Mas é óbvio que,

[155] É por isso só neste sentido que deve ser interpretado o Ac. RP 07.12.2018 (*ITIJ*, 430/14.01AAMT.P1), conforme seu sumário: «O fundamento ético-jurídico do dever de sigilo profissional do advogado não está confinado à relação contratual estabelecida entre este e o seu cliente, sendo o bem jurídico que ilumina a tutela desse segredo a necessidade social da confiança nos advogados em geral. Por esse motivo, não poderá ser o mandante/cliente a desvincular o mandatário/advogado desse dever de sigilo.».

[156] «No âmbito do segredo profissional a regra geral é que o mesmo abrange tudo quanto tenha chegado ao conhecimento de alguém através do exercício da sua actividade profissional e na base de uma relação de confiança (...). O segredo profissional do Advogado não é absoluto, podendo ser revelado em determinadas circunstâncias; Tendo o arguido dispensado o seu Advogado do segredo profissional e arrolado o mesmo como testemunha, para depor sobre as conversas exclusivamente havidas entre ambos, no âmbito de aconselhamento jurídico, relativas à conduta do primeiro que constitui o objecto dos autos, não existe direito à escusa pois que, com a dispensa verificada, deixaram tais conversas de estar sujeitas ao segredo.» (Ac RC 28.11.2018, *ITIJ* 305/14.3T9LRA-A.C1). «O princípio que rege a decisão a proferir,

na conformidade do art. 92.º-6 EOA, esse Advogado sempre pode negar-se a depor; em Processo Penal, porém, pode o Tribunal seguir o sistema que lhe faculta o art. 135.º-4 CPP – como vai estudado noutro lugar desta obra.

Admitimos ainda que, muito excepcionalmente, a autorização pela Ordem possa ser obtida *a posteriori*, quer no sentido de confirmar o que já fora concedido verbalmente, quer no sentido de ratificar a revelação feita por forma a atribuir-lhe valor probatório processual e a evitar responsabilidades para o revelador[157].

53. Segredo estabelecido também em favor de outrem.

Já assim nunca será se o segredo tiver sido estabelecido, como se viu acontecer frequentemente, também em favor de outrem que não do cliente (negociações, p. ex.). Ou quando os clientes eram vários e posteriormente se desavieram[158].

de determinação da prestação de depoimento com quebra do segredo profissional ou do indeferimento do pedido, é o da prevalência do interesse preponderante, que se aferirá, nomeadamente, por reporte à imprescindibilidade do depoimento para a descoberta da verdade, à gravidade do crime e à necessidade de protecção de bens jurídicos. Nem sempre o interesse do Estado em realizar a justiça penal, com observância de todos os princípios jurídico-constitucionais que o integram, prevalece.» (Ac. RC 22.11.2017, *ITIJ* 172/15.0GTLRA-A.C1).

[157] Era o caso do cit. Ac. CS.de 03.06.65, *in* ROA. 44-736.

[158] Vide Parecer CG. de 05.04.51 (rel. FERNANDO DE CASTRO), *in* ROA. 9-1/2-549: «Não pode aceitar mandato para intervir numa partilha judicial em representação apenas de alguns dos interessados o Advogado que a todos orientou em negociações para partilha amigável»; Parecer CG. de 30.01.46 (rel. ADELINO DA PALMA CARLOS), *in* ROA. 18-4-448: «O Advogado escolhido ou aceito por ambas as partes para intervir nas negociações tendentes a resolverem por transacção as suas divergências não pode aceitar depois mandato de qualquer delas, nem revelar, em nenhumas circunstâncias, os factos ocorridos durante as negociações para acordo em que interveio»; e Parecer CG. de 10.02.61 (rel. MAGALHÃES GODINHO), *in* ROA. 21-3/4-121: «É vedado ao Advogado escolhido ou aceito por ambas as partes para intervir nas negociações para acordo, revelar os factos ocorridos durante as negociações em que interveio.». Pelo contrário, «enquanto não houver colisão de interesses, pode o mesmo Advogado representar mais de um interessado. Por isso o Advogado pode representar ambos os cônjuges em divórcio ou separação por mútuo consentimento e igualmente pode representar mais de um interessado no inventário" (Parecer CG de 18.04.41, rel. AUGUSTO VITOR DOS SANTOS, *in* ROA. 18-1-128).

Como é evidente, porém, nada obstará à revelação se todos os destinatários do sigilo autorizarem a sua revelação.

54. O direito a manter o sigilo apesar de desvinculado.

Apesar de desvinculado, o Advogado, porém, não é obrigado a aceder às exigências do seu cliente ou de outrem para que revele os factos.

Entre nós esse princípio foi tornado letra de forma[159]. Isto é, o Advogado pode escusar-se à revelação, mesmo que o cliente pretenda que ele a faça.

Tal prerrogativa é corolário da independência e isenção com que a profissão é exercida e com que não pode ser instrumentalizada[160].

E deve considerar-se presente mesmo nos casos em que foi necessária a prévia autorização do Presidente do Conselho Regional, não só porque autorização não significa obrigação imposta pela Ordem para revelar os factos sigilosos[161], como porque, como se verá, não tem o cliente legitimidade para fazer tal requerimento.

Excepção apenas se deve considerar existir em matéria de Processo Penal, como adiante se refere, pela natureza especial deste processo.

[159] É o que resulta do n.º 6 do art. 92.º EOA: «Ainda que dispensado nos termos do n.º 4, o Advogado pode manter o segredo profissional».

[160] É impensável que este princípio pudesse considerar-se em crise com a regra deontológica constante do CDCCBE, segundo a qual «sem prejuízo das normas legais e deontológicas, o Advogado tem o dever de actuar da forma que mais conveniente for para defesa dos interesses do seu cliente e de colocar tais interesses antes dos seus próprios ou dos outros Advogados» (norma 2.7.). Com efeito, esta prescrição tem de ser compaginada com o vetor basilar da independência (norma 2.1.) e com o reconhecimento de que o segredo profissional é não só um dever como um "direito" do Advogado (norma 2.3.1.).

[161] Parecer CG. de 14.06.63 (rel. MAGALHÃES GODINHO), *in* ROA. 24-169: «Só em casos muito excepcionais o Advogado poderá quebrar o segredo profissional (...). Não pode, porém, a Ordem impor a um Advogado que, contra o seu entendimento, quebre o seu segredo profissional.».

II – Desvinculação mediante prévia autorização de entidade específica e única:

55. Legitimidade para requerer a autorização.

Afora o caso acabado de referir, a cessação da obrigação do segredo profissional só pode ocorrer, entre nós – cremos que com grande superioridade em relação a outros ordenamentos jurídicos – mediante prévia autorização do Presidente do Conselho Regional respectivo, com recurso para o Presidente da Ordem dos Advogados (EOA, art. 81.º-4).

A primeira questão que se levanta neste âmbito é a de saber quem terá, no nosso sistema legal, legitimidade para requerer tal dispensa ou autorização.

A resposta é a de que haverá que distinguir, face ao regime legal de hoje (já que ainda há pouco a resposta era unívoca), consoante os casos que passam a analisar-se.

56. Legitimidade do Advogado detentor do segredo.

Não tem provocado suficiente reflexão o caso (ou os casos), delicado, de a questão do sigilo se colocar face a Advogado(a) que detenha a situação de arguido(a).

Os Tribunais, porém, já se pronunciaram, mesmo que de maneira indirecta sobre a questão. Com efeito, nessa situação limite deve ser considerado como de elementar justiça que o Advogado não deva sofrer de qualquer *capitis diminutio* só pelo facto de os elementos cujo conhecimento obteve no exercício profissional ficarem sujeitos a revelação só com autorização pela Ordem[162].

[162] «No caso a arguida requerente não recusou depor, isto é, ainda não recusou responder a qualquer questão invocando, como fundamento de recusa, o segredo profissional. Aliás, até ao momento nem sequer teve início o seu depoimento. No entanto, não nos parece que este facto obstaculize o prosseguimento do incidente. E dizemos isto pelo seguinte: é manifesto que a requerente quer depor e também é claro que, no juízo e ela própria formulou, qualquer

No entanto, diferente será o caso se, com a revelação, o Advogado incriminar o cliente ou ex-cliente.

Sabido que a defesa penal busca sobremaneira a "verdade material", e figurando a hipótese de Advogado e ex-cliente serem visados como autores (material e/ou moral) do crime, seria vitupério que o Advogado arguisse sem mais a autoria criminal do próprio cliente, que lhe confiou os factos sigilosos. Deve, pois, solicitar a dispensa do segredo profissional.

Especial tratamento merece a legislação sobre branqueamento de capitais, de que trataremos adiante.

Normalmente a legitimidade pertence exclusivamente ao detentor do segredo, ou seja, apenas ao próprio Advogado, mas, repita-se, não como direito próprio; antes mediante «*prévia autorização do presidente do Conselho Regional respectivo, com recurso para o Bastonário, nos termos do respectivo regulamento*» (EOA, art. 92.º-4).

Certo é que a dispensa de sigilo nunca sai do âmbito dos organismos da Ordem dos Advogados a quem a lei imputa o direito/dever de autorizar, mesmo no regime específico do Processo Penal, como adiante se verá[163].

Tal grande regra permite tirar ilações pela negativa.

declaração que faça sobre o objeto do processo estará a coberto do segredo profissional. E isto é fácil de perceber: a requerente está acusada de, no exercício das suas funções de advogada, ter sido cúmplice do crime de insolvência dolosa. Percebe-se, pois, que as suas declarações como arguida contenderão, inexoravelmente, com o segredo profissional derivado do exercício daquelas funções. Por outro, lado, também não sabemos, é verdade, qual foi a resposta dada pela OA ao pedido formulado pela arguida, de dispensa de segredo com vista à prestação de declarações como arguida. Mas também aqui é fácil perceber que a resposta ao pedido foi negativa, pois se assim não fosse a arguida logo teria dito que poderia, finalmente, depor.» (*in* Ac. RC15.05.2013, *ITIJ* 60/10.6TAMGR.C1).

[163] Veja-se o cuidadoso aresto de 27.10.2010, *ITIJ* 398/08.5GVNF-A.P1, cujo sumário é o seguinte: «I – A decisão sobre a legitimidade da escusa compete ao tribunal de 1.ª instância; e compete ao tribunal de recurso pronunciar-se sobre a justificação (ou não) da quebra do segredo profissional. II – Não se mostra justificada a quebra do dever de segredo profissional relativamente a um advogado que, na qualidade de mandatário judicial do executado, ora arguido, assistiu a factos que decorreram durante a execução de uma penhora, no interior de um estabelecimento comercial e que são susceptíveis de integrarem a prática de crimes de injúria agravada e de ameaça».

Finalmente, são de excluir da qualificação de matéria sigilosa os factos que se passaram perante outras pessoas, não clientes, e que, por isso, se tornaram públicos[164].

56.1. Não legitimidade do cliente.

Pela inversa, portanto, a legitimidade não pertence ao cliente, que, porventura, quisesse solicitar a dispensa em vez do seu Advogado, quer por iniciativa própria em substituição do patrono, quer para eventualmente lhe pretender impor a revelação do segredo.

Não haveria necessidade de formular norma expressa a este respeito[165], de tal modo aquela opinião é evidente dentro dos princípios gerais (afora o caso do Processo Penal como adiante se verá). Com efeito, só se compreende o requerimento de dispensa ou autorização para revelar o segredo por parte do seu detentor, não apenas porque só isso é compatível com a dignidade profissional e com a primazia da questão de consciência ética inarredável do Advogado, como porque, como é sabido, não pode (em princípio, salvo o Processo Penal) ser imposta ao Advogado a revelação do sigilo[166].

164 «O segredo profissional regulado no artigo 87.º do EOA (hoje 92.º) abrange os factos conhecidos pelo Advogado no exercício da sua profissão e por causa desse exercício, numa relação de causalidade necessária entre o exercício das funções e o conhecimento dos factos. Essa relação de causalidade necessária deve ter-se por excluída sempre que os factos de que o Advogado tenha conhecimento no exercício das suas funções extravasem o objecto da prestação de serviços e não ofereçam nenhum ponto de ligação com esta, de modo que se possa dizer que a circunstância de deles saber é meramente acidental e não causal; ou seja, o conhecimento do episódio não ocorreu por força do exercício de funções, mas tão só durante esse exercício. No caso em que o Advogado acompanhou a assistente, sua representada, a um determinado terreno, em razão de problemas com a utilização de uma passagem, e, nessa deslocação, ouve palavras insultuosas e ameaçadoras dirigidas àquela, nenhum obstáculo legal existe à valoração do depoimento prestado, em audiência de julgamento, nesse sentido, pelo primeiro, porquanto, foi acidentalmente que o mesmo tomou conhecimento dos referidos factos, não tendo eles qualquer ponto de coincidência com a prestação de serviços em causa.» (Ac. RC18.09.2013, *ITIJ* 77/10.0TANLS.C1).

165 Efectivamente nada se diz de modo expresso no EOA. Mas a jurisprudência da Ordem nunca sofreu entorses no seu sentido unívoco, salvo recentemente como se depreende, com surpresa e sem se perceber com que justificação plausível, do texto do Ac. STA. 04.05.93, *in* Acs. Dout. 380/381-879. Adiante nos referiremos com detença a esta decisão do Supremo Tribunal Administrativo e, por arrastamento, à decisão da Bastonária que lhe está na base.

166 Vide art. 92.º-6 EOA: «Sem prejuízo do disposto no n.º 4 (precisamente o caso de pedido de autorização), o Advogado pode manter o segredo profissional.

Em princípio, ninguém se pode substituir ao prévio e deontológico juízo de utilidade e conveniência que ao Advogado pertence. Não há "consciência" que se lhe impute e o aliene.

Por outro lado, quando o segredo foi estabelecido em exclusivo interesse do cliente, então, como noutro local explicamos, nada há que impeça que o próprio cliente liberte, a seu favor, o Advogado desse segredo, pelo que é néscio admitir que o mesmo cliente tivesse que requerer a dita autorização, como se ela pudesse equivaler a impor a sua revelação, o que, como vimos, não pode fazer; e, quando o sigilo é criado também em benefício de outrem, seria absurdo admitir legitimidade para o mesmo cliente, até porque não lhe é lícito substituir-se à consciência do Advogado, que é quem tem que formular o primeiro juízo sobre se deve ou não colocar ao Presidente do Conselho Distrital o seu caso deontológico e, por outra via, introduzir-se numa relação de confidencialidade-confiança relativa a outrem, além de que nunca lograria também impor ao Advogado a revelação por esse meio, pois a ele sempre será lícito escusar-se.

56.2. Não legitimidade de outro interessado no processo.

Também não pertence a outro interessado em processo judicial, que, por exemplo, quisesse beneficiar de depoimento de Advogado de outrem (daquele que, p.ex., foi Advogado da parte contrária) e assim almejasse levá-lo a testemunhar dentro da regra processual geral de obrigação de colaborar com o Tribunal na descoberta da verdade[167].

A questão, aliás, seria abnorme, porque não seria nunca possível obter a revelação de factos sigilosos a favor de outrem que não o ex-cliente[168], pelo que seria insensato tentar "exigir" uma revelação para fins diferentes, como

[167] CPCiv. art. 417.º. Vejam-se os nossos Despachos de 24.10.88, in ROA. 48-3-1062 (texto: «Efectivamente, é doutrina nunca desmentida pela Ordem dos Advogados que apenas o detentor do sigilo profissional tem legitimidade para requerer o seu levantamento, e não outrem por ele. Tal resulta, sem sombra de dúvida, da natureza do sigilo, tão sagrado que só o seu detentor pode aquilatar das razões (...)»), e de 18.9.989, *in* ROA. 49-3-1079 (sum.: «Não tem legitimidade para pedir a dispensa de segredo profissional o Advogado que não é o detentor dos factos sigilosos e pretende aquela dispensa para depoimento testemunhal a prestar por Colega»).

[168] É o que dispõe o cit. art. 92.º-4 EOA.

é de esperar que aconteça quando o "interesse" na revelação é de outrem que não o ex-cliente[169].

Tampouco normalmente também não cabe ao Ministério Público[170].

56.3. Não legitimidade do Juiz, em geral.

Igualmente não cabe, normalmente, ao Tribunal, que, por sua iniciativa, pedisse ao Presidente do CR a autorização, quando, p.ex., a questão do segredo tivesse sido levantada no decurso da audição de um depoimento de Advogado, e levando o Juiz a sobrestar na continuação da sua inquirição[171].

Por outro lado, não deve o Tribunal confundir entre um pedido abstracto de parecer sobre matéria de segredo profissional que tenha feito à Ordem, e que até porventura tenha dado origem à pronúncia do Conselho Regional ou do Conselho Geral[172], e haver dispensa do sigilo em caso concreto. Tal parecer terá, porventura, utilidade quanto a uma eventual subsequente tomada posição do Tribunal, por exemplo a respeito da questão prévia sobre se subsiste ou não caso de segredo profissional: não subsistindo, o Advogado não poderá negar-se a depor. Mas isso não tira que, suscitado concretamente o problema no processo, o Advogado não possa negar-se a depor enquanto não obtenha despacho do Presidente CR a convencê-lo de que, contra a sua opinião, não existe matéria sigilosa que tenha, pois, o direito de negar-se a revelar. Mas, desde que a Ordem dos Advogados, no despacho (e não mero "parecer"), tenha concluído pela proibição do levantamento do sigilo profissional, não é lícito que o Tribunal despreze aquela pronúncia para se permitir usar, em

[169] Aqui mais uma vez se pode revelar uma gravíssima entorse deontológico-doutrinal do cit. Ac. STA. de 04.05.93 (Acs. Dout. 380/381-879), como adiante melhor referiremos.

[170] Parecer CG. de 07.05.53 (rel. FERNANDO DE CASTRO), *in* ROA. 13-1/2-546: «Só ao Advogado cabe fazer a consulta prévia (assim se chamava então) indispensável para se tornar possível a revelação de segredo profissional; não pode por isso o Ministério Público pedir ao Presidente da Ordem que autorize qualquer Advogado a depor sobre matéria coberta por esse segredo».

[171] «A autorização que os órgãos competentes da Ordem dos Advogados concedem a um advogado para a prestação de depoimento judicial, com dispensa do segredo profissional, não está sujeita a qualquer restrição imposta pelo Tribunal perante o qual deve ser prestado o depoimento.» (Ac. STJ 14.12.89, *ITIJ* 078091).

[172] Dentro das atribuições dos art.s 46º-d) e 55.º-a) e f) EOA.

depoimento ou em escrito (este em vez de o mandar desentranhar), os factos sigilosos e não autorizados à revelação[173].

Finalmente, perante situação de sigilo profissional, não pode sequer o Tribunal considerar-se como a entidade com competência para desvincular autonomamente a revelação da existência de factos sujeitos a segredo profissional, sem que, antes disso, o próprio Juiz solicite ao órgão da Ordem dos Advogados competente autorização para que possa tomar em conta os factos sigilosos. Menos ainda pode proceder daquele jeito a coberto de norma constitucional. Diga-se, pois, com vigor que as normas do EOA em causa não podem ser suplantadas, como se não existissem, sob o pretexto de que ao Tribunal pertence um poder autónomo e exclusivo em matéria de segredo profissional, como se não existissem as normas do EOA e pudessem ser ultrapassadas pelo Tribunal. Trata-se de planos diferentes, que nada têm a ver com a norma constitucional referente à judicatura, nem consta que vez alguma o Tribunal Constitucional se tenha afoitado a declarar o art. 92.º EOA (ou norma que o antecedeu) como inconstitucional[174]. A seguir a errada jurisprudência, de que se dá notícia em notas de pé de página, inútil seria o regime vinculativo do EOA.

[173] Discordamos, pois, do Ac. RP 03.11.2010 (*ITIJ* 10604.7TALMG-B.P1): «O Parecer emitido por uma Ordem profissional sobre a cessação ou não do segredo profissional relativamente a um dos seus membros apenas os vincula nas relações internas do respectivo organismo, pelo que, em casos específicos determinados pela urgência do procedimento com vista a salvaguardar a eficácia da produção de prova já realizada, o tribunal pode dispensar tal audição prévia. II – A quebra do segredo profissional impõe uma criteriosa ponderação dos valores em conflito em ordem a determinar se, face ao circunstancialismo em causa, a salvaguarda do segredo profissional deve ou não ceder perante outros interesses, designadamente os de colaboração com a realização da justiça penal.».

[174] Desta feita é errónea, porque, excessiva, a jurisprudência do STJ de 27.005.2008, segundo a qual: «O dever de sigilo profissional dos advogados, contido no art. 81.° do EOA [de então] é estabelecido, fundamentalmente, no interesse dos respectivos clientes, aceitando-se sem esforço que seja de interesse e ordem pública. Porém, acima daquele Estatuto existem outras leis, entre elas, sobretudo, a Constituição da República Portuguesa, onde se estabelecem princípios fundamentais, estruturantes, cuja não aplicação ou desrespeito fere de nulidade os respectivos actos decisórios. Daí que se estabeleça no n.º 4 do art. 81.º do EOA [de então] que a obrigação de segredo profissional cessa em tudo quanto seja absolutamente necessário, para a defesa da dignidade, direitos e interesses legítimos do próprio advogado ou do cliente ou seus representantes, mediante prévia autorização do presidente do conselho distrital respectivo, com recurso para o presidente da Ordem dos Advogados. A defesa completa e integral dos (alegados) direitos do autor-advogado numa acção de honorários deve ser garantida em condições de igualdade com os dos restantes cidadãos, assim se cumprindo os princípios da

56.4. Tramitação primária para a possível desvinculação.

A tramitação para desvincular do segredo consta, ainda, do Regulamento n.º 94/2006 AO (2.ª série), de 25.05.2006 / Ordem dos Advogados, Conselho Geral – Regulamento de dispensa de segredo profissional, no Diário da República – 5.2, n.º 113, de 12.06.2006, págs. 8588-8589. Ainda não foi adaptado ao actual EOA, designadamente pelas referências ao seu art. 87.º, que corresponde ao actual art. 92.º EOA.

É então estabelecido que o pedido de dispensa do sigilo «*será efectuado mediante requerimento dirigido ao*» ao presidente CR «*a cuja área geográfica pertença o domicílio profissional do Advogado que pretenda a desvinculação e subscrito por*

lei fundamental. Deste modo, o juiz que preside ao julgamento detém o poder bastante para, considerando e avaliando todas as circunstâncias do caso concreto, validar o depoimento do autor-advogado em causa, requerido pelo réu, independentemente do pedido prévio de autorização e do seu bom acolhimento.» (*ITIJ* 07B4673). Igualmente inexacta se apresenta a jurisprudência, segundo a qual «O dever de colaboração com a justiça, preconizado em termos gerais no n.º 1 e parte do n.º 2 do artigo 519 do Código de Processo Civil e artigo 215.º do Código de Processo Penal de 1929 [antigas redacções], sofre limitações excepcionalmente admitidas pelo legislador, as quais respeitam a situações em que a pessoa que devia depor esta obrigada a guardar segredo de factos chegados ao seu conhecimento através do exercício da respectiva profissão e que, dados a conhecer, prejudicam o Estado ou terceiro. Estão nas condições referidas, entre outros profissionais, os advogados, como se infere do artigo 81 do Decreto-Lei n. 84/84, de 16 de Março, dispondo o n. 5 daquele artigo 81º [de então] que não podem fazer prova em Juízo as declarações feitas pelo advogado com violação do segredo profissional. Não constitui violação daquela norma legal e, designadamente, da alínea d) do respectivo n. 1, a revelação em processo de factos conhecidos pelo advogado no âmbito de negociações para acordo amigável, quando respeitantes a contraparte e em relação aos quais foi o advogado solicitado a pronunciar-se profissionalmente, nem dizem respeito a pendencia. Compete à Ordem dos Advogados, pelo seu Presidente do Conselho Distrital [de então] e em sede de recurso através do Presidente da Ordem, dizer quando há violação do segredo profissional no que concerne aqueles profissionais, mas tal decisão não e inatacável. Na verdade, a nossa Constituição da República assenta no princípio do Estado de Direito (artigo 2), princípio que abrange um conjunto de regras fundamentais dispersas pelo Tribunal Constitucional e entre estas contam-se: a da reserva da função jurisdicional para os tribunais (artigo 206.º) a da independência dos Tribunais (artigo 208.º) e da prevalência das decisões dos Tribunais sobre as de qualquer outra autoridade (artigo 210, n.º 2), todas da Constituição da República. Por isso não e vedado ao juiz validar depoimento já prestado no processo por Advogado sobre matéria que entendeu não violar segredo de justiça, ainda que em consulta a Ordem dos Advogados efectuada pelo depoente relativamente a acto processual complementar do primeiro, venha aquela entidade a concluir estar a matéria em causa a coberto do dever de sigilo profissional.» (Ac. STJ 22.06.1988, *ITIJ* 030516).

este» (RDSP, art. 2.º-1). Recebido o pedido, o Presidente CR, a quem compete decidir, pode delegar a decisão noutro membro do CR. (RDSP, art. 2.º-2 e 3). Entendemos que esta delegação não constituiu solução curial, pois que as minudências e delicadezas destas matérias exigem que seja evitada jurisprudência díspar, o que por vezes não é conseguido com desprestígio do CR e da Ordem, a despeito de a decisão final ser susceptível de recurso – mas que, mais uma vez por regime criticável pelas mesmas razões, também o julgamento desse decurso é susceptível de ser delegado (*cf.* art. 8.º-1 RDSP). De salientar que cabe ao Presidente do CR declarar-se impedido, por razão justificada, lavrando, para tanto, despacho de impedimento, o que terá o efeito de passar a competência para o Vice-Presidente – sem prejuízo de, por sua vez, e sem qualquer justificação, delegar a matéria noutro membro do CR, com o mesmo malefício de diversa jurisprudência a que se fez referência (RDSP, art. 2.º-4).

O pedido de autorização, que conterá a identificação completa do Advogado requerente, é obrigatoriamente fundamentado, sob pena de rejeição liminar, identificando, de modo objectivo, concreto e exacto, qual o facto ou factos sobre os quais a desvinculação é pretendida (RDSP, art. 3.º-1 e 2).

Para tanto, deve o requerimento vir acompanhado dos documentos necessários à apreciação do pedido, sobremaneira se a matéria sigilosa neles contém; se se tratar de pedido relativo a processo judicial em curso, deve vir acompanhado de cópia das peças processuais pertinentes – até para que mais tarde o Tribunal saiba apreciar (RDSP, art. 3.º-1).

O Presidente CR poderá solicitar ao requerente, sempre que o entenda necessário, a prestação de esclarecimentos complementares, bem como a junção de documento ou documentos pertinentes para a apreciação do pedido, fixando prazo para tanto, findo o qual sem a tanto corresponder, o pedido de desvinculação será decidido com os elementos dele constantes (RDSP, art. 3.º-3).

No caso de se pretender a dispensa de segredo para o Advogado depor em processo em curso ou apenas para juntar documentos a outro qualquer processo, o requerimento deverá ser apresentado com antecedência em relação à data em que esteja marcado depoimento ou em que seja possível apresentar o documento – ressalvando-se situações de manifesta urgência ou excepcionalidade, devidamente justificadas, para que a decisão seja proferida em tempo útil (RDSP, art. 3.º-4).

56.5. Audição de contrapartes?

Já foi sido soerguida a questão de saber se a(s) contraparte(s) no processo judicial para o qual é desejada a pronúncia da Ordem dos Advogados sobre a desvinculação do sigilo profissional pode(m) por iniciativa própria ou por notificação ser ouvida(s), dentro do princípio processual geral e analógico do art. 3.º CPCiv.[175].

A resposta deve ser negativa, para o que militam várias razões.

É que não ocorre conflito essencial de partes que exija uma decisão judicial. Existe apenas a preparação de meio de prova, que virá a ser analisada, quando produzida, pelo Juiz do processo. A Ordem dos Advogados não faz mais do que autorizar a desvinculação do segredo profissional, que incide sobre determinado(s) facto(s). De seguida, a parte fica apta a apresentar o(s) facto(s) sigiloso(s) perante o Tribunal e é este que, na sua judicatura, vai apreciar a prova «livremente», «segundo a sua convicção» (CPCiv., art. 607.º-5).

O caso não muda de figura se ocorrer, ao nível da Ordem dos Advogados, necessidade de o Advogado requerente interpor recurso para o Bastonário, nos termos do art. 40.º1-*n)* EOA.

56.6. Da decisão sobre o pedido de desvinculação do segredo profissional.

Estabelece o art. 4.º-1 RDSP que «a dispensa do segredo profissional tem carácter de *excepcionalidade*».

Este conceito indeterminado traria sempre dificuldade para o seu preenchimento, razão por que o legislador terá tido a preocupação de melhor o explicitar nos números seguintes do referido art. 4.º, mas com termos que reservam ao órgão da Ordem com poderes decisórios muito melindrosa tarefa.

[175] «1. O Tribunal não pode resolver o conflito de interesses que a acção pressupõe sem que a resolução lhe seja pedida por uma das partes e a outra seja devidamente chamada para deduzir oposição.» (CPCiv., art. 3.º-1); «O Juiz deve observar e fazer cumprir, ao longo de todo o processo, o princípio do contraditório, não lhe sendo lícito, salvo caso de manifesta desnecessidade, decidir de direito ou de facto, mesmo que de conhecimento oficioso, sem que as partes tenham tido a possibilidade de sobre elas se pronunciarem.» (art. 3.º-3).

Referimos ser melindrosa a tarefa, pois que a explicitação e qualificação desde sempre esteve presente desde os anteriores textos reguladores da profissão, pelo que, como é sabido, sempre há vantagem em que o legislador seja mais sintético.

Então o órgão competente da Ordem levantará o segredo apenas quanto aos «*factos*» que reputará de serem inequivocamente necessários «*para a defesa da dignidade, direitos e interesses legítimos do próprio Advogado, cliente ou seus representantes*» (art. 4.º-2) e, ademais, «*aferirá da essencialidade, actualidade, exclusividade e imprescindibilidade do meio de prova sujeito a segredo, considerando e apreciando livremente os elementos de facto trazidos aos autos pelo requerente da dispensa.*» (art. 4.º-3).

Ao contrário do que poderia parecer, tão minuciosas especificações não tolhem o Julgador, ao qual seja entregue o despacho do órgão da Ordem. Permitem, sim, ao Juiz uma análise mais consciente e fundamentada, sobremaneira no decurso do julgamento, no apuramento final da matéria de facto. Mas não escondemos que a prolixidade do n.º 3 poderá vir a ser causal de argumentação das partes perante os Tribunais que possam pronunciar-se sobre a matéria de facto.

Finalmente deverá voltar a realçar-se que os factos autorizados a revelar têm de ter natureza «*inequivocamente necessária para a defesa da dignidade, direitos e interesses legítimos do próprio Advogado, cliente ou seus representantes*» (*supra* n.º 2). Tal formulação corresponde à tradição da regulação do exercício da profissão.

Entretanto, vem sendo criada jurisprudência dentro da Ordem, seus Conselhos Regionais, em especial que saibamos no do Porto, que consiste em notificar o requerente do pedido de todo o teor da decisão, dando-lhe conta que esta estava sujeita a segredo profissional e, simultânea e separadamente, notificá-lo, com envio certidão da decisão, que apenas contém a parte decisória do Despacho final, com a indicação de que é somente essa parte que se destinar a ser junta em Tribunal. Cremos ser prudente este *modus procedendi*, sabido que doutro jeito a matéria sigilosa se tornava patente e, logo, descoberta.

56.7. Efeitos da decisão sobre o pedido de desvinculação.

Se o Presidente do CR indeferir o pedido de dispensa de segredo profissional tal despacho torna-se definitivo, isto é, não admite recurso – como se depreende da conjugação entre os n.ºs 1 e 2 do art. 5.º RDSP.

Tal disposição não tem possibilidade de interpretação *a contrario*, ou seja, seria contrário, sim, ao espírito do sistema que, pela denegação, a matéria sigilosa pudesse ficar “aberta”.

Trata-se duma justificada excepção à regra do art. 6.º-3 EOA, segundo a qual «*dos actos praticados pelos órgãos da Ordem dos Advogados cabe, ainda, recurso contencioso para os Tribunais administrativos, nos termos gerais de Direito*», norma esta que é o resultado da natureza da Ordem dos Advogados como Associação Pública[176].

Em contrapartida, já da decisão de indeferimento pelo Presidente do CR da dispensa de segredo profissional é possível recorrer para o Bastonário (art. 6.º-1 RDSP).

Estabelece o n.º 2 do mesmo art. 6.º que «*apenas o requerente de dispensa de segredo profissional tem legitimidade para interpor o recurso*» – disposição que se afigura como desnecessária, pois que este processo não tem a natureza de “processo de partes”, cabendo, sim, ao Tribunal apreciar oportunamente o valor do depoimento do Advogado depoente no processo judicial. A norma, porém, tem a vantagem de acabar com dúvidas.

56.8. Tramitação subsequente em recurso.

Seguem-se normas meramente instrumentais do recurso que tem de seguir o Advogado que se proponha sustentar o levantamento do sigilo profissional:

«O prazo para interposição de recurso é de quinze dias úteis[177] a contar da notificação da decisão de indeferimento».

«O requerimento de interposição de recurso sempre motivado, sob pena de não admissão do mesmo»[178] – o que torna, aliás, demasiado óbvio para dever ter sido estabelecido a necessidade de notificar a «*não admissão do recurso por falta de fundamentação*» (art. 7.º-4-*a*)).

[176] Vide nosso “Da Associação dos Advogados de Lisboa à Ordem dos Advogados», *in* Revista da Ordem dos Advogados, 48-329 a 363.

[177] O adjectivo é desnecessário, dada a natureza da Ordem como associação pública e o paralelismo jurisdicional dos seus actos (cf. art. 6.º EOA, em especial o seu n.º 2). Também é tautológico dizer-se o *dies a quo* para a interposição do recurso. É sabido que um texto legislativo desnecessário só pode causar dano.

[178] Aqui são aplicáveis as considerações da nota precedente.

Assiste ao órgão recorrido a faculdade de suprir nulidades, de proceder à rectificação de erros materiais e, bem assim, de reparar o recurso, alterando o sentido da decisão recorrida». Se as duas primeiras vertentes podem ser incluídas nas desnecessidades, já a terceira se apresenta como original, mas susceptível de futuras desnecessárias dificuldades. Na verdade, o que é afinal "alterar o sentido" da decisão recorrida, sobretudo para que o imprecante não seja prejudicado? Entendemos, pois, que, se a alteração for no sentido oposto ao decidido, isso equivalerá ao deferimento de desvinculação do segredo profissional, retirando qualquer sentido à manutenção do recurso; mas, se apenas se tratou de limitar a extensão da desvinculação (obviamente face ao conteúdo do pedido), deverá o imprecante poder alegar ainda, em novo prazo de quinze dias, mas apenas sobre a matéria de alteração do sentido da decisão recorrida. Não parece, aliás, que pudesse ter utilidade procedimento diferente, como pode depreender-se da boa interpretação do art. 7.º-3; «*o órgão recorrido notifica o recorrente da admissão e subida do recurso para o Bastonário*» (art. 7.º-4-*c*)) – o que evidentemente tem por base pôr o imprecante ao corrente dos trâmites exigíveis.

«*Recebido o recurso pelo Bastonário, poderão os autos ser atribuídos ao vogal do Conselho Geral com competência delegada para o efeito*» (art. 8.º-1 RDSP)[179].

«*Caso o Bastonário se julgue impedido para julgar o recurso lavrará nos autos despacho justificativo e, verificado o impedimento pelo Conselho Geral, caberá ao Vice-Presidente exercer essa competência*» (art. 8.º-2 *idem*)[180].

«*O Bastonário não está vinculado à admissão do recurso, podendo decidir pela sua não admissão com fundamento em extemporaneidade, falta de legitimidade do recorrente ou inadmissibilidade material do recurso*» (art. 8.º-3 *idem*)[181].

[179] É mais uma vez uma norma inútil, pois que o procedimento, meramente burocrático, a que se refere já era o resultado do art. 40.º-1 e 2 EOA; por isso aqui aplicamos as observações das notas precedentes.

[180] Mais uma norma prolixa, pois que resulta dos princípios gerais processuais; ademais, se o Bastonário pode delegar «em qualquer membro do Conselho Geral qualquer uma das suas competências» (art. 40.º-2 EOA), a que propósito cometer ao Vice-Presidente do CG os casos de seu impedimento?!

[181] Estamos novamente perante uma norma (lembre-se que é de carácter regulamentar) redundante, face aos princípios processuais gerais a que já nos referimos.

«*O Bastonário poderá pedir esclarecimentos ao recorrente e ordenar a junção de documento ou documentos que entenda pertinentes, fixando um prazo para o efeito*» (art. 8.º-4 *idem*)[182].

«*Sem prejuízo do disposto no número anterior, no recurso não serão atendidos factos que não tenham sido objecto de apreciação pelo Presidente do Conselho* Regional, *excepto se os mesmos forem supervenientes*» (art. 8.º-5 *idem*). Esta norma tem duas vertentes de carácter diferente. A primeira é óbvia, pois que, dado o carácter jurisdicional do sistema a que já se fizeram múltiplas referências, é também uma inutilidade. Já a possibilidade de alegação de factos supervenientes, tal como está prevista é esdrúxula em relação ao regime jurisdicional corrente; é que o Regulamento vai transferir inopinadamente para o Bastonário (ou seu delegado) a apreciação de factos novos, que o Conselho Regional, portanto, não conhecera!

«*O Bastonário poderá, ainda, fazer baixar os autos do Conselho á, ainda, fazer baixar os autos ao Conselho* Regional, *para suprir alguma nulidade que entenda ter sido praticada*» (art. 8.º-6 *idem*)[183].

Tanto o pedido de dispensa de segredo, como, sucessivamente, a decisão de recurso do Presidente do CR devem ser decididos em prazos que não excedam quinze dias úteis a contar das datas das respectivas distribuições (art. 9.º-1 e 2 *idem*). Todavia, tais prazos suspendem-se sempre que sejam pedidos esclarecimentos ou seja ordenada a junção de documentos, pelos períodos fixados para esse efeito (art. 9.º-3 *idem*). Estabelece-se ainda que a decisão pode ser proferida em «*prazo alargado*», mediante despacho, se por razões de especial complexidade do caso tal se justificar (art. 9.º-4 *idem*). Neste particular há um manifesto poder discricionário, pois que só o Órgão competente é que pode aferir da dita complexidade. Não será, porém, demais ponderar que normalmente a solicitação da desvinculação carece de rápida decisão (basta pensar no vulgar caso de ter de arguir os factos sigilosos e/ou a junção de documento).

[182] Trata-se de novo de manifesta prolixidade, crítica esta por razões idênticas às das notas anteriores.

[183] A aparente celeridade que terá norteado o precedente n.º 5, apesar de desrazoável, é contraditada por este n.º 6: se ao Bastonário está cometido apreciar em primeira mão factos supervenientes, por maioria de razão deveria consentir-lhe suprir nulidades!

57. Legitimidade para desvinculação no Processo Penal.

Todavia, o nosso Código de Processo Penal de 1987 (art. 135.º) veio introduzir uma entorse na regra cimeira da legitimidade exclusiva do detentor do segredo para requerer o seu levantamento. Mas isso, evidentemente, apenas no âmbito do Processo Penal, pois é inimaginável que a nova norma, porque excepcional, possa aplicar-se analogicamente (CCiv., art. 11.º).

Como introdução em matéria tão específica permita-se-nos transcrever aresto de manifesto valor doutrinal, a saber:

«No âmbito do segredo profissional, o critério adoptado pelo nosso legislador é o de que o Tribunal só pode impor a sua quebra, quando esta se mostre justificada face às normas e princípios aplicáveis pela lei penal, com especial relevância para o denominado *"princípio da prevalência do interesse preponderante"*.

«Embora o segredo profissional não tenha uma natureza absoluta, mas relativa, é fundamental que se mostre justificado que o levantamento do sigilo se torna indispensável para a investigação do crime.

«A decisão do levantamento do segredo profissional impõe as seguintes condições:

«a) imprescindibilidade da informação para o exercício da acção penal;

«b) A gravidade do crime; e,

«c) A necessidade de proteção de bens jurídicos, tendo sempre subjacente uma criteriosa ponderação dos valores em conflito, com vista a determinar se a salvaguarda do sigilo deve ou não ceder perante os interesses ou valores conflituantes.

«Tanto o *dever de sigilo* que a lei substantiva prescreve como o *direito ao sigilo* que o direito processual reconhece, visam salvaguardar simultaneamente bens jurídicos de duas ordens distintas. A par dos interesses individuais da preservação do segredo sobre determinados factos, protegem-se igualmente valores ou interesses de índole supra-individual e institucional que, por razões de economia, poderemos reconduzir à *confiança* sobre que deve assentar o exercício de certas profissões.

«Presentemente, é clara a prevalência da tutela da privacidade, bem jurídico pessoal, face ao bem jurídico supra-individual institucional, perante a previsão do art. 195.º do CP, sem prejuízo de os valores supra-individuais, que se "identificam com o prestígio e confiança em determinadas profissões e serviços, como condição do seu eficaz desempenho", aparecerem sempre incindivelmente associados à punição da violação do sigilo profissional, embora «com o estatuto de *interesses (apenas) reflexa e mediatamente protegidos.*

«Estão abrangidos pelo segredo profissional do advogado os factos que resultem do desempenho desta actividade profissional, podendo advir da violação desse dever de reserva, para além de responsabilidade criminal e civil, também consequências no plano estatutário e no plano processual.

«A eventual prática de ilícitos criminais por parte do próprio mandatário nunca poderá considerar-se compreendida no exercício das funções profissionais de um advogado, sendo violadora, para além do mais, do dever deontológico de agir de forma a defender os interesses legítimos do cliente, sem prejuízo do cumprimento das normas legais e deontológicas.

«Não pode fazer-se apelo ao sigilo profissional para encobrir a eventual prática de actos ilícitos, de natureza criminal, por parte do mandatário, pois que, não constituindo acto próprio da advocacia, se mostra excluída da esfera de protecção da norma em causa (o art. 87.º da Lei n.º 15/2005, de 26-01, com as alterações do DL n.º 226/2008, de 20-11, e da Lei n.º 12/2010, de 25-06, e actualmente o art. 92.º da Lei n.º 145/2015, 09-09).»[184]

[184] «Tanto o dever de sigilo que a lei substantiva prescreve como o direito ao sigilo que o direito processual reconhece, visam salvaguardar simultaneamente bens jurídicos de duas ordens distintas. A par dos interesses individuais da preservação do segredo sobre determinados factos, protegem-se igualmente valores ou interesses de índole supra-individual e institucional que, por razões de economia, poderemos reconduzir à confiança sobre que deve assentar o exercício de certas profissões. Presentemente, é clara a prevalência da tutela da privacidade, bem jurídico pessoal, face ao bem jurídico supra-individual institucional, perante a previsão do art. 195.º do CP, sem prejuízo de os valores supra-individuais, que se «identificam com o prestígio e confiança em determinadas profissões e serviços, como condição do seu eficaz desempenho», aparecerem sempre incindivelmente associados à punição da violação do sigilo profissional, embora «com o estatuto de interesses (apenas) reflexa e mediatamente protegidos». Estão abrangidos pelo segredo profissional do advogado os factos que resultem do desempenho desta actividade profissional, podendo advir da violação desse dever de reserva, para além de responsabilidade criminal e civil, também consequências no plano estatutário e no plano processual. A eventual prática de ilícitos criminais por parte do próprio mandatário nunca poderá considerar-se compreendida no exercício das funções profissionais de um advogado, sendo violadora, para além do mais, do dever deontológico de agir de forma a defender os interesses legítimos do cliente, sem prejuízo do cumprimento das normas legais e deontológicas. Não pode fazer-se apelo ao sigilo profissional para encobrir a eventual prática de actos ilícitos, de natureza criminal, por parte do mandatário, pois que, não constituindo acto próprio da advocacia, se

Estão aqui presentes várias questões, que merecem mais algum detalhe. Fá-lo-emos daqui em diante de modo unitário para os dois tipos de Processo, com apelo, como vimos, ao que consta da norma do Processo Penal, aplicável neste e, por remissão, no processo civil. Todavia, a última proposição tem cariz que infunde carácter, pelo que a esse respeito mais seria de esperar uma pronúncia de «audição» da Ordem dos Advogados, questão que o aresto não trata, mas que adiante se analisará.

57.1. O direito à escusa do Advogado.

Da norma processual do art. 135.º CPP resulta que o princípio-base é o de que «(...) *os Advogados (...) podem escusar-se a depor sobre os factos abrangidos por aquele segredo*» (o "segredo profissional") (no n.º1)[185].

Não fosse o regime seguinte e dir-se-ia que aquela norma processualista coincidia com o do art. 92.º-6 EOA, segundo o qual o Advogado dispensado do segredo pode manter o mesmo segredo. Apenas o regime processual penal é mais específico, como segue.

57.2. Legitimidade da autoridade judiciária: tramitação prévia.

No entanto, aí são seguidamente admitidas excepções, ou seja, casos em que possa pertencer a outrem que não ao detentor do segredo a iniciativa para suscitar junto do Presidente CR respectivo a dispensa do sigilo.

Diz-se então: «*Havendo dúvidas fundadas sobre a legitimidade da escusa, a autoridade judiciária perante a qual o incidente se tiver suscitado procede às averiguações necessárias. Se, após estas, concluir pela ilegitimidade da escusa, ordena ou requer ao Tribunal que ordene, a prestação do depoimento*» (CPP, art. 135.º-2).

E acrescenta-se: «*O Tribunal superior àquele onde o incidente se tiver suscitado, ou, no caso de o incidente se ter suscitado perante o Supremo Tribunal de Justiça, o Plenário das Secções Criminais, pode decidir da prestação de testemunho com quebra*

mostra excluída da esfera de protecção da norma em causa (o art. 87.º da Lei n.º 15/2005, de 26-01, com as alterações do DL n.º 226/2008, de 20-11, e da Lei n.º 12/2010, de 25-06, e actualmente o art. 92.º da Lei n.º 145/2015, 09-09).» (Ac. RL 23.02.2017, *ITIJ* 1130/14.7DLSB-C.L1-9). Em sentido semelhante *vide* Ac. RL 26.04.2017, *ITIJ* 1130/14.7DLSB-C.L1-9.

185 Nosso Despacho de 18.09.89, *in* ROA. 49-3-1079.

do segredo profissional sempre que esta se mostre justificada, segundo o princípio da prevalência do interesse preponderante, nomeadamente tendo em conta a imprescindibilidade do depoimento para a descoberta da verdade, a gravidade do crime e a necessidade de protecção de bens jurídicos. A intervenção é suscitada pelo Juiz, oficiosamente.» (CPP, art. 135.º-3)[186].

57.3. Inexistência de direito à escusa.

A lei faz, pois, emoldurar a primeira excepção de um pressuposto: o de não haver "legitimidade da escusa" por parte de quem a invocou.

Mas não define o que deva entender-se, com rigor, por essa falta de "legitimidade", e, antes, deixa o intérprete perplexo sobre a imprecisão jurídica dos termos "legitimidade" e "ilegitimidade" que usa.

Com efeito, a boa hermenêutica leva a verificar que não estamos perante matéria de "legitimidade" *proprio iure dicta*, mas antes de "direito" ou de "não direito" à escusa".

Assim é que a primeira hipótese imaginável para poder entrar em aplicação o art. 135.º CPP é a de o Advogado se ter escusado a depor invocando segredo profissional e vir a verificar-se que não se estava perante caso de sigilo dessa natureza. Em tal caso, não possuía o "direito" à escusa que o n.º 1 do artigo prevê (n.º 2). Cremos ficar assim claro o sentido possível da lei.

57.4. Subsistência de valores superiores ao dever de sigilo.

A outra hipótese é a do poder/dever fazer cessar o "legítimo" direito à escusa por subsistência de valores superiores ao do dever/direito ao sigilo (cit. art. 135.º-3): apesar de, em princípio, ter o direito de se escusar, o

[186] «O princípio que rege a decisão a proferir, de determinação da prestação de depoimento com quebra do segredo profissional ou do indeferimento do pedido, é o da prevalência do interesse preponderante, que se aferirá, nomeadamente, por reporte à imprescindibilidade do depoimento para a descoberta da verdade, à gravidade do crime e à necessidade de protecção de bens jurídicos. Nem sempre o interesse do Estado em realizar a justiça penal, com observância de todos os princípios jurídico-constitucionais que o integram, prevalece.» (Ac. RC 22.11.2017, *ITIJ* 172/15.0GTLRA-A.C1). Embora sem passar à fase decisiva do art. 135.º-4 CPP, tem interesse citar, dentro dos princípios geris que emolduram a matéria do segredo profissional em Processo Penal, veja-se o Ac. RC 05.04.2017, *ITIJ* 17 kB.

Advogado pode ser solicitado a quebrar o segredo por haver valores mais altos.

Para aferir desses mais altos valores tratar-se-á então de ajuizar se a quebra do sigilo «*sempre que esta se mostre justificada,*

- «*segundo o princípio da prevalência do interesse preponderante,*»;
- «*nomeadamente tendo em conta a imprescindibilidade do depoimento para a descoberta da verdade,*»
- «*a gravidade do crime*»
- «*e a necessidade de protecção de bens jurídicos*».

Isto é, justificar-se-á (e então impor-se) a violação do segredo profissional «*segundo o princípio da prevalência do interesse preponderante*», de que são exemplos[187]:

- «*a imprescindibilidade do depoimento para a descoberta da verdade*»;
- «*a gravidade do crime*»; e
- «*a necessidade de protecção de bens jurídicos*»[188].

57.5. Tramitação processual.

Para a questão do levantamento do sigilo possa ocorrer há condições preliminares, a primeira das quais há-de ser a atitude do Advogado: sustentar que está vinculado a segredo profissional sobre a matéria pretendida apurar e por isso se escusa a depor. Então: «*Havendo dúvidas fundadas sobre a legitimidade da escusa, a autoridade perante a qual o incidente se tiver suscitado procede às averiguações necessárias. Se, após estas, concluir pela ilegitimidade da escusa, ordena, ou requer ao Tribunal que ordene, a prestação do depoimento*» (CPP, art. 135.º.2).

A diferença de hipóteses referidas nos dois números anteriores tem interesse para a tramitação processual necessária à intimação para depor, mas, provindo duma alteração da lei pregressa, deixa o intérprete na confusão que as expressões usadas para obter a aplicação de norma lançam, a saber:

[187] «nomeadamente» (CPP, art. 135.º-3).

[188] São esses os valores definidos *expressis verbis* no cit. art. 135.º-3 CP.

- que originalidade terá qualificar a revelação do sigilo com de «*interesse preponderante*», que leve o julgador a tipificá-lo como merecedor «*do princípio da prevalência*»;
- «*nomeadamente tendo em conta a imprescindibilidade do depoimento para a descoberta da verdade,*»;
- «*a gravidade do crime*»;
- «*e a necessidade de protecção de bens jurídicos*»;
- «*a imprescindibilidade do depoimento para a descoberta da verdade*»?

Não é precisamente tudo isso que está sempre em causa? Qual, pois, a originalidade do levantamento do sigilo, pilar da Advocacia? Que juízo prévio terá de ter o Juiz (ou a «*autoridade judiciária*») para concluir, *a priori*, tratar-se de imprescindibilidade do depoimento se não conhece previamente aquilo que foi guardado como segredo? Que «*verdade*» se quer alcançar se o Julgador (ou a «*autoridade judiciária*») não sabe em que sentido vão os factos sigilosos? Como pode o Juiz (ou a «*autoridade judiciária*») fundamentar, ainda que «*a requerimento*», a «*imprescindibilidade*» do depoimento se nada lhe garante qual seja o teor daquele, que é desconhecido?

Sim, desde sempre temos sustentado que cada vez que se cria uma entorse em matéria de direitos fundamentais mais se destapa a sua violação de modo insanável!

Pois bem: certo é que «*A intervenção é suscitada pelo Juiz, oficiosamente ou a requerimento*» (CPP, art. 135.º-3, *in fine*. Quer isto dizer que para ordenar tal intervenção não tem legitimidade e/ou competência a autoridade judiciária. Todavia o n.º 2 do mesmo artigo já proclamara a propósito do procedimento da «*autoridade judiciária*»: «*Se, após estas [averiguações necessárias], concluir pela ilegitimidade da escusa, ordena, ou requer ao Tribunal que ordene, a prestação do depoimento*». Salta, então, aos olhos a contradição do legislador: é que, na primeira hipótese, a "autoridade judiciária", concluindo pela falta de direito à escusa ("ilegitimidade"), «*ordena (...) a prestação do depoimento*» (CPP, art. 135.º-6-2, 2.º período). Mas então é só o Tribunal que ordena ou é qualquer «*autoridade judiciária*» que tem competência para tal?!

Na segunda hipótese, ou seja, sendo invocada "legitimamente" a escusa, mas entendendo-se que há valores superiores a exigirem a quebra do sigilo, é o Tribunal superior àquele onde a questão se levantou (ou o Plenário das

Secções Criminais) quem decide «*da prestação de testemunho com quebra do segredo profissional*», por solicitação do Juiz do Tribunal inferior, feita oficiosamente ou precedendo requerimento de parte.

Em que ficamos?

57.6. A audição obrigatória da Ordem dos Advogados e seus efeitos.

Ultrapassemos a incongruência legislativa e vejamos o que se segue.

Certo é, com efeito, que, quer numa das hipóteses (falta do "direito" à escusa), quer na outra (cessação do "direito" à escusa), a decisão obrigando o Advogado a depor só pode ser tomada «*ouvido o organismo representativo da profissão relacionada com o segredo profissional em causa, nos termos e com os efeitos previstos na legislação que a esse organismo seja aplicável*» (CPP, art. 135.º-4), isto é, a Ordem dos Advogados, e isso "nos termos e com os efeitos previstos na legislação que a esse organismo seja aplicável".

Apenas é um contrassenso interpretar os n.ºs 2 e 3, sem os compaginar com o n.º 4, sob pena de esta mesma norma do art. 135.º ser mero "verbo de encher". Com efeito, jurisprudência vária e aqui citada esquece que o citado nº 4 do art. 135.º é sempre aplicável quando o Tribunal antecedentemente entendeu que ocorria (ou ocorrera) qualquer das situações dos n.ºs 2 e 3 do mesmo artigo, não podendo ficar-se pelas conclusões das duas normas precedentes (cit.: «*Nos casos previstos nos n.ºs 2 e 3, a decisão, a decisão da autoridade judiciária ou do tribunal é tomada ouvido o organismo representativo da profissão relacionada como segredo profissional em causa, nos termos e com os efeitos previstos na legislação que a esse organismo seja aplicável.*». Ou, por outras palavras, não basta que a autoridade judiciária ou o Tribunal:

- conclua «pela ilegitimidade da escusa», ordenando ou requerendo ao Tribunal que ordene a prestação do depoimento» (n.º 2) – antes lhe incumbe, de seguida, fazer uso e apelo oficioso ao n.º 4 do mesmo art. 135.º ; ou
- possa «decidir da prestação de testemunho com quebra do segredo profissional sempre que esta semostre justificada, segundo o princípio da prevalência do interesse preponderante, nomeadamente tendo em conta a imprescindibilidade do depoimento para a descoberta da

verdade, a gravidade do crime e a necessidade de protecção de bens jurídicos» (n.º 3).

Em suma: não pode decidir-se como se o n.º 4 CPP ... não existisse. A lei é expressa e é clara com a remessa que faz no n.º 4 do art. 135.º CPP. Cuida-se, pois, da disciplina aplicável ao segredo profissional na Advocacia, gerida pelo EOA: «*O Advogado pode revelar factos abrangidos pelo segredo profissional, desde que tal seja necessário para a defesa da dignidade, direitos e interesses legítimos do próprio Advogado ou do cliente ou seus representantes, mediante prévia autorização do presidente do Conselho Regional respectivo, com recurso para o Bastonário, nos termos previstos no respectivo Regulamento*» (EOA, art. 92.º-4).

Quer isso dizer, que tudo vai depender da "*autorização*" do Presidente do CR, com recurso para o Bastonário[189].

Ou seja, a audição da Ordem tem carácter vinculativo[190], não só quanto ao respectivo trâmite como quanto ao respectivo resultado. E não carácter meramente opinativo ou consultivo. Só assim não será se a revelação for indispensável para a defesa do Advogado arguido em processo-crime, pois que a prevalência do direito de defesa pessoal parece primordial e deve caber ao Tribunal pronunciar-se não só sobre a pertinência como sobre a supremacia da verdade material que, porventura, os factos sigilosos ajudarão a alcançar[191].

Na verdade, segundo o EOA, e, logo, segundo os termos e os efeitos previstos neste, a pronúncia dos órgãos da Ordem dos Advogados com competência em matéria de dispensa de segredo profissional não se traduz num mero parecer[192], mas em «*prévia autorização*», expressão da lei que ninguém pode

[189] É lícito as partes articularem factos cobertos pelo sigilo profissional, constantes duma carta subscrita por Advogado interveniente no pleito, embora tal carta só possa ser junta aos autos apos a concessão de dispensa pela Ordem dos Advogados. A junção da carta, precedida de autorização da Ordem dos Advogados, deve ser efectuada antes da fase de condensação do processo, de molde a permitir que tais factos sejam levados ao despacho saneador. A legitimidade processual e uma posição das partes perante o objecto do processo e deve aferir-se pelos termos em que o autor configura a acção. Fundamentando os autores o seu pedido em relação as mulheres dos réus no proveito comum dos casais, elas são partes legitimas na acção (Ac STJ 16.07.1985, *ITIJ* 072471).

[190] Em sentido contrário, mas de errónea interpretação da lei, vide Ac. RP 12.10.2011, *ITIJ* 3559/052TAVNG.P1.

[191] Ac. RC 16.2.2009, *ITIJ* 132/08.7JAGRD-C.C1.

[192] Como era ao tempo do anterior diploma disciplinador, o Estatuto Judiciário.

autorizar e apagar, ou seja que é, sem sombra de dúvidas sérias, substancial e juridicamente diferente de «*prévio parecer*», que a lei não refere em parte alguma – toda a gente sabe que conceitualmente não pode confundir-se os conceitos de «*autorização*», com o de «*parecer*»: aquela é motivadora de seguimento, obrigação de seguimento ou respeito, vinculativa; o segundo tem carácter meramente opinativo[193]. Aliás, a matéria tem tal relevância, no seu enquadramento democrático de ordem pública, que, a sua violação é geradora de inconstitucionalidade, como se faz depreender em avisado aresto[194].

Segue-se, por consequência, que podem aqueles órgãos não conceder aquela autorização, quando ouvidos pela autoridade judiciária ou pelo Tribunal[195], o que é o suficiente para que não possa ser imposto ao Advogado o depoimento[196].

[193] A norma do n.º 4 do art. 1135.º CPP é de tal maneira clara que se torna incompreensível a tese do Ac. RG 18.02.2016, *ITIJ* 2068/10.2TJVNF-A.G1, segundo a qual «Para a Relação decidir, nos termos do nº 3, do artº 135º, do Código de Processo Penal (aplicável, adaptado, por força do artº 417º, nº 4, do Código de Processo Civil) o incidente de dispensa do segredo profissional de advogado não é obrigatória a audição da respectiva Ordem nem vinculativo o seu parecer.»; e ainda constitui doutrina errónea a do mesmo acórdão, segundo a qual «Acresce que, conforme dispõe o nº 4, do artº 135º, do CPP, nos casos previstos nos nºs 2 (havendo dúvidas do tribunal de 1ª instância sobre a legitimidade da recusa) e 3 (apreciação pelo tribunal superior da possibilidade de quebra do segredo), a decisão respectiva "é tomada ouvido o organismo representativo da profissão relacionada com o segredo profissional em causa, nos termos e com os efeitos previstos na legislação que a esse organismo seja aplicável".».

[194] «Não podem confundir-se as questões de inabilidade, incapacidade e as limitações ao dever de depor, previstas no Código de Processo Civil, com as limitações impostas pelos Estatutos de profissionais que estejam abrangidos por dever de sigilo. 2. Quando falamos em limitações impostas pelos Estatutos profissionais, temos de avaliar a que Estatutos nos estamos a reportar; a que Estatutos está a testemunha sujeita, sendo que nas situações em que estejam em causa profissionais estrangeiros, haverá que ver qual o Estatuto profissional a que tais estrangeiros estão sujeitos. 3. Tal como sucede em Portugal, também em Itália, o Estatuto da Ordem dos Advogados Italiano concebe o segredo profissional como um dever de ordem pública, tutelando o interesse geral e social e que deve ser posto na confidencialidade e secretismo, levando assim a que só em situações muito limitadas seja admissível o seu depoimento testemunhal.» (Ac. RL 19.04.2012, *ITIJ* 20/2001.L1-2).

[195] Não haja, porém, confusão entre a obtenção de autorização e um mero pedido de parecer, embora, neste particular, seja de exigir que o órgão da Ordem (sobretudo se o imprecado for o Presidente do Conselho Regional, ao qual o Tribunal se dirija, deva interpretar normalmente a solicitação como pedido de autorização, fazendo subir imediatamente os autos internos ao Bastonário, evitando burocracia. *Cf.*, em parte, Ac. RC 16.2.2009, *ITIJ* 132/08.7JAGRD-C.C1, com o qual concordamos: «A audição do organismo representativo da profissão deve ter

lugar antes da decisão sobre a legitimidade do pedido de escusa, como resulta claramente da remissão do n.º 4 para o n.º 2 do artigo 135.º CPP. Nada obsta, contudo, a que também o Tribunal superior oiça, sendo necessário, o organismo representativo da profissão, como resulta igualmente da remissão do n.º 4 para o n.º 3 do art. 135.ºdo CPP. O incidente de quebra de sigilo profissional está dividido em duas fases: a questão da legitimidade da escusa é tratada no n.º 2 do artigo 135.º CPP; a questão da justificação da escusa é tratada no n.º 3 do artigo 135.º CPP. A resolução destas questões foi intencionalmente separada pelo legislador, conferindo competência para decidir a questão da legitimidade da escusa ao Tribunal de primeira instância e competência para decidir a questão da justificação da escusa apenas ao Tribunal superior. A decisão sobre a quebra do sigilo profissional é uma decisão de ponderação de diversos valores constitucionais em conflito e, portanto, tem natureza constitucional, por isso deve estar reservada aos Tribunais. A vinculação dos Tribunais a uma decisão prévia dos organismos representativos da profissão em matéria de natureza constitucional não se compadece com a independência dos tribunais, nem com o princípio da prossecução da verdade material e encurta de forma inadmissível as garantias da defesa. O julgador deve desaplicar aquelas normas com a interpretação referida, devendo aplicá-las no sentido de considerar a "audição" da decisão do organismo representativo da profissão como não vinculativa. A quebra do sigilo profissional impõe uma criteriosa ponderação dos valores em conflito, em ordem a determinar se a salvaguarda do sigilo profissional deve ou não ceder perante outros interesses, designadamente o da colaboração com a realização da justiça penal. Tal ponderação deve partir do circunstancialismo em causa, designadamente dos factos concretos cuja revelação se pretende, de modo a garantir que, no quadro de uma crise de valores conflituantes, prevaleçam aqueles a que Constituição e a Lei reconheçam prioridade.». 10. Esta em causa a apreciação de um caso de violência doméstica e de homicídio qualificado, sendo que a malograda vítima contactara o Ex.mo Advogado recusante no sentido em que a patrocinasse no processo litigioso de dissolução do casamento que mantinha com o ora arguido. 11. Feito o balanço entre os interesses prosseguidos com o estabelecimento do apontado dever de sigilo – de tutela da confiança do cliente no mandato outorgado ao seu advogado e da própria dimensão social que a profissão tem imanente –, e os interesses que com ele conflituam nos autos, os primeiros devem ceder aos últimos. 12. No caso justifica-se que cesse o dever de sigilo profissional do Sr. Advogado, e, antes, se abra caminho a uma colaboração na descoberta da verdade material, única forma de se fazer a justiça que o caso impõe.

[196] O Ac. RC. 20.01.93 (*in* Col.Jur.XVIII-1-65), que decidiu muito criteriosamente um caso em que, na sequência de despacho negativo do Presidente do CD, proferido dentro do regime do artº 135º-5 CPP., pela não ordenação do depoimento de Advogado, não tirou as suficientes consequências da natureza desse despacho, pois que, para além da não autorização, ponderou ainda autonomamente se, como queria o M.º P.º, se justificava ordenar o depoimento.

É, pois, um erro grave aquilo que se pretendeu consagrar na parte final (do sumário) no Ac. RL 19.03.2013, no sentido de que 1. de que compete ao Tribunal imediatamente superior àquele em que o incidente foi suscitado, decidir da possibilidade de quebra dos deveres de sigilo segundo o princípio da prevalência do interesse preponderante, como a imprescindibilidade do depoimento para a descoberta da verdade. 2. Na análise casuística a fazer releva determinar qual o interesse que deve prevalecer face aos interesses conflituantes, isto é,

Afigura-se-nos que a solução legal é correcta. Deste modo é preservada a dignidade do segredo profissional na Advocacia e conferida a devida competência a quem pertence velar por matéria tão transcendente.

Por isso, o Presidente CR e o Bastonário, consoante os casos, devem, na primeira hipótese, analisar se se está perante caso de verdadeiro segredo profissional; se a conclusão for negativa, nem se tratará de verdadeira "autorização",

por um lado o interesse na realização da justiça, assim como a tutela do direito à produção de prova pela parte sob a qual impende o respetivo ónus, e por outro o interesse tutelado com o estabelecimento do dever de sigilo, tendo em conta a relação de confiança que levou a transmitir determinados dados àquele que se mostra obrigado pelo sigilo, mas também, a dignidade do exercício da respetiva profissão. 3. Subjacente à tutela do segredo profissional do advogado está a salvaguarda do interesse dos profissionais que recebem possíveis confidências, assim como o daqueles que possam beneficiar do respetivo desvendamento, mas também um interesse público, enquanto interesse social da confiança e garantia da própria liberdade profissional do advogado. 4. O parecer emitido pela Ordem dos Advogados não é vinculativo para o Tribunal, que pode assim decidir em sentido diverso. 5. Não se justifica o levantamento do sigilo profissional, se da análise do processado não resulta que estivesse vedado à parte que arrolou a Senhora Advogada, e sob a qual incide o ónus probatório, a possibilidade de o concretizar, tendo em conta os demais intervenientes na situação concreta.».
E também se afigura errada a decisão do Ac. RP 28.10.2015, *ITIJ* 3705/11.7TBSTS-B.P1, quando concluiu que «O Estatuto da Ordem dos Advogados não contém qualquer norma donde decorra uma proibição genérica de revelação ou de junção a processos de correspondência trocada entre advogados em representação dos seus mandantes, ou entre advogados e a parte contrária ou seu mandante; o n.º 3 do art. 87.º [hoje art. 92.º-1-*f)*] do Estatuto da Ordem dos Advogados apenas impede a revelação ou junção de documentos quando, face ao seu conteúdo, daí resulte violação do dever de segredo; na alínea e) do n.º 1 [hoje92.º-1-*e)*] do Estatuto da Ordem dos Advogados o que se proíbe é tão só a revelação e utilização de factos revelados pela parte contrária, pessoalmente ou através de representante, durante negociações para acordo amigável; a junção ao processo de correspondência trocada entre mandatários referente à comunicação de vícios e defeitos existentes no locado e pedido de solução urgente desses problemas não constitui violação do segredo profissional do advogado nos termos dos n.ºs 1, al. e) e 3 do Estatuto da Ordem dos Advogados.».
Na verdade, as alíneas que o aresto cita reportam-se a casos exemplares, mas não a todos os casos e não pode ser feita uma interpretação a contrario com base na enumeração dessas alíneas. A base da restrição deontológica contém-se no texto do n.ºº1 do art. 92.º EOA, sendo as alíneas que se lhe seguem de ser consideradas meros exemplos.
Discordamos, assim, da conclusão final do Ac. RP 06.05.2019, segundo o qual «a quebra do segredo profissional do Avogado, incidente a processar de acordo com o disposto no art. 135.º CPP (ex vi arts. 497.º, n.º 3 e 417.º, n.º 4 CPC), é necessariamente precedida da audição da Ordem dos Advogados como expressamente impõe o n.º 4 daquele normativo. Não obstante, a posição que a Ordem dos Advogados veicular a esse respeito não é vinculativa para o tribunal.» (*ITIJ* Ac. RP 06.05.2019, 42896/18.84IPRT-A.P1).

mas de mera constatação de que, inexistindo caso de segredo profissional, não poderá falar-se de direito à escusa de depor com a invocação do que não existe; com efeito, a «autorização» só está obviamente prevista para a dispensa do segredo ... que exista. Na segunda hipótese, a decisão de autorizar ou não a dispensa do sigilo obrigará aqueles mesmos órgãos da Ordem à ponderação criteriosa da superioridade dos valores referidos no cit. art. 135.º CP. sobre o valor daquele sigilo, sempre dentro do quadro das normas do EOA sobre segredo profissional[197].

57.7. A necessária defesa do cliente.

Somos, assim, remetidos de novo para o CPP. É que aqueles «*termos*» e «*efeitos*» levam a concluir necessariamente que a «*autorização*» só pode ser concedida, e por isso só pode ser solicitada, quando o depoimento se destine à «*defesa da dignidade, direitos e interesses legítimos (...) do cliente ou seus representantes*» (a menos que, o que não é fácil de imaginar nestes casos, se trate da defesa do "próprio Advogado"); e não "contra" o cliente ou em defesa autónoma de outro tipo de interesses.

[197] Segundo o Ac. RL de 15.07.2014 (*ITIJ* 1690/10.7ADER.L1-5), «A obrigação do segredo profissional existe quer o serviço solicitado ou cometido ao advogado envolva ou não representação judicial ou extrajudicial, quer deva ou não ser remunerado, quer o advogado haja ou não chegado a aceitar e a desempenhar a representação ou serviço, o mesmo acontecendo para todos os advogados que, directa ou indirectamente, tenham qualquer intervenção no serviço. Os actos praticados pelo advogado com violação de segredo profissional não podem fazer prova em juízo. Este dever de reserva não é absoluto. Pode ceder, nomeadamente, perante o dever de cooperação com as autoridades judiciárias, quando particulares exigências de investigação criminal o imponham", ainda que "sempre dentro de apertados limites e rígidas exigências de controlo que, tanto quanto possível, harmonizem os dois interesses em confronto.». Todavia, este Tribunal de 2.ª Instância não ponderou devidamente que o levantamento do sigilo, nas circunstâncias do processo concreto, estava dependente da «autorização», e não de simples audição, do Órgão da Ordem competente e, pior, até considerou desnecessária a pronúncia (que, repetimos, tem a natureza duma «autorização», por já em fase anterior ter havido consenso da Ordem no levantamento do sigilo). Sendo assim, o que se nos afigura erróneo é que um acto de autorização na respectiva fase processual possa equivaler a uma 'suposição'; antes há-de debruçar-se sobre o acto de dispensa de sigilo na sua temporalidade. Por outro lado, também, o aresto esqueceu os tais apertados limites e controlos incluíam a expressa «autorização» do órgão da Ordem competente.

Por isso será inútil à autoridade judiciária formular o requerimento à Ordem quando pretenda um depoimento para comprovação dos factos de que o ex-cliente venha arguido. É seguro que a autorização não virá a ser concedida. Assim é confirmada a velha doutrina de que seria chocante aproveitar a confidencialidade do cliente para o prejudicar, qual "confissão" em Processo Penal feita por interposta pessoa e com valor probatório excessivo!

58. Recurso para o Bastonário.

O nosso Estatuto confere competência exclusiva para a autorização ao Presidente do Conselho Regional (cf. arts. 92.º-4 e 55.º-1-*l*)), com recurso para o Bastonário (cf. arts. 40.º-1-*n)* e 92.º-4).

Ou seja, nem possui competência o Conselho Regional, como órgão colegial que é, que não pode pronunciar-se nesses casos, nem sequer deve conhecer deles; nem a tem o Bastonário em primeira instância, nem tampouco o Conselho Geral.

O Tribunal também não tem competência para "dispensar" o sigilo ou "autorizar" a sua revelação a solicitação do Advogado. Como adiante melhor se dirá, isso não colide com o poder de judicatura e com o de valorização das provas.

O que vem exposto permite também aquilatar da legitimidade para recorrer da decisão do Presidente CD para o Bastonário.

59. Legitimidade do Advogado detentor do segredo.

A grande regra é também a de que só possui legitimidade para solicitar o levantamento do segredo o Advogado detentor do sigilo[198].

[198] Parecer CG. de 30.11.984 (rel. SÁRAGGA LEAL), *in* ROA. 44-3-735: «Consideramos desejável – para não dizer mesmo indispensável – que a autorização excepcional de dispensa de segredo seja deixada à apreciação isenta e conscienciosa do julgador, sem a intervenção apaixonada de terceiros. A faculdade de recurso, prevista no art. 81.º, n.º 4 do novo Estatuto da Ordem dos Advogados – à semelhança do que expressamente previa o anterior art. 581.º-3, in fine, do Estatuto Judiciário – deverá, pois, ser limitada ao próprio Advogado que veja

Isso é consentâneo desde logo com a normal legitimidade para o requerimento de autorização que lhe pertence, do mesmo passo que, como se disse noutro lugar, a quebra do sigilo, quando lícita, é um direito do Advogado, mas não um seu dever.

Por outro lado, é o coerente com a natureza sigilosa do próprio processo de "autorização", pelo que seria absurdo pensar na legitimidade de outrem, quando mais ninguém conhece, nem deve conhecer, tal processo, nem é notificado do seu resultado.

Por identidade com o que já se deixou expresso seria absurdo que tivesse legitimidade para recorrer o próprio cliente, em cujo favor (ou mesmo que a favor do Advogado, carecido de defender interesses próprios) o depoimento (ou outro meio de revelação) é pretendido[199].

60. Não legitimidade de outro interessado.

Não possui, pois, essa legitimidade qualquer "interessado" que se julgue "prejudicado" com a decisão do Presidente CR, quando porventura venha a conhecê-la em consequência de o Advogado a exibir perante o Tribunal, quer seja de autorização para depor quer seja de não autorização.

a solicitada dispensa negada, em primeira instância, pelo Presidente do Conselho Distrital respectivo.».

[199] Cf. o já citado Ac. STA. de 04.05.93 (Acs. Dout. 380/381-879), em que se apercebe que – embora no mero campo da argumentação excessiva, que ao Advogado recorrente custou cara ... – o Advogado afirmou, com apoio por parte do Supremo para lhe não dar razão no essencial (!), que o direito de recurso caberia também «ao cliente do Advogado que obteve do mesmo órgão essa autorização» (sic). Mas, para além de tal asserção contender com os princípios cimeiros que deixámos expostos e com a correcta demais argumentação das alegações, ela é absurda: se o Presidente do Conselho Regional (na altura era Distrital) tiver autorizado, a solicitação do Advogado, a revelação do sigilo, a que propósito admitir... que o cliente pudesse recorrer desse despacho, se a autorização só pôde ser concedida a seu favor, para defesa dos seus interesses, se, por isso, não podia ser considerado vencido? E na hipótese, improvável, de o Presidente CD ter autorizado uma revelação contra os interesses do cliente, quem não saberá que essa autorização não é eficaz, precisamente porque o Juiz, na sua inalienável função de julgar, tem obrigação de considerar a eventual revelação nessas circunstâncias como írrita para efeitos probatórios? Situação diferente, mas não para efeito de legitimidade, será a de a autorização se destinar à defesa dos interesses legítimos do próprio Advogado, contra o ex-cliente.

Surpreendentemente, porém, foi já proferido um Acórdão, que – pela primeira vez e com a aquiescência e sustentação do Presidente da Ordem dos Advogados de então – veio sustentar doutrina contrária, que se nos afigura errada na parte que não deixaremos de criticar. É este o seu sumário: «*O segredo profissional do Advogado a que está sujeito por força do disposto nos artigos 81.º e 83.º do EOA não foi instituído apenas em atenção aos interesses do seu cliente. Tendo o Juiz da acção cível – despejo – julgado inábil para depor como testemunha um anterior Advogado do réu, pelo menos até à desvinculação, pela Ordem dos Advogados, do segredo profissional, dada a sua intervenção nas negociações particulares para a resolução do conflito, não carece de legitimidade a parte contra quem foi indicado como testemunha – o autor nessa acção – para interpor recurso hierárquico necessário para o Bastonário da Ordem dos Advogados, do despacho do Presidente do Conselho Distrital que autorizara, a seu pedido, aquele Advogado a depor como testemunha*»[200].

Para uma análise crítica cuidadosa, esclareça-se que, no caso, tendo sido suscitada a inabilidade da testemunha-Advogado, por este foi requerida então autorização para depor a favor do seu ex-constituinte; e, tendo-lhe sido concedida essa autorização, e dada a conhecer ao Tribunal, apressou-se a "parte contrária" a interpor recurso do despacho do então Presidente CD para o Bastonário, recurso que, não lhe tendo sido admitido pelo então Presidente CD por falta manifesta de legitimidade de quem o interpusera, veio a ser admitido pela entidade *ad quem*, que, ademais, também revogou a decisão recorrida; foi deste último despacho que recorreu o primeiro Advogado para o STA com as consequências que resultam do sumário transcrito. Como se vê o Tribunal superior ateve-se a uma argumentação que, salvo o devido respeito, é totalmente desfasada da realidade peculiar que se discutia, como se tudo pudesse centrar-se nos pressupostos que doutrinalmente são considerados como fazendo a moldura da "legitimidade" processual-administrativa: o interesse directo, pessoal e legítimo. Esqueceu-se da essência da questão, com a particular gravidade de que para ela foi alertado pelo Advogado recorrente, quando este, segundo a transcrição feita, bem argumentou que «*a intervenção no processo de dispensa de sigilo da parte contrária à que ofereceu o Advogado como testemunha é absolutamente intolerável, face à natureza muito especial daquele processo, eivada da especial intimidade e confidencialidade que deriva da matéria que ali se*

200 Ac. STA. 04.05.93, *in* Acs. Dout. 380/381-879.

discute, a qual por lei tem de reconduzir-se à dignidade e interesses legítimos do Advogado ou do seu cliente; tal intervenção, além de espúria, envolveria a descoberta e violação antecipada do segredo profissional, e ainda por cima a benefício de quem mantém com o cliente do Advogado consulente (afinal o detentor originário do segredo) um conflito materializado numa pendência judicial em que ambas são partes opostas, sendo certo que essa violação logo se repercute em outros estranhos, pois o intruso recorrente não fica a título algum obrigado a guardar segredo.».

Concluiu, porém, o Tribunal, que, porque o sigilo pode ser criado para defesa de outros interesses que não só o do cliente (o que, sendo exacto, como se viu quanto a outros interessados, por exemplo em negociações, já é invocado desfasadamente), haveria interesse directo, pessoal e legítimo do ali recorrente. Mas decidiu mal, porque, pela natureza do processo de autorização, o interesse da "parte contrária" nem sequer é directo, mas, quando muito, indirecto. Não deverá confundir-se o interesse directo em que uma testemunha não deponha em Juízo, que permitirá, por exemplo, recorrer do despacho judicial que admita o depoimento, do interesse em relação ao processo prévio e instrumental de autorização para depor. É que, considerando ao invés (e até com o argumento nada convincente de que o Juiz do processo teria dado um despacho "condicionado" à eventual autorização para depor a conceder pela Ordem), o acórdão decidiu de maneira tão radical matéria de tal transcendência e gravidade que, contrariando o que refere quando à função judicial, acabou por querer remeter para a decisão a nível da Ordem um efeito judicatório que ela não comporta: mesmo que o Presidente do CD, hoje CR, tivesse autorizado o depoimento do Advogado, era sempre ao Tribunal a quem competia admitir ou não o depoimento e validar ou não o depoimento para efeitos probatórios, podendo concluir, por exemplo, que, afinal, não consentia o depoimento, ou que, sendo o segredo estabelecido também em favor da parte contrária em caso de negociações malogradas, não aceitava o valor do depoimento por esse aspecto não ter sido considerado no despacho de autorização.

61. Não legitimidade de qualquer Tribunal sem mais.

E também não tem competência o Tribunal Cível (ou antes, não-Criminal) que pretenda insistir na audição do Advogado, *ex officio* ou a requerimento[201].

Para tanto militam os grandes princípios que têm sido expostos, designadamente quanto à carência de legitimidade do próprio ex-cliente.

Mas acresce que é impensável que outrem, que não o próprio Advogado, possa ter acesso prévio aos factos sigilosos, como necessariamente teria de acontecer se aquele que não revelou os factos tivesse abertura do processo interno (administrativo dentro da Ordem) ou externo (contencioso nos Tribunais Administrativos) onde esses factos têm de estar necessariamente circunstanciados.

Ou seja, *a lei não pode dar com uma mão o que retire com a outra.* Como ajuizar em processo "aberto" sobre factos sigilosos... se estes ficarem patentes?![202]

[201] A doutrina correcta é a do acórdão cujo sumário de transcreve: «A obrigação de guardar segredo profissional pelo advogado cessa "em tudo o que seja absolutamente necessário para a defesa da dignidade, direitos e deveres legítimos do próprio advogado ou do cliente ou seus representantes, mediante autorização do Presidente do Conselho Distrital respectivo, com recurso para o Presidente da Ordem dos Advogados – artigo 81 n.º 4 do EOA» (Ac. STJ 24.03.98, *ITIJ* 98B762).

[202] O Acórdão do Supremo cujo sumário foi atrás transcrito (supra Ac. STJ 23.02.2017 – *ITIJ* 1130/14.7TVLSB.L1.S1), acaba por concluir em adversativa: «Deve, porém, ceder [], excepcionalmente, perante outros valores que, no caso concreto, se lhe devam sobrepor, designadamente, quando os elementos sob segredo se mostrem imprescindíveis para a protecção e efectivação de direitos ou interesses jurídicos mais relevantes. No caso dos autos, é ilegítima a recusa da OA, impondo-se o levantamento do segredo profissional atinente a documentação integrante do processo interno de nomeação de patrono, sendo este de inegável importância para a decisão da causa.». Trata-se de uma manifesta contradição, pois que o Supremo não se arrima a nenhuma normal legal e, antes, ao invés, desfeiteia a disciplina excepcional da prova em Processo Penal, quando in casu se tratava de processo de natureza cível. Ou seja, tratando-se de um processo cível, aplica, sem as citar, as normas excepcionais do art. 135.º CPP, como se isso fosse lícito. Despreza assim o art. 11.º CCiv., segundo o qual «as normas excepcionais não comportam aplicação analógica, mas admitem interpretação extensiva», quando é óbvio que o art. 135.º CPP tem natureza excepcional; e, mesmo assim, salta por cima de uma fase processual obrigatória daquele regime excepcional, qual seja «a decisão (...) do Tribunal é tomada ouvido o organismo representativo da profissão relacionada com o segredo profissional em causa, nos termos e com os efeitos previstos na legislação que a esse organismo seja aplicável.».

62. Legitimidade em Processo Penal.

Hoje tem legitimidade para tal recurso a «*autoridade judiciária*» ou o «*Tribunal*», no âmbito apenas do Processo Penal, nos casos em que esteja em causa a aplicação do art. 135.º CPP.

Vamos por partes:

- A ***primeira regra*** é conforme com o regime geral: os Advogados «*podem escusar-se a depor*» sobre os factos abrangidos pelo segredo profissional[203].

- A ***segunda regra*** é a de que, havendo dúvidas fundadas sobre a «*legitimidade*» da escusa, a autoridade judiciária[204] perante a qual o incidente se tiver suscitado procede às averiguações necessárias (CPP, art. 135.º-1); é um correlativo do direito/dever de audição previsto nos n.ºs 1 a 4 daquele preceito.

- A ***terceira regra***, porém, é a de que tal legitimidade será apenas para obter a dispensa. Já não existirá para se opor à dispensa concedida a requerimento do Advogado, como se verá de seguida.

- A ***quarta regra*** é a de que, tendo porventura procedido às ditas averiguações necessárias, e «*concluir pela ilegitimidade da escusa*», a autoridade judiciária[205] «*ordena, ou requer ao Tribunal que ordene, a prestação do depoimento*»[206].

[203] CPP, art. 135.º-1.

[204] O conceito de «autoridade judiciária» é dúplice: tanto quer dizer que é o Ministério Público, como que é o Juiz.

[205] Aqui continua nebuloso o conceito de «autoridade judiciária».

[206] CPP, art. 135.º-2. Só aqui se compreende o que o legislador terá querido qualificar como «autoridade judiciária», designadamente para lhe conferir legitimidade para proceder às ditas averiguações necessárias e para requerer ao Tribunal que ordene: é o Ministério Público. Terá de convir-se no viés de tal redacção!

62.1. Iniciativa do Tribunal superior em contrário à escusa.

Continuando sempre por partes:

- A ***quinta regra*** é a de que «*o Tribunal Superior àquele onde o incidente* (de escusa) *tiver sido suscitado, ou, no caso de o incidente ter sido suscitado perante o Supremo Tribunal de Justiça, o pleno das secções criminais, pode decidir da prestação de testemunho com quebra do segredo profissional sempre que esta se mostre justificada,* (i) *segundo o princípio da prevalência do interesse preponderante,* (ii) *nomeadamente tendo em conta a imprescindibilidade do depoimento para a descoberta da verdade,* (iii) *a gravidade do crime e* (iv) *a necessidade de protecção de bens jurídicos*».[207]

- A ***sexta regra*** é a de que, a decisão preliminar da prestação de depoimento de testemunha com quebra do segredo profissional sempre que esta se mostre justificada «*é suscitada pelo Juiz, oficiosamente ou a requerimento* (*sic*). Vale dizer que, na primeira hipótese, o Juiz já formula um juízo prévio da necessidade de revelação dos factos sigilosos; na segunda, o Juiz considera pertinente aquela revelação por deferimento do que a "parte" lhe requereu, "parte" essa que tanto poderá ser o Ministério Público como o particular; e dentre este tanto o assistente como o réu.

62.2. Audição da Ordem dos Advogados.

- A ***sétima regra*** provém de, não obstante a rigorosa regulamentação, «*a decisão da autoridade judiciária ou do tribunal é tomada ouvido o organismo representativo da profissão relacionada com o segredo profissional em causa, nos termos e com os efeitos previstos na legislação que a esse organismo seja aplicável*» (CPPP, art. 135.º-4).

Trata-se de uma remissão óbvia para a Ordem dos Advogados a qualidade do «*organismo da profissão relacionada com o segredo profissional*».

[207] CPP, art. 135.º-3.

É, pois, bem claro que não se trata de solicitação de parecer, mas, sim, de obtenção de uma «*autorização*» para desvinculação doo segredo profissional. São estes os termos e os efeitos previstos na legislação que a esse organismo [a Ordem dos Advogados] é aplicável». Isso é o que resulta expressamente da conjugação do art. 135.º-4 CPP com o art. 92.º-4 EOA. Nenhum jurista confundirá entre «*audição*» e/ou «*parecer*» com «*autorização*»; são conceitos diferentes, insusceptíveis.[208]

[208] Deve, assim, considerar-se errónea a decisão do Ac. STJ 05.04.2018 (*ITIJ* 2/16.STRPRT-A.S1), segundo a qual «O critério legal a utilizar vinculado à lei processual penal, para decidir da prestação de testemunho com quebra do segredo profissional é que "esta se mostre justificada, segundo o princípio da prevalência do interesse preponderante, nomeadamente tendo em conta a imprescindibilidade do depoimento para a descoberta da verdade, a gravidade do crime e a necessidade de protecção de bens jurídicos." – art. 135.º, n.º 3, do CPP. Tendo em conta que nos autos de inquérito instaurados se averigua da eventual prática de crime de abuso de poder, por parte do um senhor Procurador da República, que terão sido presenciados por dois senhores advogados, forçoso é concluir que, sem prejuízo da função que o advogado exerce na administração da justiça, e do interesse público da manutenção do sigilo profissional, *in casu*, o interesse público de salvaguardar o sigilo profissional em homenagem ao princípio da boa administração da justiça deverá juridicamente ceder perante a necessidade de o Estado averiguar se um dos seus mais qualificados agentes da administração da justiça infringiu, ou não, o seu fundamental dever de actuar com imparcialidade. Reconhecida a legitimidade da escusa a depor no processo como testemunhas, por parte dos referidos Senhores Advogados, mas afigurando-se preponderante o interesse da quebra do sigilo profissional dos referidos Senhores Advogados, é de ordenar, de harmonia com o disposto no art. 135.º, n.º 3, do CPP, a prestação do depoimento, justificada pelas razões supra alegadas, assim deferindo o incidente de quebra do sigilo profissional.».
Na mesma tergiversação caiu o Ac. RL 22.11.2017, *ITIJ* 17.2T9LSB-A.L1-3, para cujo teor remetemos até porque o Tribunal procurou fundamentar extensa e doutrinalmente a sua decisão... passando no fim ao lado da norma do EOA que contraria o que concluiu.
Pelo contrário, se bem que a conclusão seja anterior à questão cruciante que atrás se quis salientar e criticar, não envereda por raciocínio erróneo, e define a questão de base de maneira doutrinalmente perfeita, o Ac. RC 04.03.2017 (*ITIJ* 60/10.6TAMGR-A.C1), com o seguinte sumário: O segredo profissional não é um segredo absoluto e inafastável, mas a razão de ser da sua existência impõe que só em casos excepcionais o advogado o possa quebrar. Uma primeira situação em que o Advogado deixa de estar sujeito ao segredo profissional decorre da sua desvinculação pelo próprio cliente, quando este autoriza a revelação do segredo. Uma segunda situação corresponde à dispensa do segredo profissional requerida pelo advogado ao Presidente do Conselho Distrital respectivo e por este autorizado [trata-se do procedimento previsto no art. 87º-4 do EOA]. E uma terceira situação corresponde ao incidente processual de quebra do segredo profissional, regulado no art. 135.º do CPP aplicável ao processo civil, por força do disposto no art. 417.º-4 CPC, a qual tem específico relevo para a questão a decidir. O princípio da prevalência do interesse preponderante impõe ao tribunal superior

Neste estudo interessa também apurar em que circunstâncias, por remissão, pode emitir juízo a Ordem dos Advogados, sabido que não pode merecer dúvida que ela é «*o organismo representativo da profissão relacionada com o segredo profissional em causa*».

Somos, assim, mais uma vez remetidos para o citado art. 92.º-4 EOA, que estipula que «*o Advogado pode revelar factos abrangidos pelo segredo profissional, desde que tal seja absolutamente necessário para a defesa da dignidade, direitos e interesses legítimos do próprio Advogado ou seus representantes, mediante prévia autorização do Presidente do Conselho Regional respectivo, com recurso para o Bastonário, nos termos previstos no respectivo Regulamento*»[209].

Que fique bem claro, à luz da correcta hermenêutica que a sua base geral civilista consagra (art. 9.º CCiv.), que violou a correcta aplicação do art. 135.º-4 CPP, conjugado com o art. 92.º-4 EOA, o Ac. STJ de 15.02.2018 ao não hesitar em decidir ser ilegítima a recusa da Ordem dos Advogados em autorizar a desvinculação do segredo profissional, e impondo o levantamento do segredo profissional. Esta imposição é que é ilegítima por ilegal. Esquece-se, ao decidir daquele modo, a norma do art. 92.º-4 EOA e o respeito institucional de associação pública que à Ordem foi conferido. Que não se confunda matéria desta delicadeza com o direito constitucional dos Tribunais à judicatura (CRP, art. 202.º-1), pois que apenas está em causa o uso legítimo ou ilegítimo a um meio de prova () e desrespeitá-lo (*in casu* a violação do segredo profissional

a realização de uma atenta, prudente e aprofundada ponderação dos interesses em conflito, a fim de ajuizar qual deles deverá, *in casu*, prevalecer. Na questão *subiudice*, para além dos conflituantes, interesse do Estado na realização da justiça penal, e interesse tutelado com o estabelecimento do segredo profissional na Advocacia, há que reconhecer a presença de um terceiro interesse, o da defesa do arguido em processo penal com consagração constitucional no art. 32.º da Lei Fundamental, mas aqui com a particularidade do seu titular, o arguido, não ser o obrigado ao segredo cujo levantamento é pretendido. A imprescindibilidade do depoimento de testemunha sujeita a segredo profissional é elemento essencial à densificação do princípio da prevalência do interesse preponderante a actuar pelo tribunal com vista à decisão sobre a quebra do segredo. Não sendo indicados os factos, eventualmente conhecidos pela testemunha e cobertos pelo segredo profissional de Advogado, susceptíveis de demonstrarem a absoluta necessidade ou imprescindibilidade do seu depoimento, não existe razão objectiva para que, feita a ponderação dos interesses conflituantes com os elementos disponíveis, deva ser quebrado aquele segredo.».

[209] Também causa perplexidade que o Ac. RC 05.04.2017, *ITIJ* 309/15.9JACBR-A.C1, passe em claro, em todo o seu texto, a necessidade de cumprimento das ditas normas do art. 135.º-4 CPP conjugado com a do art. 92.º-4 EOA.

contra lei expressa) torna a decisão judicial írrita, isto do mesmo modo que o seria se fosse violada outra norma probatória. Pelo fundamentalismo da decisão aqui sob crítica só faltaria que um Tribunal entendesse impor o levantamento do segredo religioso (CPP, art. 135.º-1 e 5)![210]

62.3. Tramitação.

Caminhemos novamente por partes:

Em primeiro lugar, «*o pedido de autorização para a revelação de factos* [de] *que o Advogado tenha tido conhecimento e sujeitos a segredo profissional (...)*[211]*, será efectuado mediante requerimento dirigido ao Presidente do Conselho* Regional[212] *a cuja área*

[210] É este o sumário completo do aresto sob análise (e espanta que o Supremo cite precisamente o art. 92.º EOA... fazendo silêncio, do seu n.º 4!): «Quebra de segredo profissional. Segredo profissional. Ordem dos Advogados. Recusa. Advogado. Apoio judiciário. Na generalidade, entende-se por segredo profissional a reserva que todo o indivíduo deve guardar dos factos conhecidos no desempenho das suas funções ou como consequência do seu exercício, factos que lhe incumbe ocultar, quer porque o segredo lhe é exigido, quer porque ele é inerente à própria natureza do serviço ou da sua profissão. No caso do Advogado, o segredo profissional está disciplinado no art. 92.º do EOA, permitindo a cláusula geral do seu n.º 1, que se incluam no referido segredo, para além das elencadas, outras situações que conflituem com os interesses que ela visa proteger. Radicando no princípio da confiança, no dever de lealdade do Advogado para com o constituinte, o dever de segredo profissional transcende a mera relação contratual, assumindo-se como princípio de ordem pública e representando uma obrigação para com o constituinte, para com a própria classe, a OA e a comunidade em geral. Por isso, consideram-se abrangidas pelo segredo profissional todas as situações que sejam susceptíveis de significar a violação da relação de confiança entre o advogado e o seu patrocinado e também todas as situações que possam representar quebra da dignidade da função social que a advocacia prossegue. Deve, porém, ceder, excepcionalmente, perante outros valores que, no caso concreto, se lhe devam sobrepor, designadamente, quando os elementos sob segredo se mostrem imprescindíveis para a protecção e efectivação de direitos ou interesses jurídicos mais relevantes. No caso dos autos, é ilegítima a recusa da OA, impondo-se o levantamento do segredo profissional atinente a documentação integrante do processo interno de nomeação de patrono, sendo este de inegável importância para a decisão da causa.».

[211] A legislação remetida pelo Regulamento em vigor está desactualizada, o que é de somenos importância no presente estudo.

[212] Também aqui figura matéria desactualizada, pois que a norma ainda fala em Presidente do Conselho Distrital. Com a mesma actualização, segundo o art.2.º-3 do mesmo Regulamento, o Presidente do Conselho Regional pode delegar a sua competência, em matéria de segredo profissional, em algum ou alguns dos membros do Conselho Regional. Esclareceremos que é nosso entendimento que este tipo de delegação de atribuição constitui uma prática não

geográfica pertença o domicílio profissional do Advogado que pretenda a desvinculação e subscrito por este.»[213].

Desta feita, o seu requerimento «*deve identificar de modo objectivo, concreto e exacto, qual o facto ou* [quais os] *factos sobre os quais a desvinculação é pretendida, conter a identificação completa do Advogado requerente, vir acompanhado com os* [dos] *documentos necessários à apreciação do pedido, e, se se tratar de pedido relativo a processo em curso, vir acompanhado das peças processuais pertinentes*»[214]. Tal arrazoado leva o legislador à conclusão lógica de que «*o pedido de autorização é obrigatoriamente fundamentado sob pena de rejeição liminar*»[215], mas o Presidente CR poderá solicitar ao requerente, sempre que entenda necessário (isto é, de modo discricionário), a prestação de esclarecimentos complementares, bem como a junção de documento ou documentos pertinentes para a apreciação do pedido. Para tanto, fixará um prazo de apresentação, findo o qual os autos serão decididos com os elementos neles constantes[216]. *

Acrescenta o Regulamento que «*No caso de se pretender a dispensa de segredo para o Advogado depor em processo em curso ou para juntar documentos a um qualquer processo, o requerimento deverá ser apresentado com antecedência em relação à data em que esteja marcada a diligência ou em que seja possível apresentar o documento, ressalvando-se situações de manifesta urgência ou excepcionais, devidamente justificadas, de modo a poder ser proferida uma decisão em tempo útil.*»[217]. Não deixará de se verberar regulamentação tão prolixa como minuciosa e discricionária: qual a «*antecedência*»? Qual a «*manifesta urgência*»? O que são «*situações excepcionais*»? Qual vem a ser o «*prazo de apresentação*»? A vaga disciplina tornar-se-á mais dificultosa de preencher se for seguida a nossa opinião quanto à sequência do incidente extraprocessual como é este.

desejável, pois que isso tem sido causa de contradições de jurisprudência em matéria de tamanha delicadeza.

[213] Regulamento, art. 2.º-1.

[214] Regulamento, art. 3.º-1.

[215] Regulamento, art. 3.º-2.

[216] Redacção corrigida.

[217] Regulamento, art. 3.º-4.

62.4. A excepcionalidade.

Centremo-nos, entretanto, na letra da lei para colher uma norma fundamental, qual seja a de que «*a dispensa do segredo profissional tem carácter de excepcionalidade*»[218]. Não diz a lei o que se pretenda com esta redacção. Mas não custará concluir que se terá querido remeter para as normas seguintes do mesmo artigo, que foram bem mais rigorosas do que em antes, a saber:

- ***Em primeiro lugar***, que «*a autorização para revelar factos abrangidos pelo segredo profissional*[219] *apenas é permitida quando seja inequivocamente necessária para a defesa da dignidade, direitos e interesses legítimos do próprio Advogado, cliente ou seus representantes*»[220]; claro que a inequivocidade é matéria de carácter discricionário, pelo depende substancialmente do prudente critério do Presidente do CR.
- ***Em segundo lugar***, «*a decisão do Presidente da Conselho* Regional, *nos termos do EOA e do presente regulamento, aferirá da essencialidade, actualidade, exclusividade e imprescindibilidade do meio de prova sujeito a segredo do próprio Advogado, cliente ou seus representantes.*»[221] – redacção esta que confirma estarmos perante o mesmo poder discricionário, pormenorizando:
    - «***essencialidade***»: obriga o Presidente do Conselho Regional a usar um verdadeiro juízo para-judicial: ele tem de colocar-se no "lugar" de Juiz sobre se aquele meio de prova é "essencial" para a prova do facto, e, mais, se esse facto tem um relevo tal que o seu conhecimento ou ignorância condicione de maneira decisiva o desfecho do julgamento:
    - «***actualidade***»: de novo o Presidente do Conselho Regional está no campo da preliminar oportunidade do conhecimento ou ignorância do facto que ao Juiz incumbe apurar;
    - «***exclusividade***»: o legislador considera *ultima ratio* o aproveitamento de factos sigilosos, pelo que o Presidente do Conselho

[218] Regulamento, art. 4.º-1.

[219] Segue-se uma vírgula, manifestamente fora de sítio.

[220] Regulamento, art. 4.º-2.

[221] Regulamento, art. 4.º-3, devidamente adaptado.

Regional terá de verificar se o meio de prova pretendido revelar tem valor «exclusivo» para essa prova;

- «***imprescindibilidade***»: quer dizer que inexista outro meio de prova – o que, sendo uma pesada exigência, se nos afigura uma redundância face à «*essencialidade*» e à «*exclusividade*» indicadas anteriormente.

62.5. E que possibilidades de recurso?

Continuando o sistema discursivo que temos vindo a seguir.

Estabelece, «*a decisão que negue autorização para dispensa de segredo é vinculativa*»[222], sem prejuízo, porém, de da decisão de indeferimento de dispensa de segredo profissional caber recurso para o Bastonário[223].

Todavia, é oportuno tratar aqui de questão em controvérsia entre nós sobre a recorribilidade ou irrecorribilidade das decisões finais do Bastonário, apesar de ela ter um cariz muito próprio na nossa legislação. É que afigura-se-nos que, neste particular, a questão prima pela originalidade e é de incentivar que obtenha consagração noutros países com tradições advocatícias idênticas à nossa.

Referimo-nos ao problema de saber se da decisão do Bastonário há recurso para os "tribunais administrativos"[224], dentro de norma genérica estatutária portuguesa[225].

[222] Regulamento, art. 5.º-1.

[223] Regulamento, art. 6.º-1, ex EOA, art. 40.º-1-*n*).

[224] No caso o Tribunal Administrativo do Círculo [ETAF, aprov. pelo DL. n.º 129/84, de 27.4, art.s 6.º, 51.º-1-*f*) e *i*) e 52.º].

[225] A norma do então art. 6.º-3 EOA tem o mesmo teor da que lhe sucedeu com o mesmo número: «*Dos actos praticados pelos órgãos da Ordem dos Advogados cabe, ainda, recurso contencioso para os tribunais administrativos nos termos gerais de direito». No já em antes substituído art. 5.º EOA referiam-se os «actos definitivos e executórios»*, o que era doutrinalmente correcto e mais coerente e compatível com o art. 268.º-3 da Constituição, certo como é que as associações públicas, categoria jurídica em que está integrada a Ordem dos Advogados, podem ver os seus actos sindicados judicialmente; tanto assim que os Tribunais já se tinham pronunciado, antes da norma estatutária vigorar, no sentido de que esse recurso era possível (*vide* Ac. STA. de 27.04.78, *in CJ*. III-3-1088).

Ora, apesar da controvérsia suscitada[226], afigura-se-nos que ela não se justifica[227]. Para tanto, há que ter em atenção não só a especial natureza da matéria pretendida sindicar pelo Tribunal, como a natureza do acto do Bastonário ligada à primeira natureza. E a conclusão só poderá ser negativa: não é recorrível o acto do Bastonário[228].

62.6. O efeito da publicitação do segredo através de recurso.

Vários são os argumentos para sustentar a irrecorribilidade quanto à essência da matéria sigilosa.

Antes de mais, fiscalizar contenciosamente a decisão equivaleria a tornar público, através de decisão judicial, os factos sigilosos, o que seria um contrassenso e uma aberração, com mais razão quando não fosse autorizada a sua revelação.

226 *Vide* Ac. STJ. 22.06.88, *in CJ*. XIII-3-11 ss. e ROA. 49-3-839 ss.. A doutrina deste aresto mereceu três notas de comentários no cit. número da Revista da Ordem, todos eles desfavoráveis em vários dos seus aspectos.

227 É, assim, contraditória a decisão do Ac. STJ 05.04.2017 (ou 2018), *ITIJ* 2/16.5TRPRT-A-S1), quando conclui: «Termos em que, reconhecida a legitimidade da escusa a depor no processo como testemunhas, por parte dos referidos Senhores Advogados, Dr. DD e, Dr. CC, ordena-se, de harmonia com o disposto no art. 135.º n.º 3, do CPP, a prestação do seu depoimento, assim deferindo o incidente da quebra do sigilo profissional, nos supramencionados autos de inquérito.».

228 Convém desde já esclarecer que não deve confundir-se com a questão que estamos a estudar a de outro tipo de recursos.
Um exemplo típico é o que ressuma do caso relatado no Ac. STA. de 04.05.93 (*in* Acs. Dout. 380/381-879): aí foi interposto recurso pelo Advogado de despacho da Bastonária da Ordem dos Advogados unicamente para discutir se a "parte contrária" do ex-cliente de Advogado por este dada como testemunha em determinado processo teria legitimidade para ter recorrido do despacho do Presidente do então CD que autorizara a revelação dos factos sigilosos; certo é que o recurso foi interposto para os Tribunais Administrativos, até ao STA, do acto-despacho da Bastonária, considerando este, portanto, acto administrativo *proprio iure dicto*, isto é, definitivo e executório, e como tal prosseguiu os seus termos. E bem. Com efeito, centrando-se a questão apenas no campo da legitimidade para recorrer, e não na matéria concreta do segredo profissional a revelar, não subsistiam as limitações sobre recurso para os Tribunais Administrativos a que nos referimos no texto, pois que não estão presentes nem os mesmos princípios nem os mesmos valores. Isto é, tratando-se de um acto em que não está em causa directa a matéria do segredo profissional, com a sua necessária e abnorme revelação processual, nada há que impeça que esse acto seja sindicado jurisdicionalmente dentro do princípio geral do então art. 5.º-3 EOA (hoje art. 6.º-3 EOA).

É que o segredo profissional não é defendido tendo em conta unicamente o chamado Direito probatório. Quando a lei comina a revelação dos factos com ineficácia para efeitos de prova está só a encontrar um remédio *a posteriori* perante uma situação limite de violação ilícita do segredo.

Todavia, o sigilo é protegido essencialmente *a priori*, tendo em conta princípios éticos (motivo de ordem moral, como dantes se proclamava) e direitos fundamentais da pessoa (o direito à intimidade da vida privada, o direito à confidência, o direito à inviolabilidade de consciência).

Convirá mesmo assim analisar o problema consoante a iniciativa do pedido de autorização coube ao Advogado ou ao Tribunal/autoridade judiciária.

62.7. Quando a iniciativa coube ao Advogado.

Na primeira circunstância, ao Presidente CR tiveram de ser relatados pelo Advogado os factos sigilosos e, se ele o não tiver feito, deve o Presidente exigir-lho, para se poder pronunciar. Mas a ele e a mais ninguém, admitindo-se, quando muito, que consulte oficiosamente o processo judicial invocado, dentro da competência ampla do art. 8.º EOA[229], sem sequer invocar, porém, que está pendente um pedido de autorização ou dispensa de sigilo[230] – pois até esse silêncio deve ser respeitado.

É que requisito basilar para a autorização é o de ser «*absolutamente necessário*» «*revelar factos abrangidos pelo segredo profissional*»[231]. E, para aferi-lo, tem de ser emitido um verdadeiro juízo (julgamento) prévio, se bem que perfunctório, sobre o valor probatório daquilo que pretende revelar-se (seja a revelação feita por depoimento, seja por junção de documentos) e ainda sobre a importância dos factos em causa para a decisão pretendida no processo judicial[232]; o segredo, como se disse, deve prevalecer se esses factos não forem essenciais, mas meramente acessórios ou de instrumentalidade secundária.

[229] «Todas as entidades públicas, autoridades judiciais e policiais, bem como todos os órgãos de polícia criminal, têm o especial dever de prestar total colaboração aos órgãos da Ordem dos Advogados, no exercício das suas funções.».

[230] Porque, como se viu, isso já poderia traduzir-se em violação funcional do dever de sigilo que aos ditos órgãos da Ordem incumbe (EOA, art. 81.º-1-*b*)).

[231] EOA, art. 92.º-4; Regulamento, art. 4.º-2.

[232] *Vide* nossos Pareceres de 11.04.88, *in* ROA. 48-1-653 e de 18.11.89, *in* ROA. 49-3-1079, onde sustentamos precisamente esta tese.

Ora, a negação da autorização é a proibição de publicitar os factos.

Tendo havido recurso para o Bastonário, mantém-se em circuito interno todo o sigilo: o processo gracioso conserva-se num âmbito estritamente confidencial, quer em relação aos factos, quer em relação à existência e percurso processual, respeitando, assim, a natureza da matéria em apreciação.

Seria, pois, absurdo que o Advogado-requerente pudesse ainda interpor recurso da decisão negativa do Bastonário para o Tribunal Administrativo.

Isso significaria transformar em "público" o que até aí era naturalmente considerado como do campo do sigilo, isto é, puramente "privado"[233]. Na verdade, pública é a natureza do processo administrativo contencioso e a esses autos não há limite de consulta. Embora aquele seja processo diferente daquele em que se pretendia a revelação dos factos para efeitos probatórios, nem por isso, qual "segredo de polichinelo", tal revelação deixava de ficar feita. Em suma, a violação dos grandes princípios éticos estava conseguida, com maior gravidade ainda – se possível fosse – se o Tribunal viesse a concluir pela impossibilidade de revelação! Esta estava feita e era pública!

Que sentido, aliás, teria persistir em querer "autorização" para revelar o que já estava revelado? Tal como não se poderá pedir ao Presidente do CR que autorize a dispensa *a posteriori* da revelação feita, porque seria incongruente, menor incongruência não haveria no caso sob análise!

62.8. Quando a iniciativa coube à autoridade judiciária.

Na hipótese do processo criminal, com legitimidade para o requerimento da autoridade judiciária/Tribunal, a situação, não sendo essencialmente diferente, tem particularidades que vale a pena ponderar.

Aí também, como é evidente, pelo sempre aplicável art. 92.º-4 EOA e como se viu, tem de ser invocada e provada a "*absoluta necessidade*", sob pena de, falhando esse requisito, o pedido ter de improceder.

Situação curiosa se nos depara, então.

[233] Discordamos, pois, do Ac. STJ 05.04.2017, *ITIJ* 2/16.5TRPRT-A.S1 («A obrigação de guardar segredo profissional pelo advogado cessa "em tudo o que seja absolutamente necessário para a defesa da dignidade, direitos e deveres legítimos do próprio advogado ou do cliente ou seus representantes, mediante autorização do Presidente do Conselho Distrital respectivo, com recurso para o Presidente da Ordem dos Advogados – artigo 81 n.º 4 do EOADV84».).

A entidade judicial requerente não disporá nestas circunstâncias normalmente de muitos elementos factuais para comprovar o dito e fulcral requisito – pois isso significaria conhecer *a priori* os factos sigilosos, ou, talvez, já tenha alguma prova dos factos de que quer reforçar ou infirmar a prova –. Invocará, assim, ainda factos genéricos, admitindo que a sua pormenorização probatória tenha efectivo interesse. É de admitir, então, que, perante a exiguidade de elementos que lhe são fornecidos, o Presidente CR solicite do próprio Advogado que é o detentor do sigilo a prestação de esclarecimentos. Esta vai-se traduzir na revelação por aquele de (dos) factos (ou outros factos) cobertos por segredo. Ou seja, os órgãos da Ordem vão mais uma vez ser depositários de factos secretos, que, como tal, têm obrigação de preservar[234], em última instância pelo Bastonário.

Seria, pois, uma incoerência o recurso para o Tribunal Administrativo por parte da entidade requerente, quando indeferida a pretensão. Aos argumentos já atrás aduzidos, acresce a que isso se traduziria em o processo gracioso interno ter de abrir-se inteiramente para o recorrente o conhecer, mesmo que o Bastonário, como devia, e deve, tivesse tido o cuidado de no seu despacho não revelar os factos. Isto é, para o Tribunal Administrativo apreciar a absoluta necessidade da revelação dos factos – e para além do absurdo de este Tribunal os conhecer, como se disse – teria de ser feita a prévia revelação deles perante a autoridade judiciária/Tribunal que almejava conhecê-los! De absurdo em absurdo!

63. Decisão no uso de discricionaridade técnica.

Poderemos, pois, dizer que, por apego aos princípios do Direito Administrativo, a decisão do Bastonário, quando proferida, como o deve ser, em situação anterior à revelação dos factos sigilosos, e pela sua peculiaridade e por nos pressupostos desse acto se conter a obrigação de confidencialidade que é o objecto da decisão, envolve discricionaridade técnica, insindicável pelos Tribunais.

[234] *Cit.* EOA art. 92.º-1-*b)*.

Isso tão retira um côvado à capacidade de o Tribunal julgar. Apenas lhe não permite usar o depoimento pretendido para efeitos probatórios, por, tal como o depoimento extorquido por coacção, ser ilícito o meio de assim o obter. E, se o obtiver – só sendo então possível à Ordem pronunciar-se em sede de procedimento disciplinar – ao Tribunal pertence, e só a ele, valorá-lo para efeitos probatórios.

64. O dever de revelar os factos em Processo Penal.

Ficará, porém, ainda de pé o problema de saber se será aplicável em Processo Penal, na sua inteireza, a norma atrás referida, segundo a qual «*ainda que dispensado nos termos do disposto no n.º 4, o Advogado pode manter o segredo profissional*»[235]?

Entendemos que não, sob pena de insanável contradição com o sistema daquele tipo de Processo e daquilo que, posteriormente à publicação do Estatuto, veio a ser consignado no novo Código.

Como provém da exegese feita, pretendeu-se no domínio exclusivo do Processo Penal, e seguramente pelo escopo cimeiro da busca da verdade material que o timbra, estabelecer casos em que será lícita a violação de segredo profissional para aquele efeito, obrigando o seu detentor a colaborar com a Justiça.

Se esta colaboração é exigível de todo o cidadão e se o Advogado foi autorizado pelo Presidente CR, por solicitação da autoridade judiciária ou Tribunal, a quebrar o sigilo, mal se compreenderia que não fosse obrigado àquele contributo processual. Relembremos que, *in casu*, a legitimidade para obter a autorização tinha passado da mão do Advogado para aqueloutras entidades. E que precisamente o que está em causa é, apesar de haver direito à escusa de depor, ser considerado que tal direito deve cessar perante valores reputados superiores.

No entanto, deverá acrescentar-se que, por maioria de razão, o Advogado é obrigado a prestar depoimento quando é a responsabilidade criminal dele que está em causa. Parece evidente que o direito de o Advogado, como qualquer

[235] *Cit.* art. 92.º-6 EOA.

arguido, poder eximir-se a responder em julgamento penal (CPP, art. 61.º-1--*d*)), não contende com a matéria de segredo profissional.

65. Exibição do despacho de autorização.

Uma vez obtida a dispensa, ou autorização, o Advogado pode, e deve, exibir perante o Tribunal o despacho do Presidente do CR ou do Bastonário que a concedeu. E isso do mesmo modo se a autorização lhe foi recusada.

Na verdade, o Juiz tem de ter a garantia fidedigna da situação, designadamente para efeitos probatórios.

66. Características do despacho de autorização.

Por isso, esse despacho deve sempre, no seu conteúdo, evitar revelar minuciosamente os factos[236]. Sendo positivo, mal se compreenderia que o despacho desse a conhecer ao Tribunal os factos antes do depoimento ou da junção do documento; sendo negativo, seria chocante que, não permitindo a divulgação dos factos, a fizesse ele mesmo. Daí que o despacho do titular da Ordem dos Advogados seja difícil e exigente, mas deve ser bem fundamentado, dentro daquelas condicionantes. E tal fundamentação deve ser particularmente cuidadosa a respeito do requisito da "*absoluta necessidade*". Exige-se de quem o dê uma especial e simultânea circunspecção e argúcia, para que possa fazer coadunar o dever de fundamentar sem perda do dever de manter sigilo sobre os factos essenciais.

67. Impossibilidade de autorização após a revelação.

Como já resulta do anteriormente exposto, não se justifica uma pronúncia sobre dispensa de segredo "*a posteriori*", isto é, depois de terem sido

[236] *Cf.* novamente o cit. e transcrito Parecer CG. de 24.03.54, *in* ROA. 13-3/4-327.

descobertos os factos sigilosos[237]. Posto perante essa situação, o Presidente do CR deve responder com um "*non liqued*", e, quando muito, promover obrigatoriamente a instauração de processo disciplinar por o Advogado ter violado importante regra deontológica.

Tal situação ocorre, por exemplo, quando o Advogado tenha já prestado depoimento e pretenda acobertar o seu procedimento com uma como que "ratificação" deste; ou quando tenha junto aos autos documento incurso em sigilo e pretenda evitar recair sobre essa prova o ferrete da sua invalidade.

68. Revelação apenas na narração escrita.

Mas não é muito diferente o caso de "apenas" terem sido revelados os factos sigilosos na narração do articulado ou do requerimento apresentados no processo.

[237] Parecer CG. de 12.10.944 (rel. PEDRO PITTA), *in* ROA. 18-2/3-344: "A junção a processo de carta dirigida a Advogado, independentemente de autorização do signatário, mas cujo conteúdo foi por este divulgado em comunicação dirigida a várias pessoas, é legal e deontologicamente correcta"; Parecer CG. de 21.7.945 (rel. ALFREDO SIMÕES TRAVASSOS), *in* ROA. 18-4-447: "É regular a invocação e exibição de correspondência trocada entre o Advogado e um terceiro que já antes a facultara à parte contrária"; Despacho do Bastonário COELHO RIBEIRO de 13.1.983, *in* ROA. 43-1-211: "A última regra do nº 3 do artº 581º do Estatuto Judiciário só permite o recurso da decisão do Presidente do Conselho Distrital respectivo que se tenha pronunciado sobre prévia consulta que lhe haja sido feita quanto à possibilidade de revelação de factos eventualmente cobertos pelo segredo profissional, e não do despacho do Presidente do CD que tenha tido por objecto consulta feita por Advogado que já tenha junto aos autos documentos donde constem factos cobertos por tal segredo"; nosso Despacho de 11.4.988, *in* ROA. 48-2-653: «Uma carta junta aos autos por Advogado com violação de segredo profissional não pode fazer prova em Juízo. Tendo sido junta aos autos pelo requerente uma carta em violação de segredo profissional, não pode considerar-se absolutamente necessária, para efeitos do [então] art. 81.º-4 do EOA, a junção, a requerimento do mesmo, àqueles autos, da carta de resposta à primeira sob a pretensão de que se destinaria à defesa da dignidade do Advogado e/ou que se destinaria a, na correlação dos dois documentos, comprovar determinada interpelação para cumprimento de obrigação. Não é lícito também, uma vez eventualmente obtido o desentranhamento dos autos da primeira carta, solicitar depois autorização simultânea para dispensa de segredo profissional em relação a ela e à de resposta a ela. Uma vez junto aos autos um documento com violação do segredo profissional, o segredo foi publicitado, pelo que não é possível solicitar "*a posteriori*" autorização para o revelar».

Com rigor processual, essas asserções devem ser cominadas da sanção de "não escritas", como atrás se disse; logo insusceptíveis de prova.

Mas, mesmo que o Tribunal assim não tenha decidido, não poderá o Advogado ter a veleidade de (por exemplo, após a fixação do questionário) vir a requerer, depois, autorização para dispensa do sigilo para efeito de comprovar os factos invocados por escrito. Isso seria um contra-senso. Se não podia revelar, seria um injusto "prémio" poder provar. A violação da regra deontológica já ocorrera; não pode "*venire contra factum proprium*", como se nenhuma violação tivesse cometido e antes tirando partido do seu comportamento censurável.

A solução não muda pela circunstância de o revelador dos factos (no escrito forense) ser o "sucessor" na detenção do segredo, pretendendo o primitivo detentor (ex-Advogado) obter autorização para depor como testemunha nesse processo. Se é certo que este, o primeiro, porque não cometeu violação da obrigação de segredo, não está em falta deontológica, não pode "beneficiar" da falta do outro, nem se justificaria, como dissemos, provar o que não podia ter sido invocado; e, se o último revelou os factos no articulado ou requerimento em manifesta contravenção, é impensável vir a aproveitar dessa invocação pela introdução como meio probatório do depoimento do Advogado inocente. Como noutro local afirmámos, o que se passava era que, havendo dois detentores do sigilo, a ambos era exigível requererem a autorização para o revelarem: ao primeiro para depor, ao segundo para articular ou requerer no processo.

69. Simples pedido de parecer sobre segredo profissional. Efeitos.

Finalmente, ninguém duvidará de que é lícito a um Advogado consultar a Ordem sobre se determinada situação que refira está ou não sujeita a secretismo ou até se é de admitir em determinado caso a dispensa do segredo.

Sobre essa solicitação pode caber competência para emitir parecer já ao Conselho Regional[238] ou mesmo ao Conselho Geral[239], como órgãos colegiais[240].

[238] EOA art. 54.º-1-*f*).

[239] EOA art. 46.º-1-*d*).

[240] Vejam-se os casos publicados na *Revista da Ordem dos Advogados* 8-3 e 4-389; 9-1 e 2-549; 9-1 e 2- 564; 11-3 e 4- 442; 12-1 e 2-433; 13-1 e 2-534; 13-1 e 2-540; 13-3 e 4-413; 13-3 e 4-422;

Todavia, a resposta obtida por deliberação ou por decisão com poderes delegados não equivale a despacho de "autorização", quando tiver de executar o intento da revelação, pois, como foi dito, tal decisão é privativa de órgãos individuais, o Presidente do CR ou o Bastonário, e é preciso formular um pedido expresso para dispensa.

Aquele parecer[241], porém, se tiver sido considerado não haver obrigação de segredo, poderá ter a utilidade de o Advogado poder agir sem risco de falta disciplinar. Em suma: a pronúncia não se substitui, quanto à substância, à autonomia dos órgãos com exclusiva competência para simultaneamente considerar haver ou não factos sujeitos a sigilo e autorizar ou não autorizar a revelação.

III – Limite da desvinculação ao absolutamente necessário para a defesa da dignidade, direitos e interesses legítimos do cliente ou seus representantes.

70. A revelação dos factos sigilosos como rigorosa excepção.

O levantamento do segredo profissional tem regime de rigorosa excepção[242].

Por isso, a situação mais importante em que isso é possível é em tudo quanto seja absolutamente necessário para a defesa da dignidade, direitos e interesses legítimos do cliente ou seus representantes[243].

14 a 16-325; 23- 1 a 4-212; 28-1 a 4-180; 40-2-566, etc., onde há pronúncia colegial, a título de parecer.

[241] Mesmo que proferido pelo Bastonário no uso da prerrogativa do art. 40.º-1-*n*).

[242] Parecer CG. de 24.3.954 (rel. EDUARDO FIGUEIREDO), *in* ROA. 14 a 16-327; Parecer CG. de 14.6.963 (rel. MAGALHÃES GODINHO), *in* ROA. 24-169.

[243] Como refere o n.º 4 do por demais citado art. 92.º EOA..

71. O requisito da absoluta necessidade.

É, pois, fundamental o requisito da "absoluta necessidade" para que possa ser concedida a referida autorização[244].

A fim de aquilatar do seu preenchimento o Presidente do CR tem, assim, de emitir uma verdadeira pronúncia, embora sumária, sobre a necessidade de invocação e/ou de prova dos factos em processo judicial[245].

Quer isso dizer que não só lhe é lícito, como deve ponderar as circunstâncias da invocação e prova, formular um juízo pré-judicial, integrar o seu raciocínio na natureza e características do processo judicial concreto, designadamente atender ao "*onus probandi*" e à essencialidade dos factos para a procedência ou improcedência da acção.

Deste modo, não alcançarão aquele requisito os casos em que os factos sejam meramente instrumentais – aquilo a que em direito probatório se poderá chamar de instrumentalidade secundária – ou em que sejam despiciendos para a essência do que se discute[246]; e com muito mais razão, por exemplo, quando, embora articulados, não lograram obter lugar no questionário.

72. Instrução do pedido de autorização.

Por seu lado ao Advogado requerente não bastará fazer uma descrição breve do caso. Antes deve fazer uma narração circunstanciada dos próprios factos sigilosos e das particularidades que envolvem a necessidade da sua revelação[247].

[244] Parecer CG. de 23.11.955 (rel. MAGALHÃES GODINHO), *in* ROA. 19-3/4-357; nossos Despachos de 1.12.982, *in* ROA. 43-1-207, de 21.11.984, *in* ROA. 45-1-294, de 11.12.985, *in* ROA. 46-1-276 e de 22.12.988, *in* ROA. 49-1-291.

[245] Vide nossos Despachos de 11.4.988, *in* ROA. 48-2-653 e 659 e de 18.11.989, *in* ROA. 49-3-1079, onde desenvolvemos esta tese.

[246] Vide nosso Despacho de 2.2.986, *in* ROA. 46-2-615, onde sustentámos isso mesmo.

[247] Vide o já citado Parecer CG de 24.3.327 (rel. EDUARDO FIGUEIREDO), *in* ROA. 14 a 16-327: (texto: «Assente a obrigatoriedade da consulta, logo acode que nela tem de se expor o que se pretende dizer, pois só assim ficará o Presidente da Ordem ou do Conselho Distrital respectivo em condições de emitir o seu juízo e dar o seu parecer»).

E deve juntar todos os elementos esclarecedores para o Presidente CR ajuizar da absoluta necessidade dessa revelação no processo, como sejam, p. ex., os articulados, o despacho do art. 596.º CPCiv., com indicação dos factos a provar, os próprios documentos a juntar incursos no segredo, etc..

Claro que nada obstará, e nem por isso se poderá falar em não haver absoluta necessidade, a que se proponha apenas a contraprova de factos contendo matéria articulada pela parte contrária[248].

73. Depoimentos sempre proibidos.

Deverá deixar-se bem claro que é inaceitável autorizar a depor um Advogado para prestar depoimento em processo no qual esteja constituído.

É que, embora não haja disposição expressa que o proíba, afigura-se-nos que isso seria completa subversão do próprio sistema processual e ético. O Advogado, entre nós, não se pode nunca confundir com simultânea testemunha. E seria outrossim altamente desprestigiante para a Advocacia.

Quer isso, pois, dizer que ao Advogado incumbe ponderar e prever antes de propor a acção as principais condicionantes do seu decurso. Se o seu depoimento veio a tornar-se necessário, muito mal ele terá estruturado o seu trabalho e não pode emendar a mão. A absoluta necessidade não pode provir, nesse caso, do modo como foi proposta a acção e antes deve ser aferida objectivamente.

Isto também se aplica a outro tipo de situações que na essência não diferem da que analisámos. Referimo-nos a que não será lícito obter dispensa para depor ao Advogado que, tendo iniciado o processo com procuração aí junta, trata de substabelecer depois sem reserva para aquele "escondido" esse efeito[249]. Seria incompreensível a todas as luzes que ele pudesse despir a toga,

[248] Tal é lícito face ao princípio de direito probatório do art. 346.º CCiv..

[249] Parecer CG. de 30.10.952 (rel. FERNANDO DE CASTRO), *in* ROA. 12-3/4-404: "(...) o Advogado, em regra, não deve ser testemunha, conforme este Conselho Geral tem acentuado. Há casos excepcionais em que esta regra não é de observar, visto que a própria lei os prevê expressamente, mas é sempre inadmissível que o Advogado deixe o patrocínio duma causa com o propósito de nela tomar a posição de testemunha (...)" (texto); Parecer CG. de 5.5.954 (rel. EDUARDO FIGUEIREDO), *in* ROA. 14 a 16-334: "Deve o Advogado recusar-se a depor quando indicado como testemunha em processo ao qual esteja junta procuração a que haja

sair formalmente do processo e passar a sentar-se no banco das testemunhas em vez de na bancada prestigiante que em antes ocupara.

Igual solução merece o caso de a pretensão de depor incidir apenas em apenso da acção principal, ainda que iniciado só depois do substabelecimento (em providência cautelar, embargos, incidente da instância, etc.)[250].

74. A actualidade da absoluta necessidade.

Exclui manifestamente a absoluta necessidade a falta de actualidade desta.

Assim, não basta pedir autorização na previsão de vir a ser eventualmente necessária a junção de determinados documentos, por exemplo por se prever que outrem venha a propor certa acção, em atitude de cautela, quando essa necessidade ainda não se verificou; tão-pouco para a eventualidade de vir a ser dado como testemunha e não perante a situação de ir ser dado como testemunha; se "ainda não" é necessário, muito menos o será "absolutamente".

75. O requisito da defesa exclusiva do cliente.

Outro importantíssimo requisito é o de a autorização só poder, em princípio, ser concedida para "*defesa*" da dignidade, direitos e interesses legítimos do "*cliente*" ou seus "*representantes*" (cit. art. 92.º-4).

As três palavras transcritas entre comas (as duas últimas estão n mesmo plano) podem aparentar ambiguidade, pelo que merecem especial detença.

renunciado"; Parecer CG. de 21.7.954 (rel. ÁLVARO DO AMARAL BARATA), *in* ROA. 14 a 16-335: "O Advogado constituído num processo não pode, em caso algum, vir a ser testemunha no mesmo processo, ainda que oferecida pelo seu ex-constituinte. Só excepcionalmente o Advogado poderá depor em Juízo (...)"; Ac. CS. de 23.10.951 (rel. JOÃO PAULO CANCELLA DE ABREU), *in* ROA. 11-3/4-421: "Constitui infracção disciplinar o facto de o Advogado deixar de patrocinar o constituinte com o propósito de ser testemunha".

250 Parecer CG. de 26.10.962 (rel. ÁLVARO DO AMARAL BARATA), *in* ROA. 23-1/4-212: «Ainda que só tenha intervindo em fase anterior do processo de que se trate, o Advogado não deve depor como testemunha dos que foram seus constituintes e a sua admissão nessa qualidade pode ser impugnada».

75.1. Conceito de "defesa".

Por um lado, mal se compreenderia que a revelação do segredo se destine à "*defesa*" de alguém, sabido que, por exemplo, um depoimento testemunhal, ainda que solicitado por uma determinada parte, não se destina à "defesa" dessa parte, mas à contribuição, o mais possível objectiva, para a descoberta da verdade.

Mas com a aludida expressão quis-se de maneira impressiva significar um objectivo determinado para a revelação dos factos sigilosos: contribuir com ela para a demonstração de uma tese, a tese do "*cliente*" ou seus "*representantes*".

Por isso, o Advogado só poderá ser autorizado a depor sobre factos objectivamente "favoráveis" àquele, e nunca, pois, a factos que lhe sejam "desfavoráveis"[251].

Afigura-se, portanto, como insusceptível de ser patrocinada pela Ordem a pretensão, que já vimos, de o Advogado vir a depor como testemunha da parte contrária do ex-cliente, ainda que sob o pretexto de que o seu depoimento será desfavorável a quem o indicou em rol e, por isso, útil àquele! Seria uma situação ambígua, não só porque é de presumir que quem é oferecido como testemunha se destina a ajudar à prova dos factos úteis à respectiva parte, como porque seria incompreensível moralmente aos olhos de toda a gente[252].

A análise deste aspecto exige grande rigor moral tanto de quem requer como de quem autoriza.

[251] Parecer CG. de 7.5.953 (rel. FERNANDO DE CASTRO), *in* ROA. 13-1/2-546: "O Advogado não pode em caso algum depor contra o constituinte"; Ac. CS. de 12.10.979 (rel. MENDES PARDAL), *in* ROA. 40-1-243: «O Advogado que patrocinou uma acção não poderá, finda esta, intervir noutro pleito com íntima conexão com aqueloutro, e no qual defenda interesses opostos ao do seu antigo constituinte».

[252] Ac. CS. de 23.10.951 (rel. JOÃO PAULO CANCELLA DE ABREU), já transcrito em sumário, *in* ROA. 11-3/4-421; Parecer CG de 17.1.952 (rel. ÁLVARO DO AMARAL BARATA), *in* ROA. 12-1/2-433: "O Advogado constituído num processo não pode, em caso algum, vir a ser testemunha da parte contrária"; Parecer CG. de 24.3.954 (rel. EDUARDO FIGUEIREDO), já transcrito, *in* ROA. 14 a 16-327; nosso Despacho de 18.11.989, *in* ROA. 49-3-1079, onde sustentamos isso mesmo.

75.2. Conceito de "cliente".

Por outro lado, a palavra "cliente" não está também usada no sentido próprio, pois já referimos que é, em princípio, inconcebível que o Advogado mantenha o patrocínio quando se propõe revelar factos secretos.

A lei quer, pois, e fundamentalmente, dizer "ex-cliente". Trata-se, portanto, de beneficiar aquele em função de cuja relação básica de confiança existe a profissão e se define o segredo a esta inerente.

75.3. Mais do que um ex-cliente.

Correlacionando os dois sub-requisitos indicados – "defesa" e "cliente" – tornar-se-á claro que nunca poderá ser autorizada a dispensa de sigilo para "defesa" de um "ex-cliente" "contra" outro "ex-cliente", se ocorrerem, *v. gr.*, as circunstâncias de eles terem sido patrocinados em casos diferentes pelo mesmo Advogado, ou de, tendo sido patrocinados também pelo mesmo simultaneamente, terem vindo a desavir-se[253].

[253] Ac. CS. de 3.4.951 (rel. CARLOS OLAVO), *in* ROA. 9-1/2-527: "É evidente que esta posição é profissionalmente irregular e presta-se a juízos depreciativos que diminuem o Advogado que a assume e até a própria classe que esta Ordem tem o dever de defender e prestigiar pelos meios disciplinares ao seu alcance. Não faz sentido efectivamente que o Advogado de uma instituição, que conhece os seus princípios e os seus interesses e que tem por objectivo essencial do seu cargo defendê-los e lutar por eles, possa, num processo, em defesa dum homem perseguido por essa mesma instituição, pugnar por uma causa em que esses princípios e interesses são precisamente contraditados" (texto); Parecer CG. de 5.4.951 (rel. FERNANDO DE CASTRO), *in* ROA. 9-1/2-549, cujo sumário já se transcreveu; Parecer CG. de 30.1.946 (rel. ADELINO DA PALMA CARLOS), *in* ROA. 18-4-448, *idem*; Parecer CG. de 27.4.955 (rel. ALBERTO PIRES DE LIMA), *in* ROA. 19-3/4-339: "Desde que seja de admitir que factos revelados por ex-constituinte podem interessar à acção que actuais constituintes do Advogado pretendem propor contra aqueles, deve o Advogado recusar o mandato destes"; nosso Despacho de 10.1.989, *in* ROA. 49-294: "Tendo um Advogado intervindo a pedido dos dois contraentes na elaboração e realização de um contrato, não poderá nunca vir a depor sobre os factos inerentes ou subjacentes a esse contrato em acção surgida entre os contraentes. Com efeito, o seu depoimento teria a natureza de defesa apenas dos interesses de um dos patrocinados e, logo, "contra" o outro, o que alei não permite.". Já se nos afigura muito duvidosa a doutrina do Parecer CG de 30.4.964 (rel. EDUARDO FIGUEIREDO), *in* ROA. 24-457, segundo a qual, não merecerá censura o facto de um Advogado, que foi encarregado por cedente e cessionários de quota social de redigir o texto de um acordo regulando o pagamento das despesas de um recurso administrativo, ainda pendente ao tempo da cessão, posteriormente,

Admitir que revelasse os factos em desfavor de um seria uma gravíssima traição por ambos imerecida, ainda que sob a capa de pretender defender quem "tem razão"!

O Advogado não tem, assim, o direito de escolher, para efeitos de revelação de matéria sigilosa, aquele dos ex-clientes que pretende, agora, defender. Isso não está na sua disponibilidade ética.

75.4. Interesses de terceiros atendíveis.

No reverso do requisito que vimos analisando dir-se-á que não pode ser outorgada autorização para defesa de interesses terceiros, que não sejam simultaneamente do "cliente", a quem os factos aproveitem[254].

Isto é, para utilidade de terceiro, nem o cliente pode desvinculá-lo do sigilo quando este não foi estabelecido em seu exclusivo benefício.

75.5. Negociações transaccionais malogradas e/ou realizadas. Regra: não revelação.

Questão particularmente delicada é a da possibilidade de, nas aludidas circunstâncias, poder ser dispensado o segredo profissional sobre factos relativos a "negociações", no sentido genérico que se deixou referido.

Não hesitaremos em afirmar que só em condições muito excepcionais deverá ser consentida a revelação das chamadas "negociações malogradas", pelo que a grande regra será o não consentimento[255].

desavindas as partes, ter interpretado por escrito aquele acordo, só a pedido dos cessionários. Se bem que não fosse evidente estarmos perante caso de violação de segredo profissional, como vinha acoimado, por não se concretizarem os factos revelados, parece não poderem existir dúvidas de que foi reprovável a atitude retratada, na medida em que de patrono de dois clientes, passou a dar parecer só a um, em matéria em que interviera naquela primeira fase e sobre a qual eles passaram a desentender-se. De resto, a questão teria paralelismo com a de violação de segredo profissional, se a interpretação do dito acordo ocorresse em depoimento testemunhal que o Advogado prestasse.

[254] Nosso Despacho de 22.12.988, *in* ROA. 49-1-291: "(...) o Advogado só pode ser autorizado a revelar os factos sigilosos para a defesa da dignidade, direitos e interesses legítimos dele próprio ou do cliente ou seus representantes, e nunca em favor de outros direitos e interesses".

[255] Não iremos para uma solução tão radical como a do Parecer CG. de 17.11.939 (rel. AUGUSTO VÍTOR SANTOS), *in* ROA. 18-1-123, que sustenta que em caso algum pode haver

Com efeito, normalmente só está então em causa fase da relação jurídica posterior à sua definição nos essenciais contornos que interessam à discussão judicial: a esta se reporta, em princípio, o "nascimento" da relação e a sua evolução até à extinção e não propriamente os eventos que, porque malogrados, nem a criaram, nem a modificaram, nem a extinguiram. Essa fase de patologia não sanada não interessa ao Juiz, antes o confunde e lhe pode dar pistas erradas[256].

É que a aludida fase negocial, não concluída, é propícia a posições das partes que não correspondam à convicção que elas têm sobre os respectivos "direitos". Mostram-se dispostas a ceder. Aparentam, porventura, uma tese que noutras circunstâncias seria muito diferente. Pautam-se por critérios de conveniência e não estritamente jurídicos, seguindo na prática o brocardo de que "mais valerá um mau acordo do que uma boa demanda". É em clima de lealdade e abertura, muito mais atendível porque estas virtudes se exercem por intermédio ou com acompanhamento de Advogados ou Advogado, que fazem a negociação, que não conseguiram, porém, levar a bom porto.

Essas são, aliás, as características que fazem estabelecer o segredo profissional respectivo em favor não só do cliente como da parte contrária, como atrás se explicou. Por isso que não será argumento sequer suficientemente convincente o de que, p. ex., determinado documento dessa fase negocial será o "único meio" de prova de determinado facto dado como controvertido

desvinculação. Mais exacto será afirmar-se a grande excepcionalidade (Parecer CG. de 5.6.953 (rel. FERNANDO DE CASTRO), *in* ROA. 13-3 e 4-413; Ac. CS. de 9.2.967 (rel. ACÁCIO DE GOUVEIA), *in* ROA. 28-1 a 4-146; Ac. CS. de 9.12.977 (rel. LEITE DE FARIA), *in* ROA. 37-3-165; nossos Despachos de 21.11.984, *in* ROA. 45-1-294, de 11.12.985, *in* ROA. 46-1-276, de 2.2.986, *in* ROA. 46-2-615, de 7.12.987, *in* ROA. 48-1-321 e de 11.4.988, *in* ROA. 48-2-635, onde desenvolvemos a tese aqui exposta em termos ainda não usados.

[256] Ac. CS. de 13.4.967 (rel. JOSÉ JAIME NEVES), *in* ROA. 28-1/4-155 «A alegação de que as negociações não chegaram a verificar-se 'por não terem chegado a existir no âmbito das relações entre os Advogados das partes' não obsta á existência de falta. A razão de ser do preceito está em que não devem ser levadas ao conhecimento dos julgadores as circunstâncias em que as partes estariam dispostas a transaccionar. Uma vez malogradas as negociações, coisa alguma a tal respeito deve ficar a constar dos autos, susceptível de influenciar o julgador pelo conhecimento de concessões ou abdicações feitas em dado momento. A circunstância de o Juiz-corregedor (ouvido no processo disciplinar) ter declarado que o requerimento do réu, denunciando as malogradas negociações, não influíra no ânimo do julgador quanto à apreciação do fundo da causa, não dirime a falta.»; *vide* também os nossos Despachos cits. na nota anterior.

após a identificação do objecto do litígio (CPCiv., art. 603.º): os princípios ou valores não devem ceder perante o pragmatismo e, pelo contrário, sempre ao Advogado era exigível que tivesse ponderado previamente a prova disponível[257].

Por outro lado, não parece que o sigilo se limite às negociações que não tenham "chegado a bom porto", pois que, se esta última situação fosse excluída do sigilo, estaria excluída parte substancial da confiança que o diálogo profícuo pode conter. É que nem sempre um acordo é levado a escrito ou, então, a outro tipo de documento, como são os meios electrónicos, os mails, as gravações em telemóveis, ou outros sistemas digitais, etc. Em especial no primeiro caso há a honra da palavra que se deixa de cumprir. Todavia, "o facto" existe e a sua revelação cabe no segredo profissional, que só a Ordem pode autorizar a revelar.

75.6. Negociações transaccionais malogradas. Excepção: revelação.

Casos haverá, todavia, que justifiquem o descobrimento do conteúdo das negociações que se malograram.

A título exemplificativo lembraremos as situações que se traduzam na prova do itinerário da relação jurídica, como a sua extinção ou não extinção (ex: interrupção da prescrição pelo reconhecimento do direito; interpelação para cumprimento)[258].

Mais flagrantes ainda serão as das negociações que, embora concluídas, foram viciadas. Reportamo-nos à matéria de dificílima prova dos vícios na formação da vontade ou na simples declaração da vontade, às vezes só possível através da descoberta do sigilo.

[257] Nosso Despacho de 2.2.986, *in* ROA. 46-2-615, onde tratamos caso semelhante.

[258] Vide nossos Despachos de 1.12.982, *in* ROA. 43-1-207, e de 18.11.989, *in* ROA. 49-3-1079, onde a tese é tratada.

IV – A absoluta necessidade para a defesa da dignidade, direitos e interesses legítimos do próprio Advogado.

76. A defesa do próprio Advogado.

Prevê ainda o nosso Estatuto – correspondendo a doutrina comum – que possa ser autorizado o descobrimento do segredo «desde que tal seja absolutamente necessário para a defesa da dignidade, direitos e interesses legítimos do próprio Advogado»[259] (EOA. art. 92.º-4).

Esta medida excepcional – que não deixa de o ser pelo facto de vir enumerada em primeiro lugar na nossa lei – vai para além dos casos em que, existindo o segredo apenas em função do "cliente", este mesmo autorize a sua revelação. Nada a opor nesse caso.

77. Contra os interesses do cliente.

A hipótese que é contemplada nesta epígrafe, exigindo a dita autorização, é, porém, a de a revelação se tornar absolutamente necessária ainda que contra os interesses do "cliente", o que ainda representa uma excepção deontológica de maior monta.

É que é sabido, e foi amplamente demonstrado, que o sigilo foi fundamentalmente estabelecido para preservar a delicada relação de confiança gerada entre o profissional e aquele que procura os seus serviços; quebrar essa relação só por razões muito ponderosas.

O requisito-base da "absoluta necessidade" não só é definido em termos semelhantes aos atrás expostos como porventura é acrescido de maior rigor. Este é o único caso previsto para dispensa por oposição ao "cliente".

[259] EOA cit. art. 81.º-4.

78. Casos típicos. Limitações.

Não serão, normalmente, meras razões de pundonor pessoal ou social suscitadas pelo Advogado que devem nortear o Presidente CR, como às vezes lhe é solicitado[260]. São precisas razões mais fortes, porventura estremadas em acção judicial.

Referimo-nos aos conflitos de interesses, normalmente posteriores ao termo da relação profissional, que oponham Advogado a ex-cliente.

Caso típico é o da acção de honorários, em que vemos atentar-se tão pouco nos nossos Tribunais. Poderá dizer-se que, em princípio, essa acção não poderá ser intentada, para efeito de uma articulação perfeita dos factos, sem prévio pedido de autorização para desvincular o sigilo. É que a simples invocação dos pormenores da relação profissional, a junção da conta enviada ou de documentos do *dossier* que comprovam os serviços já representa muitas vezes matéria sigilosa[261]. E, como é sabido, quando não tenha havido acção judicial, à qual a acção de honorários é apensa, toda a narração factual dos serviços prestados ficou no âmbito de sigilo, que só a autorização para sua dispensa permitirá revelar.

Acresce que normalmente, e na primeira hipótese, – nem sempre – o Advogado tem de alegar perante o Presidente CR mais do que aquilo que já é referível e já consta da análise da sua intervenção no processo judicial, e de que a acção de honorários é apensa.

Mas já é de exigir uma redobrada probidade se os serviços não ocorreram em contencioso patente. Nesse tipo de caso, por exemplo, não se esqueça que a simples referência à presença do cliente no escritório já é segredo profissional.

Outrossim deverá haver um enorme cuidado na admissão de divulgação de elementos para a acção de honorários, pelo que não bastará obter uma autorização genérica, como que "carta branca", para invocar todos os elementos do dossier. Sempre deverá sobrestar-se à invocação de factos e junção de documentos que se traduzam "de facto" em pressão ilícita sobre o

[260] *Vide* nossos Despachos de 7.12.987, *in* ROA. 48-1-321 e de 10.1989, *in* ROA. 49-1-294, já sumariados.

[261] *Vide* Ac. CS. de 1.7.965 (rel. VASCO DA GAMA FERNANDES), *in* ROA. 26-1/4-176: "Viola o segredo profissional o Advogado que, numa acção por ele próprio movida contra o ex-cliente, junte aos autos cartas que dele recebera enquanto exercia o patrocínio".

cliente ("ilícita", porque ele receie não a prova dos serviços profissionais, que porventura em nada acrescente, mas o conhecimento público desses factos) para o obrigar, por esse meio coactivo, ao pagamento que ele pretenda discutir. Nessas situações não existirá "absoluta necessidade" e antes a Deontologia deve nortear-se pela "absoluta impossibilidade" de revelação[262].

Em particular é indesculpável um rol de serviços profissionais feito de tal modo que consigne de maneira comprometedora factos que o Advogado tinha obrigação de calar, pelo que a sua revelação torna o cliente sujeito a coacção moral grave e é ofensiva da ética[263].

262 *Vide* Ac. RP 10.11.2015, *ITIJ* JTRP000: «Nos termos do art. 87.º, n.º 1, alínea *a)* do Estatuto da Ordem dos Advogados (EOA), aprovado pela Lei n.º 15/2005, de 26 de janeiro (entretanto revogada pela Lei n.º 145/2015, de 9 de setembro, mas mantendo a mesma disciplina jurídica no art. 92.º), o advogado é obrigado a guardar segredo profissional no que respeita a todos os factos cujo conhecimento lhe advenha do exercício das suas funções ou da prestação dos seus serviços, designadamente a factos referentes a assuntos profissionais conhecidos, exclusivamente, por revelação do cliente ou revelados por ordem deste. O segredo profissional é reconhecido como direito e dever fundamental e primordial do advogado tem a sua razão de ser na necessidade de preservar o princípio da confiança, sendo que o exercício da advocacia assume reconhecido interesse público, dada a natureza social dessa função. Mas nem todos os factos estão abrangidos pelo sigilo profissional, mas apenas aqueles que se reportam a assuntos profissionais que o advogado tomou conhecimento, exclusivamente, por revelação do cliente ou revelados por ordem deste, já que o princípio da confiança, essencial e imprescindível ao exercício dessa função, exige confidencialidade relativamente aos factos e informações reveladas pelo seu cliente e que, não fora essa garantia, os não revelaria a mais ninguém. O mandatário para fazer valer o seu direito de crédito, referente aos honorários em dívida, terá de alegar e provar, como factos constitutivos do seu direito, a existência do contrato de mandato e serviços prestados no seu âmbito, apresentando a respetiva conta de honorários com discriminação dos serviços prestados (art. 342.º/1 do C. Civil e n.º 2 do art. 100.º do E. O. A. – aprovado pela Lei n.º 15/2005, de 26 de Janeiro). O laudo realizado pela Ordem dos Advogados, não obstante estar sujeito à livre apreciação do julgador, merece toda a credibilidade, enquanto valor probatório, atenta a elevada qualificação dos profissionais que o elaborou, do mesmo ofício, possuindo os conhecimentos técnicos específicos para avaliar da razoabilidade dos honorários devidos. A sua credibilidade só deverá ser posta em causa quando ocorram factos suficientemente fortes que a enfraqueçam.».

263 Ac. CS. de 15.02.65 (rel. MÁRIO FURTADO), *in* ROA. 25-1/4-248: «(...) infringe o preceito do art. 580.º do E.J. o Advogado que na conta de honorários consigna que na conferência inicial com o cliente este lhe revelou que desviara somas avultadas no escritório onde trabalhava».

CAPÍTULO IV
SIGILO PROFISSIONAL E BRANQUEAMENTO DE CAPITAIS

79. A corrupção, o branqueamento de capitais e o segredo profissional

Voltemos ao princípio! Não podemos, nem devemos, debruçar-nos sobre a matéria que nos ocupa neste momento, sem, finalmente procurar a *essência* do que lhe subjaze, isto é: *o segredo profissional do Advogado.*

Não fosse assim e correríamos o risco de admitir que *a violação do segredo profissional* não seria senão um meio, dentre outros, na justa luta contra o que hoje em dia se costuma chamar de «*branqueamento de capitais*», de que a *corrupção* é apenas um dos aspectos.

A nossa consciência profissional e, sabe-se lá, a nossa consciência democrática, talvez ficassem pacificadas. Tudo não passaria, porventura, dum simples 'assunto de polícia' ... e talvez nos persuadíssemos, ao aceitar isso, que afinal o 'melhor dos mundos' é aquele em que se procura sem transigências a dita "verdade material", fossem quais fossem os meios para tanto usados![264]

Seguiremos de perto o precioso trabalho de ORLANDO GUEDES DA COSTA, esclarecedor e prudente[265].

[264] Deveremos dizer que era, à primeira vista, a 'preocupação' da primitiva Directiva europeia n.º 91/308/CEE.

[265] "Direito Profissional do Advogado", com as devidas aspas, 8.ª ed., 2015, Coimbra, Almedina, págs. 417 e segs..

80. O segredo profissional é um privilégio?

No entanto, relembremos que, como deixámos dito, é entendimento corrente proclamar que a *essência* do segredo profissional reside na relação de confiança que se estabelece entre o Cliente e o seu Advogado. Apenas deve ter-se em conta que esta obrigação de segredo vale igualmente para com terceiros, em particular em relação à 'parte contrária', com a qual o Advogado estabeleça, tanto pessoalmente como através do Colega que a patrocina ou representa, relações de *fidutia*, que é essencial preservar, o que permite concluir que a primeira afirmação sobre a *essência* do segredo profissional era afinal muito restritiva.

Forçoso será concluirmos, pois, que o segredo profissional merece ter reservado para si as características dum Instituto de Direito autónomo, não sendo, assim um *'privilégio'* do Advogado – como tantas vezes se realça –, mas um seu eminente *dever.*[266]

A própria natureza jurídica dele não é de tipo contratual, puro e simples.

O serviço da Justiça e do Direito[267], que impregna a vida profissional do Advogado, realça a honra e as responsabilidades que lhe são inerentes[268].

O segredo profissional repousa sempre sobre a necessidade de fundar a confiança no Advogado[269].

[266] Assim o CDCCBE (Código de Deontologia do CCBE), que lhe reserva a definição, aposta em epígrafe e seguidamente detalhada nos "princípios gerais", definindo a profissão de Advogado. É certamente também a razão pela qual, nos Estatutos dos Advogados de Portugal, o art. 81º regulamenta esta matéria com a autonomia de uma regra fundamental de Deontologia, quer no plano substantivo ou no plano do procedimento; e outras normas destes mesmos Estatutos que são, basicamente, desenvolvimentos.

[267] Como resulta do actual EOA, *cf.* arts. 88.º a 90.º.

[268] Como é dito de maneira paradigmática no mesmo EOA, art. 88.º «O Advogado é indispensável à Administração da Justiça e, como tal, deve ter um comportamento público e profissional adequado à dignidade e responsabilidades que exerce, cumprindo pontual e escrupulosamente os deveres consignados no presente Estatuto e todos aqueles que a lei, os usos, costumes e tradições profissionais lhe impõem. A honestidade, probidade, rectidão, lealdade, cortesia e sinceridade são obrigações profissionais.». *Vide* ainda os arts. 89.º e 90.º da mesmo diploma, mas de maneira decisiva o art. 92.º, que consagra os princípios do chamado segredo profissional, como desenvolvemos nos capítulos anteriores desta obra.

[269] É a razão pela qual o CDCCBE pode também afirmar, de maneira mais programática do que normativa, que "sem garantia de confidencialidade, não há confiança", colocando assim a tónica sobre o espírito do sistema.

Trata-se de fazer enraizar e fazer respeitar, antes de mais, uma intensa relação de confiança entre o Advogado e aquele que, acreditando naquele «*serviço*», naquela «*honra*» e naquelas «*responsabilidades*», se 'confia' a ele, pondo nas suas mãos a defesa de seus bens ou de sua honra. Segundo expressão popular, o cliente deverá, então, 'dizer-lhe toda a verdade', com tudo o que isso implica de abertura de alma e de capacidade de ser bem entendido e defendido, na conformidade de critérios de justiça e de oportunidade, que, como sabemos, não são isentos de uma boa dose de subjectivismo. Como já deixámos assinalado, nem será inútil recordar que, contrariamente ao que porventura se queira cometer-lhe, ao Advogado não é exigível senão uma objectividade *própria* face ao respeito pela verdade *possível*! Ou melhor, não se lhe pode exigir que esteja ao serviço de um tipo de verdade totalmente objectiva seja por que preço seja! Na verdade, a sua conduta tem de necessariamente estar impregnada de *subjectivismo*, e mesmo, não tenhamos medo das palavras, de *parcialidade*, porque ele não cessará nunca de ver mais profundamente a 'verdade' do seu Cliente. Entretanto, ele não se '*confunde*' nem pode '*confundir-se*' com o Cliente, porque não pode '*vender*' a sua independência e a sua isenção por preço algum, razão por que ele é constantemente chamado a fazer de '*advogado do diabo*', o que tem como consequência obrigar aquele que o solicita a ver mais claro ou o leva a ele mesmo concluir que não deve aceitar a missão que lhe é pedida. Mas, *tudo*, não o esqueçamos, dentro da tal relação delicada que deve estar coberta pelo segredo, sem o que o Advogado deixaria de ser Advogado.

Assim, não é exagero afirmar que a natureza da obrigação do segredo profissional está intimamente ligada à natureza própria da profissão de Advogado, e possui uma forte tradição histórica em todos os países de raiz romano-germânica, e mesmo, até há pouco tempo, anglo-saxónica[270]. Hoje, a preponderância anglófila, arrastada pela desgovernação ética americana, vem bulindo com fragor em princípios tão históricos como sagrados – como se demonstrará adiante.

[270] É muito certamente a razão que conduz o mesmo CDCCBE a proclamar com ênfase que o segredo profissional é «o direito e o dever primordial e fundamental do Advogado».

81. O compromisso para com a sociedade. Como?

De qualquer modo, se a matriz do segredo está, desde logo, em correlação natural com a prestação de serviços profissionais a um terceiro, o 'Cliente', em função do qual a profissão existe, este mesmo segredo adquire um verdadeiro *compromisso para com a comunidade*[271]. E tal compromisso assume uma parte importante da dignidade eminente da profissão.

É também por essa razão que o segredo profissional tem frequentemente *outros destinatários ou beneficiários* para além do 'Cliente'. Nas suas múltiplas relações sociais profissionais[272], o Advogado é, e deve ser, digno da confiança e dar provas de isenção na sociedade. A conciliação de interesses, que faz dele um pacificador privilegiado das relações sociais, exige-lhe tais qualidades ao mais alto nível.

Tudo o que acaba de ser exposto em síntese demonstra que o segredo, mais do que uma obrigação do profissional, é um «*dever do conjunto da classe*»[273]; constitui condição da plena dignidade do Advogado e da Advocacia. Ora, em todas estas circunstâncias, o Advogado 'tem na mão' elementos que jamais poderá trair ou revelar, dada a confiança inerente a quem lhos revelou.

Na realidade, sem o dever de sigilo, o Advogado sentiria pesar sobre si um pesado clima de suspeição que seria insuportável, pois que toda a gente recearia que o que lhe tivesse divulgado logo pudesse ser transmitido. Comprometendo a honra de outrem, também ela malbaratARIA até à abjecção a sua própria honra. Não podia ser.

De modo que a independência e a isenção evocadas *autorizam* não somente o *sigilo*. Exigem-no! A *fidutia* não é contrária a estas virtudes; pelo contrário, é a sua garantia. A "*dependência moral*" que esta confiança comporta é, no fim de contas, a própria garantia da independência e da isenção da profissão, dado que sabemos que ninguém, nem mesmo o Cliente, pode, em princípio, "*obrigar*" o seu Advogado a revelar factos confidenciais, como atrás deixámos exposto[274].

[271] *Vide* o art. 90.º EOA.

[272] Ou mesmo fora destas como indica de maneira sintomática o artigo/chave da nossa Deontologia (*vide* EOA, arts. 88.º a 92.º).

[273] De acordo com a frase famosa de Jurisprudência portuguesa e que vinha no anterior EOA.

[274] O EOA garante, porém, que, mesmo no caso em que o Advogado é autorizado a revelar o segredo "o advogado pode manter o segredo" (art. 92.º-6).

82. Compromisso e Estado de Direito.

É mesmo de estrita justiça dizer, bem alto e com ênfase, que a isenção e a independência do Advogado nas quais se baseia muito naturalmente a obrigação de sigilo é *um dos pilares do Estado de Direito* e, desde logo, da própria *Democracia.* Não é por acaso que os regimes totalitários amordaçam a profissão de Advogado e não toleram que ele preserve o segredo no exercício da sua nobre profissão.

Voltemos, pois, de novo ao princípio, já que o estudo cai agora no âmbito do Direito Comunitário, que não pode postergar o nacional. O respeito do segredo profissional representa, deve afirmar-se, *uma evolução histórica do Direito,* nomeadamente no âmbito da investigação e processo criminal – paralelamente ao adquirido e religioso desde antanho respeito pelo segredo da confissão, como a proibição do recurso indiscriminado a todos os meios violadores da integridade física ou moral para a obtenção de provas.

Não se surpreenda, pois, que, hoje, a violação de obrigação tão transcendente seja acompanhada de uma *forte reprovação social.* E efectivamente esta reprovação figura no conjunto das legislações democráticas. Parece-nos que o sistema português é particularmente perfeito. Assim, no plano do Direito Penal, encontra-se a definição do crime de violação do segredo (art.s 195.º a 197.º CP), incluído entre os crimes contra privacidade. Esta violação é censurada igualmente no que constitui uma muito grave falta disciplinar, apreciada e julgada pela Ordem dos Advogados (EOA). E, como se admite hoje unanimemente, a responsabilidade disciplinar é cumulável com a penal e a civil. A mesma reprovação se faz sentir no plano processual, mais concretamente no direito das provas. Assim em Processo Civil português, um testemunho prestado com violação de segredo profissional é considerado nulo (Estatuto, art. 81.º-5). E no plano do Processo Penal, é estabelecido que "*(...) os advogados (...) podem recusar depor em Juízo sobre factos sujeitos a segredo profissional*" (Código de Processo Penal, art.s 135.º e 182.º). Como dissemos, esta estatuição inscreve-se no âmbito dos direitos da defesa: delação cometida pelo Advogado, que comprometeria especificamente o seu Cliente, iria contra um princípio importante de processo penal – um valor afinal de "confissão" por interposta pessoa, o que há muito tempo é considerado como uma aberração relegada para o caixote de lixo da evolução do Direito. Mais sinteticamente, e de maneira mais completa, dado que estabelece a protecção tanto *a priori* como *a posteriori*, o artigo 92.º-5 do EOA determina que "*os actos praticados pelo Advogado com violação de segredo profissional não podem fazer prova em Juízo*", norma que é aplicável independentemente do tipo de processo. Por último, estas conclusões devem ser reputadas como protegidas sem reservas no sistema jurídico português, se tivermos em conta a norma genérica sobre "provas" do próprio art. 32.º-8 da Constituição da República Portuguesa, segundo a qual "*são nulas todas as provas obtidas ao meio da tortura, de coacção, ofensa da integridade física ou moral da pessoa, abusiva intromissão na vida privada, no domicílio, na correspondência ou nas telecomunicações*». Daqui resulta que qualquer norma – ainda que proveniente de uma Directiva comunitária, como a que está agora em causa – poria em causa este princípio constitucional primordial, pelo que deveria ser tida como inconstitucional.

83. O 'estado das coisas' no Direito Europeu quanto ao «branqueamento de capitais» e a privacidade como necessária ao estabelecimento da relação profissional do Advogado.

Urge proceder agora a uma análise cronológica e conceitual da evolução do chamado "Direito Europeu", quando transcrito para o Direito Interno, a fim de serem tiradas conclusões de natureza prática.

83.1. Considerações gerais.

As normas de natureza *penal*, bem como as do *Direito das provas*, impedindo efeitos probatórios dos factos revelados por efeito de violação de segredo profissional, mostram também a mesma reprovação.

Com efeito, admitimos que se contém nas *conquistas do Direito*, seguramente irrevogáveis, considerar como nulas todas as provas obtidas através da tortura, da coacção, em violação da integridade física ou moral da pessoa humana, ou por uma intromissão abusiva na vida privada. Consideramos, pois, que a violação da reserva confidencial representa *uma intromissão abusiva na vida privada*, na medida em que se traduz na usurpação da justa convicção e confiança em que um determinado profissional (neste caso o *Advogado*) tem inscrita de maneira privilegiada a privacidade como necessária ao estabelecimento da sua relação profissional[275].

Urge saber, então, do estado das coisas no Direito Europeu quando ele se preocupou e preocupa com o "*branqueamento de capitais*", e, por conseguinte, com a indispensável "*luta contra a corrupção*" àquele normalmente acoplada e qual o papel do *Advogado* nessa legislação.

Para tanto, tem interesse verificar a sequência temporal legislativa naquele Direito, quando seja indiscutível que teve recepção na legislação portuguesa.

83.2. A Directiva do Conselho n.º 91/308/CEE, de 10.06.91

Comecemos pela então Directiva do Conselho n.º 91/308/CEE, de 10.06.91, com as alterações que lhe tinham sido introduzidas pela Directiva n.º 2001/97/CE, tudo relativo «*à prevenção da utilização do sistema financeiro para efeitos de branqueamento de capitais*». A partir de então já não podíamos discutir a matéria a nível do *dever ser, de iure condendo*; ela era, ela *é*. Mais do que isso, tratava-se de ter ocorrido a *transposição* da Directiva, assim alterada, para o Direito nacional.

E já existia uma longa proposta, da autoria de Deputados do Partido Socialista, pretendendo alterar em termos também difundidos, depois de fortes

[275] Por isso, e com base em todos estes princípios fundamentais, que a UIA proclamou a chamada "Declaração de Porto" de 30.09.00, aquando do Seminário aí realizado precisamente sob o tema do branqueamento de capitais e a, então, proposta de Directiva comunitária, declaração que foi retomada, como deliberação aquando do Congresso do UIA de Buenos Aires em 02.11.00. O segredo profissional é aí sustentado como "um Direito Fundamental do cidadão e um dever essencial do Advogado que pode livremente dispor, e que é indispensável para o Estado de Direito e para o bom funcionamento da Justiça e é garantido pelos artigos 6.º e 8.º da Convenção Europeia dos Direitos do Homem e pela jurisprudência uniforme do Tribunal de Estrasburgo»; que alerta para a "tentação de confundir o papel legítimo das autoridades na matéria penal com o Direito da Defesa e com o conselho jurídico, o que constitui um retrocesso na organização democrática da sociedade"; razão pela qual as organizações profissionais são supostas "manterem a vigilância sobre a evolução do projecto de Directiva em discussão e tomar todas as iniciativas necessárias para a consagração dos princípios enunciados»; *cf.* ainda e a Directiva n.º 2006/70/CE, da Comissão, de 1 de Agosto. Foi já adoptada pelo Conselho em 20.04.2015 a publicada no JO C187 de 06~5-06.2015 a posição (UE) n.º 9/2015 do Conselho em primeira leitura tendo em vista a adopção de uma Directiva do Parlamento Europeu e do Conselho relativa à prevenção da utilização do sistema financeiro para efeitos de branqueamento de capitais ou de financiamento do terrorismo, que altera o Regulamento (UE) n.º 644/2012 do Parlamento Europeu e do Conselho e a Directiva 2006/70/CCE da Comissão.

críticas que a primeira mereceu. Urgia, pois, uma reflexão *de iure condito*, se bem que sumária.

83.3. A essência do Segredo Profissional está no cerne e também na essência da Advocacia

Convinha alertar, desde logo, para que a matéria não podia, nem devia, ser tratada sem buscar a essência daquilo que lhe subjaze nas preocupações actuais da presente obra: o Segredo Profissional na Advocacia. Se o não fizéssemos corríamos o risco de admitir que a violação do segredo profissional do Advogado seria apenas um meio, de entre outros, da justa luta contra os hoje chamados «*branqueamento de capitais*» e «*corrupção*».

E talvez ficássemos aquietados na nossa consciência profissional, se não mesmo na nossa consciência democrática. Tratar-se-ia apenas de "*um caso de polícia*"! E até ficávamos, porventura, convencidos de que *o melhor dos mundos* será aquele que procura intransigentemente a verdade (a verdade material, diz-se), doesse a quem doesse, fosse por que meio fosse.

Em suma: lobrigaríamos a árvore e seríamos incapazes de ver a floresta. Ou, então, cantaríamos louvores àquela busca de "verdade" com o mesmo à-vontade com que, em antes, se aceitavam como meios as «*ordálias*» ou a tortura e a obtenção obsessiva da confissão como meio único ou, quiçá, a violação grosseira da intimidade da vida privada! Os «meios processuais» medievais e, mais recentemente, os leninistas, os estalinistas ou nazis tiveram tentações e "realizações" semelhantes!

Por isso – sem aqui podermos desenvolver esta essência – afirmemos de uma vez por todas que a essência do Segredo Profissional está no cerne e também na essência da Advocacia: sem aquele, esta não existe. A relação de confiança, se é compromisso com a Sociedade, é basilar na profissão. E é sabido que essa relação, como atrás já salientámos, sendo de cunho axial para com o Cliente, entre nós como em outros Países, também é estabelecida em favor de outrem, pelo que a obrigação de sigilo existe frequentemente em relação à «*parte contrária*», com a qual o Advogado, por si ou através do Colega que aquela patrocina, estabeleceu relações de «*fidutia*» que urge preservar.

Justo é mesmo dizer, e proclamar, que a isenção e independência do Advogado em que se radica, como "*pão para a boca*", a obrigação de sigilo é um dos pilares do Estado de Direito e, logo, da Democracia. Não é por acaso que os regimes totalitários amordaçam a Advocacia e não toleram que o Advogado guarde segredo no exercício da sua nobre profissão.

Por isso, o respeito pelo segredo profissional representa uma evolução histórica do Direito, designadamente no âmbito da investigação criminal, com paralelismo com o respeito pelo *segredo religioso*, como com o uso indiscriminado de quaisquer meios contrários à integridade física ou moral para a obtenção de provas. Assim o expusemos no decurso desta obra.

83.4. Uma questão de constitucionalidade.

Deverá ser trazido à colação art. 32.º-8 da Constituição da República Portuguesa, segundo o qual «*são nulas todas as provas obtidas mediante* tortura, coacção, ofensa da integridade física ou moral da pessoa, *abusiva intromissão na vida privada*, no domicílio, na correspondência ou nas telecomunicações».

Com efeito, entendemos que a violação da reserva sigilosa representa uma abusiva intromissão na vida privada – como, aliás, foi reforçado no novo Código Penal quando incluiu os referidos crimes no capítulo «*Dos crimes contra a reserva da vida privada*» (Cap. VII do Tít. I «*Dos crimes contra as pessoas*»), na medida em que representa a defraudação da justa esperança e confiança em que determinado profissional (no caso o Advogado) compartilhe de maneira privilegiada da privacidade necessária à respectiva relação profissional.

Por isso que qualquer norma – ainda que oriunda de Directiva Comunitária, como está neste momento em causa – que ponha em causa este primacial princípio constitucional terá de vir a ser considerada como inconstitucional.

83.5. O conceito de "outros profissionais forenses.

Voltemos agora a atenção para a supradita Directiva que pretendeu a nível da União Europeia a criação de legislação comum que permita uma luta mais eficaz, a nível de prevenção e repressão criminais, contra a chaga do branqueamento de capitais. Claro que as medidas tendem a voltar-se mais radicalmente para os "locais" onde os capitais se acumulem (com relevo para as instituições bancárias e financeiras), sabido que o dinheiro não tem rosto.

Mas as preocupações legislativas atingiram, então, os próprios Advogados, se bem que sob a designação genérica, e não concretizada a seu respeito[276], de «*outros profissionais forenses independentes*»[277].

Eram, pois, as disposições da Directiva dos art.s 2.º-A-5, 3.º e 6.º que versavam a Advocacia[278].

[276] Ao contrário das anteriores versões, em que a profissão de Advogado era expressa. Agora dir-se-ia que "pudicamente" é metida num saco fundo... mas em que cabe.

[277] Logo no preâmbulo da modificação legislativa comunitária surgem, pois e ex novo, alguns pressupostos, escritos sob a corrente forma de considerandos, dos quais se devem destacar os seguintes, que acabam depois por tocar os Advogados, se bem que sob o sobredito eufemismo: «Considerando que, uma vez que o branqueamento de capitais pode ser efectuado não apenas através de estabelecimentos de crédito ou outras instituições financeiras, mas igualmente através de outros tipos de profissões e categorias de empresas, os Estados-membros devem alargar todas as partes da presente Directiva, de modo a incluir as profissões e empresas cujas actividades sejam especialmente susceptíveis de ser utilizadas para efeitos de branqueamento de capitais; Considerando que convém que os Estados-membros zelem, muito especialmente, por que sejam tomadas medidas coordenadas a nível comunitário sempre que existam sérios indícios de que profissões ou actividades cujas condições de exercício tenham sido objecto de harmonização a nível comunitário são utilizadas para efeito de branqueamento de capitais».

[278] Por um lado, o art. 2.º-A-5., que previa: «Os Estados-Membros devem assegurar que as obrigações estabelecidas na presente Directiva sejam impostas às seguintes instituições: (...) «5. Notários e outros profissionais forenses independentes quando participem: *a)* prestando assistência, na concepção ou execução de transacções por conta dos clientes relacionados com: *i)* a compra e venda de bens imóveis ou de entidades comerciais; *ii)* a gestão de fundos, valores mobiliários ou outros activos pertencentes ao cliente; *iii)* a abertura ou gestão de contas bancárias, de poupança ou de valores mobiliários; *iv)* a organização dos fundos necessários à criação, exploração ou gestão de sociedades, *v)* a criação, exploração ou gestão de trusts, de sociedades ou de estruturas análogas; *b)* agindo, em nome e por conta dos clientes, em quaisquer operações financeiras ou imobiliárias».
Por outro lado, o art. 3.º, que cominava: «1. Os Estados-Membros devem assegurar que as instituições e as pessoas sujeitas ao disposto na presente Directiva exijam a identificação dos seus clientes mediante um documento comprovativo sempre que estabeleçam relações comerciais (...). 7. Em caso de dúvida de que os clientes referidos nos números anteriores actuam por conta própria ou em caso de certeza de que não actuam por conta própria, as instituições e as pessoas sujeitas ao disposto na presente Directiva devem tomar medidas adequadas para obter informações sobre a identidade real dessas pessoas por conta das quais actuam esses clientes. 8. As instituições e as pessoas sujeitas ao disposto na presente Directiva são obrigadas a proceder a essa identificação sempre que exista uma suspeita de branqueamento de capitais, mesmo que o montante da transacção seja inferior aos limiares fixados. (nos n.ºs 2 e 3 deste artigo). 9. As instituições e as pessoas sujeitas ao disposto na presente Directiva não estão obrigadas à exigência de identificação constante do presente artigo no caso de o cliente ser uma instituição de crédito ou uma instituição financeira situada num país terceiro que, no

83.6. Acções propícias ao branqueamento de capitais.

A simples transcrição das normas (em notas) faz verificar que se visa concretamente (além de outras) a profissão de Advogado, que cabe obviamente na expressão genérica de «*profissional forense independente*», procurando entrosar os Advogados num esquema geral de luta contra o branqueamento de capitais.

Essa alteração, porém, era já particularmente sensível, não porque o Advogado não seja e não deva ser um cidadão como os outros, mas por se lhe cometer uma participação activa na dita luta, precisamente enquanto exerce a sua profissão.

E, mais delicado ainda, pretendia-se que, para tanto, procedesse ou actuasse em relação a clientes que o procuram e a respeito dos quais pudesse haver uma suspeita de branqueamento de capitais através das actividades ou acções dadas a conhecer ao próprio Advogado.

entender dos respectivos Estados-Membros, imponha exigências equivalentes às previstas na presente Directiva.».
E ainda o art. 6.º, pormenorizando: «1. Os Estados-Membros devem assegurar que as instituições e as pessoas sujeitas ao disposto na presente Directiva, bem como os respectivos dirigentes e empregados, colaborem plenamente com as autoridades responsáveis pela luta contra o branqueamento de capitais: *a)* informando-as, por iniciativa própria, de quaisquer factos que possam constituir indícios de operações de branqueamento de capitais; *b)* facultando-lhes, a seu pedido, todas as informações necessárias, em conformidade com os procedimentos estabelecidos pela legislação aplicável. 2. As informações referidas no n.º 1 devem ser enviadas às autoridades responsáveis pela luta contra o branqueamento de capitais do Estado-Membro em cujo território se encontra a instituição ou a pessoa que enviou essas informações. Este envio deve ser normalmente efectuado pela pessoa ou pessoas designadas pelas instituições ou pessoas, em conformidade com os processos previstos no n.º 1, alínea a), do art. 11.º-3. No caso dos notários e profissionais forenses independentes referidos no ponto 5 do artº 2ºA, os Estados-Membros podem designar como autoridade que deve ser informada dos factos a que se refere a alínea a) do n.º 1 um organismo adequado de auto-regulamentação da profissão em causa, e nesse caso, devem estabelecer as formas adequadas de cooperação entre este organismo e as autoridades responsáveis pela luta contra o branqueamento de capitais. Os Estados-Membros não são obrigados a aplicar as obrigações previstas no nº 1 aos notários, profissionais forenses independentes, auditores, técnicos de contas e consultores fiscais no que diz respeito às informações por eles recebidas de um dos seus clientes ou obtidas sobre um dos seus clientes no processo de determinar a situação jurídica por conta do cliente ou no exercício da sua missão de defesa ou de representação desse cliente num processo judicial ou a respeito de um processo judicial, inclusivamente quando se trate de conselhos relativos à forma de instaurar ou evitar um processo judicial, quer essas informações tenham sido recebidas ou obtidas antes, durante ou depois do processo.».

Dito de outro modo, o legislador partiu do princípio – o qual reputava de teoricamente objectivo – de que certo tipo de acções, mas que são de grande extensão, que tipificava de modo especial no n.º 5 do art. 2.º-A, são propícias ao branqueamento de capitais. E, dando como adquirido que esse tipo de acções ou actos têm necessidade da intervenção jurídica de Advogado (de «*profissionais forenses independentes*») ou são frequentemente praticados por este em representação do Cliente (sobretudo, por exemplo, nos casos dos chamados investimentos estrangeiros), entendia que se justificaria, por princípio, que fosse obtido através do Advogado a informação da prática de tais acções ou actos e dos seus beneficiários, para que os órgãos competentes para a investigação sobre o branqueamento de capitais, destinatários dessa informação, possam verificar de seguida, pelos seus próprios meios, se há ou não motivo para considerarem que ocorreu ou vai ocorrer tal branqueamento (prevenção ou repressão).

83.7. Entre o guardar segredo e a obrigação de o revelar.

A modificação profunda pretendida para o exercício da profissão da Advocacia manifestava-se, pois, em campos particularmente sensíveis naquele exercício e que tocam no âmago daquela:

Por um lado, estava já em causa regra deontológica básica das relações profissionais do Advogado com o seu cliente, qual seja, a *relação de confiança* deste naquele.

Na verdade, para o cliente seria impensável que o Advogado que procura pudesse vir a ser o defensor de outros interesses que não os que lhe cometeu, de tal forma que, desmerecendo essa confiança, o Advogado se preocupasse em ser um dos agentes contra o branqueamento de capitais, revelando a outrem os factos de que foi depositário ou as acções ou actos de que foi incumbido, considerados pelo legislador como de natureza propícia a esse branqueamento.

Por outro lado, e em explicitação e degrau descendente da mesma relação de confiança, era estabelecido um princípio oposto ao sagrado *dever de segredo profissional*: o Advogado, em vez de ter a obrigação de manter sob sigilo os factos que lhe são revelados, passava (passaria) a ter o dever de os revelar a outrem, como regime regular da sua actividade, isto é, mesmo que não se tratasse de uma suspeita legítima de prática de acto delituoso (que o levasse, por exemplo, a recusar o patrocínio – matéria esta, aliás, já da maior delicadeza, que nem por isso lhe exigiu vez alguma qualquer dever de denúncia).

Mas, mais ainda, e sempre em pormenorização por novo degrau afundado da primeira regra, passou a reputar-se como regra a revelação de segredo profissional "contra" os interesses do Cliente, sabido que é normal que este não deseje nem solicite a comunicação dos actos em causa.

Isto quando, como é sabido, o regime regra do sistema deontológico do sigilo profissional (não só entre nós) é o de que a revelação de factos sigilosos só é lícita quando se destina ao «*ao absolutamente necessário para a defesa da dignidade, direitos e interesses legítimos (...) do cliente*» (EOA, art. 21.º-4) – salvo nos casos excepcionais em que está em causa a defesa de idênticos valores «*do próprio Advogado*», os únicos em que será possível obter autorização para tal "contra" os interesses do cliente (*ibidem*).

83.8. A delação de factos sigilosos por iniciativa própria.

Mas, de degrau em degrau, o texto modificado e legislado a nível comunitário, chegou à criação de uma obrigação que impende sobre os Advogados, de, «*por sua iniciativa*», denunciarem factos conhecidos nas suas relações com os clientes às entidades em causa (agora as encarregadas da luta contra o branqueamento dos capitais).

Isto era inimaginável. E só pode vir a ser "consertado" através da prática e jurisprudência da Ordem nos termos que adiante referiremos.

Na verdade, é inconcebível, por princípio, que os Advogados sejam incumbidos de denúncia dos seus clientes ... nem que sob os inocentes auspícios de se tratar "apenas" dos actos que o legislador teve por propícios ao branqueamento de capitais: manda a verdade que se diga que são dos mais frequentes cometidos a Advogados, mesmo quando estes não obtêm poderes especiais para agirem em nome do seu cliente; não se esquecendo que a norma proposta cobre quer as situações de *representação* na prática desses actos, quer a mera *assistência* (que inclui, obviamente, o conselho, ou aconselhamento, ou acompanhamento) para essa prática.

Nunca os Advogados foram, na sua longa História, esbirros, nem o podem vir a ser, e tampouco algozes ou agentes da investigação: a postura que se lhes imputa, por princípio, é a negação mais absoluta da confiança que a sociedade deposita e tem de depositar neles, e da particular "*fidutia*" que cada Advogado merece a quem o procura. Entre a negação de patrocínio e a delação vai um abismo que nenhum poder pode saltar, tal como o sol se não tapa com uma peneira. Admitir o regime da iniciativa delatória do Advogado será ferir de morte a nobreza da profissão e será, com a pretensão de a alcandorar, rebaixar a actividade advocatícia a um torpe instrumento do poder, ainda que sob a capa da sacrossanta "verdade material", tantas vezes tentação totalitária da investigação criminal.

Uma coisa será certa: nenhum Advogado português se prestará a tão lastimável acto, e tem obrigação deontológica de a ele se opor, ainda que sob os auspícios de violação de Direitos Fundamentais protegidos pela Constituição.

Em suma: o regime então introduzido representava, por princípio, na parte em que prevê a iniciativa de denúncia por parte do Advogado, uma grave entorse na Deontologia, tal como desde sempre foi concebida quer entre nós quer lá fora[279].

Na verdade, não deve servir de panaceia as, sentidas como óbvias, exclusões constantes do dito n.º 3 (2.ª parte) do art. 6.º: «*informações*» e «*conselhos*» aquando «*da sua missão de defesa ou de representação num processo judicial*», para o instaurar ou para o evitar, e antes ou no decurso dele ou após ele. Se já representa uma correcção em relação aos termos em antes previstos em Projecto, não deixa a tranquilidade de não poder porventura questionar-se se ocorrer ou não situação daquele tipo para o Advogado poder ser inquietado ... por não ter cumprido o seu indesejado dever de delação!

Mas, por outro lado, essas exclusões seriam sempre um saco fundo suficientemente escuro para aquelas poderem ser sempre invocadas, aguçando o apetite da fraude à lei... que justifica e é justificada pela iniquidade dela!

Não deve servir de pancresto, reiteramos, porque, para além do mais, muitos serão os casos fora das ditas exclusões.

[279] E note-se que existe consenso o repúdio desta matéria crucial, apesar das divergências em matéria de segredo profissional entre os regimes da "*common law*" e os "continentais".

Não deve servir de ilusão verificar também que a «*iniciativa própria*» só está prevista para quando o Advogado tenha formulado, ele mesmo e previamente, um juízo de que os factos que o cliente trouxera ao seu conhecimento constituiriam «*indícios de operações de branqueamento de capitais*» [*cf.* art. 6.-1-*a)*]. Aquilo, pois, que já então parecia avisado para qualquer Advogado probo era que, face a essa sua perfunctória conclusão, recuse desde logo e decididamente o patrocínio e não se vê que deva, então, tomar a iniciativa de dar quaisquer informações, pois fez cortar o mal pela raiz. Mas se, pelo contrário, não alcançara esse tipo de fundadas suspeitas, óbvio se tornava, por maioria de razão, que não devia denunciar aquilo que para si não constituíam quaisquer indícios. De modo que a norma tenderia a tornar-se vazia, dir-se-á, o que reiteramos que não deve servir de "consolo"!

83.9. Delação por solicitação da autoridade.

Certo era que, agora que tínhamos Directiva e havendo necessidade de harmonização legislativa em tão delicada matéria, teria o legislador ordinário que proceder com uma enormíssima prudência, pois que a ninguém escapará, como atrás salientámos, que uma Advocacia livre é pilar basilar da Democracia e do Estado de Direito, e não é de admitir "voltar para trás" na sua acrisolada "construção"!

Em especial no que se reporta à pretendida violação do sigilo «*por iniciativa própria*», diremos que urge evitar tão brutais malefícios através da transposição da Directiva e da execução jurisprudencial da Ordem, *maxime* o seu Bastonário, com as características digníssimas com que o sistema deontológico português se avantaja aos dos demais países da União Europeia – que, nesses sim, haverá grandes inovações a introduzir!

Mas iguais cautelas são de impor na parte que respeita à violação do segredo profissional em resposta «*a seu pedido*» às solicitações de informações que aos Advogados sejam feitas pelas «*autoridades responsáveis pela luta contra o branqueamento de capitais*».

Assiste-se, com efeito, a uma verdadeira obsessão nesta matéria do branqueamento de capitais, face à declarada impotência das entidades investigadoras e judiciais. E, pelos vistos, admite-se que tudo poderá vir a ser lícito para obter a desejada eficácia. É sabido, porém, que quer o pragmatismo, quer o casuísmo, quer a eficácia são atitudes mentais que exigem particular atenção e desconfiança por parte da Ética, e logo da Deontologia: todos sabem desde logo que uma excessiva regulamentação em matérias tão sensíveis tem frequentes efeitos perversos.

83.10. As regras deontológicas gerais e a pretensão do casuísmo.

Pois bem, não carece o Estatuto da Ordem dos Advogados portuguesa – na última versão da Lei n.º 145/2015, de 08.09, de tal tipo de explicitações, pormenorizações, casuísmos. E o casuísmo não é bom conselheiro legislativo! Já o demonstrámos no transcurso desta obra, para onde remetemos.

Com efeito, desde sempre foram consideradas suficientemente abrangentes, e de permanente explicitação deontológica face aos "casos" concretos, as normas dos art.ºs 76º-1 e 2 e 78º-*b)* e *c)* do diploma advocatício, como agora do art. 92.º do actual Estatuto, e com relevo para a que estipula que o Advogado deve «*recusar os patrocínios que considere injustos*» [art. 90.º-2-*b)*].

Já então merecia uma análise diferenciada a revelação das acções ou actos *por iniciativa da entidade encarregada da luta contra o branqueamento de capitais.*

Estamos, na verdade, no âmbito da investigação criminal, e porventura na da instrução cível, para as quais existem normas processuais a que atrás fizemos alusão.

Como daí resulta, a Autoridade Judiciária (assim designada genericamente pela lei processual penal – art. 135.º CPP) detém já *legitimidade* para suscitar o levantamento do segredo profissional, legitimidade que até àquela nova norma só pertencia ao próprio Advogado detentor do sigilo. Assim foi estabelecido, com significativa alteração de regime, em função da busca da verdade material.

Manda que se diga, porém, que, como se viu, o legislador foi particularmente prudente neste campo, pois que fez revestir a iniciativa da Autoridade Judiciária de uma dignidade e de um conjunto de garantias dos Direitos Fundamentais, que a boa hermenêutica das normas não permitirá postergar na sua aplicação concreta.

O Advogado, na iniciativa da Autoridade Judiciária, para além do dever geral do cidadão comum, só tem, no regime processual, a "garantia" – que nem sequer deve ser vista como "privilégio", como se viu – de que o segredo profissional de que é detentor por dever de ofício (tal como o de outras profissões[280]).

Era, então e já, altura de perguntar que alterações legislativas deverão ser tomadas para que possa dizer-se que a Directiva que nos ocupa foi efectivamente transposta com todo o rigor para a ordem jurídica interna, para além do seu efeito directo entre nós. Com esta pergunta será razoável a emissão de um juízo sobre a proposta de deputados do Partido Socialista já conhecida – juízo que evidentemente só emitiremos a propósito daquilo que toca aos Advogados, e mais nada.

Diremos, pois, que, regra geral, o Direito português não carece de grande inovação nesta actividade de transposição, quando, repete-se, está em causa apenas a iniciativa da entidade encarregada da luta contra o branqueamento de capitais.

83.11. A imputação às regras do Processo Penal.

Se pudermos vir a concluir no futuro que essa Entidade não deixará de ser alguma daquelas a que o nosso Direito já atribui funções na investigação criminal, nenhuma alteração legislativa comum deve ser feita para corresponder aos desideratos que a Directiva impõe ao Estado-Membro que é Portugal.

Com efeito, o regime português já comete à Ordem dos Advogados funções prestigiantes e decisivas nesta matéria, como se alcança do n.º 4 do art. 135.º CPP., aplicável também no Processo Civil: é aos órgãos competentes da Ordem em matéria de levantamento de sigilo profissional que cabe, em última (decisivamente última) instância, *autorizar ou não* a revelação de factos sigilosos, *por solicitação de Autoridade Judiciária*. E os crimes ligados ao branqueamento de capitais não são senão, no que aos Advogados e ao seu segredo profissional diz respeito, enquadráveis na matéria geral de investigação e instrução criminal e civil.

[280] A lei refere expressamente «os ministros de religião ou confissão religiosa, os advogados, os médicos, os jornalistas, os membros de instituições de crédito» e acrescenta por último genericamente por remissão para outras legislações «as demais pessoas a quem a lei permitir ou impuser que guardem segredo profissional» (art. 135.º-1 CPP). E convém reter que, todavia, só não admitiu que possa ser ordenado o levantamento do sigilo nos casos de «segredo religioso» (art. 135.º-4).

Quer isso dizer que é premonitória, mas no caso português meramente explicativa, a norma do n.º 3 (1.ª parte) do art. 6.º da Directiva transcrita em nota. Ou seja, o Estado Português já encarregou a Ordem dos Advogados daquilo que ali se pretende prever. Esta é, pois, o tal «*organismo adequado de auto-regulamentação da profissão em causa*» e já se encontram, por força do regime legal que deixámos exposto, as «*normas adequadas de cooperação entre este organismo e as autoridades responsáveis pela luta contra o branqueamento de capitais*» – mesmo que estas «*autoridades*» passem a ter especificidades, pois que sempre se enquadrarão no referido conceito genérico de «*autoridade judiciária*».

À Ordem dos Advogados estão cometidas, como associação pública delegada de poderes do Estado, funções de grande prestígio e participação na Justiça, que o legislador da Directiva teve a intuição de reputar como fundamentais que pudessem ser cometidas.

O que daqui resulta é, por consequência, que cada vez que uma «*autoridade responsável pela luta contra o branqueamento de capitais*» pretenda, em fase de prevenção criminal ou de repressão criminal, que um Advogado lhe forneça determinados elementos do tipo dos que a Directiva prevê, terá de solicitá-lo por intermédio ou pela autorização do presidente do Conselho Regional, com recurso para o Bastonário. Só ao titular da concessão da autorização competirá, pois, concedê-la ou não. Uma vez denegada, não haverá possibilidade de impor a revelação sigilosa. Uma vez concedida, terá o Advogado de sujeitar-se a essa revelação. Deveremos acrescentar que, se estiver em causa, nessa pretensão da «*autoridade judiciária*», situação enquadrável no que já se prevê no citado art. 135.º CPP., a Directiva não introduziu qualquer inovação. Se a solicitação escapar aos mecanismos formais daquela disposição processual, será certo que nem por isso a «autoridade», que, como se viu, terá de agir com o concurso dos órgãos competentes da Ordem dos Advogados, deterá poderes mais vastos do que aqueles que a dita norma processual já previu[281].

[281] Quando muito, é de sugerir a seguinte redacção: «Ao dever de informação dos Advogados por solicitação da autoridade será aplicável o regime previsto em processo penal sobre o segredo profissional, sua dispensa e legitimidade de escusa.».
Pelas razões atrás expostas já se nos afigura erróneo meter no mesmo saco, sob os auspícios de ume genérico "dever de comunicação" (e apesar da pendurada norma do n.º 5.), esta situação da iniciativa da autoridade e a da iniciativa do próprio Advogado, como se faz no art.º 33º da Proposta. Não basta também a referência à comunicação à Ordem dos Advogados (seu n.º 2.)

Escusado será mais uma vez realçar a enorme responsabilidade que os Presidentes dos Conselhos Regionais e o Bastonário deterão nas circunstâncias que a Directiva estatui. Como resulta claramente do regime da concessão da «*autorização*» estes órgãos possuem, para tal, uma larga competência para esclarecimento próprio, a fim de decidirem tão delicada matéria. E, aí sim, os Advogados são obrigados a fornecer aos órgãos competentes da Ordem dos Advogados – sob reserva de sigilo destes mesmos[282] – todos os elementos que eles lhes solicitem, para ser formulado um exigente e fundamentado juízo de dispensa ou de não dispensa do segredo.

83.12. Iniciativa própria.

Parece óbvio que deve – e só pode – ser incluído no mesmo regime da intervenção da Ordem dos Advogados o por demais referido, e contestável, dever de comunicação *por iniciativa própria* do Advogado à autoridade.

Melhor dizendo – para além do juízo prévio que só ao próprio Advogado cabe e ao dever/direito de este recusar patrocínio – o Advogado que se sinta vinculado a cumprir o inovador "dever" de comunicação por sua mesma iniciativa só o poderá fazer se cumprir previamente a sua obrigação de pedido de dispensa de segredo profissional, a obter mediante autorização dos órgãos competentes da Ordem.

De modo que uma de duas: ou se considera que o sistema legal do Estatuto da Ordem dos Advogados já é suficiente, pois que em boa verdade permite em interpretação extensiva, mais do que em interpretação actualista, aplicá-lo a esta nova situação jurídica do dito "dever de comunicação"; ou se entende que alguma regulamentação haverá que fazer a nível de transposição da Directiva. Na primeira hipótese, bastará dizer no diploma de introdução nacional da lei comunitária que, quanto aos Advogados, o "dever de comunicação" deverá ser exercido mediante o cumprimento das normas legais sobre dispensa de

[282] Não se esqueça que também o Advogado é obrigado a segredo profissional no que respeita «a factos que, por virtude de cargo desempenhado na Ordem dos Advogados, qualquer colega, obrigado quanto aos mesmos factos ao segredo profissional, lhe tenha comunicado» [EOA. art.º 81º-b)]. E é óbvio que este dever de sigilo recai sobre o Advogado que é o Presidente do Conselho Distrital e que é o Bastonário. Esta uma das razões, aliás, pela qual entendemos que esta dificultosa missão não deve caber nos poderes delegáveis destes órgãos da Ordem.

segredo profissional previstas no EOA[283]. Na segunda hipótese – menos sustentável – a norma de transposição deverá pormenorizar a necessidade de prévia participação aos órgãos competentes da Ordem dos Advogados, para efeitos de autorização, dos factos cuja comunicação à autoridade o Advogado reputou como constituindo indícios de operações de branqueamento de capitais[284].

Por aqui nos quedamos, não tratando matérias menores como a do "dever de identificação" e outras, do mesmo passo que não assumimos posição sobre a oportunidade política e temporal das iniciativas.

84. As Directivas 91/308 e 2001/97/CE

Começando, então e por conseguinte, por referência ao texto da Directiva 91/308/CEE, provindo da Directiva 2001/97/CE[285] e Directiva n.º 2005/60/CE do Parlamento e do Conselho de 26.10.2005, publicada no JO L 309, de 25.11.2005, págs. 15/36[286], merece atenção muito especial Acórdão do Tri-

[283] Sugerimos a seguinte redacção: «Ao dever de comunicação dos Advogados por sua iniciativa será aplicável o regime previsto no Estatuto da Ordem dos Advogados para pedido de autorização para dispensa de segredo profissional.».
Pelas razões atrás expostas já se nos afigura erróneo meter no mesmo saco, sob os auspícios de um genérico "dever de comunicação" (e apesar da pendurada norma do n.º 5, reportada ao "dever de informação"), esta situação da iniciativa da autoridade e a da iniciativa do próprio Advogado, como se faz no art. 33.º da Proposta. Não basta também a referência à comunicação à Ordem dos Advogados (seu n.º 2).

[284] O que se nos afigura inaceitável é a pretensão (constante da proposta do PS) de cometer à Ordem (afinal em todos os casos) a comunicação ao Procurador-Geral da República ou à Direcção Central de Investigação e Acção Penal» após a pronúncia sobre autorização de dispensa de sigilo: nunca se poderá transferir para a Ordem dos Advogados o dever de denúncia, nem isso resulta, por qualquer forma, da Directiva! No caso específico e esdrúxulo que nos ocupa de iniciativa do Advogado, se este sentiu a compulsão de fazer denúncia e obteve autorização dos devidos órgãos da Ordem para o fazer, deve dar a cara pela sua iniciativa e não imputar a consciência a outrem, ainda que seja a prestigiada Ordem dos Advogados. O legislador não pode "criar" uma classe de covardes!

[285] Resultado das reflexões das diversas Ordens europeias bem como do CCBE. Em Portugal, mais recentemente, a transposição legal começou a realizar-se pela Lei n.º 25/2008, de 05.06.

[286] Que devia ser transposta para o Direito Interno até 15.12.2007, e não o foi; e a Directiva da Comissão n.º 2006/70/CE de 01.08. Posteriormente, foi adoptada pelo Conselho em

bunal de Justiça das Comunidades de 26 de Junho de 2007[287], cujo sumário proclamava:

– *«as obrigações de informação e de cooperação com as autoridades responsáveis pela luta contra o branqueamento de capitais previstas no artigo 6, parágrafo 1, da Directiva 91/308/CEE do Conselho, de 10 de Junho de 1991, (...) impostas aos Advogados pelo artigo 2 A, ponto 5 (...), não violam o direito a um processo equitativo, como é garantido pelos artigos 6 CEDH*[288] *e 6, parágrafo 2, UE».*

Significará isto um retrocesso numa matéria tão sensível para a nossa profissão? Eis a questão.

20.04.2015 e publicada no JO C187, de 05.06.2015, aderindo à posição do Conselho (UE) n.º 644/2012 do Parlamento Europeu e a Directiva 2006/70/CE da Comissão.

[287] Grande Chambre, no processo C-305/05.

[288] Veja-se o cuidadoso estudo de ORLANDO GUEDES DA COSTA, Direito Profissional do Advogado, 8.ª ed., 2015, Coimbra, Almedina – embora sobre diplomas que foram revogados pela Lei n.º 83/2017, de 18.08. De acordo com o que: «1. toda a pessoa tem direito a que a sua causa seja examinada equitativa e publicamente num prazo razoável, por um tribunal independente e imparcial, estabelecido pela lei, o qual decidirá, quer dos direitos dela e obrigações civis, quer sobre o fundamento de qualquer acusação em matéria penal dirigida contra ela. [...] 2. Toda a pessoa acusada de uma infracção se presume inocente, enquanto a sua culpabilidade não tiver sido legalmente provada. 3. Todo o acusado tem, como mínimo, os seguintes direitos: a) ser informado no mais breve prazo, numa língua que entenda e de forma minuciosa, da natureza e da causa da acusação contra ele dirigida; b) dispor do tempo e das facilidades necessárias para a preparação da sua defesa; c) defender-se ele próprio ou ter a assistência de um defensor da sua escolha e, se não tiver meios para remunerar um defensor, poder ser assistido gratuitamente por um advogado de ofício, quando os interesses da justiça o exigirem; d) interrogar ou fazer interrogar as testemunhas de acusação e o interrogatório das testemunhas de defesa nas mesmas condições que as testemunhas da acusação; e) fazer-se assistir gratuitamente de um intérprete, se não compreender ou não falar a língua empregada no processo.". De acordo com a jurisprudência do Tribunal Europeu dos Direitos do Homem (TEDH), a noção "de processo equitativo" referida no artigo 6.º CEDH é constituída por diversos elementos, os quais compreendem, nomeadamente, os direitos da defesa, o princípio da igualdade das armas, o direito de acesso aos Tribunais, bem como o direito de acesso a um Advogado tanto em matéria civil como penal (vide TEDH., acórdãos Golder c. Reino Unido de 21.02.75, série A nº 18, § 26 a 40; Campbell e Fell c. Reino Unido de 28.06.1984, série A n.º 80, § 97, 99, 105 a 107 e 111 a 113, bem como Borgers c. Bélgica de 30.10.1991, série A nº 214-B, § 24).

Para poder concluir correctamente devemos retomar os termos da primitiva Directiva 2001/97/CE sobre a matéria que nos ocupa, e, depois, procurar as razões pelas quais o Tribunal decidiu pela forma que se deixou assinalada.

Lembremos que a Directiva 91/308[289] previa a extensão das obrigações de informação e de cooperação dos *Advogados* (ditos "*outros membros de profissões jurídicas independentes*") como "*um dos meios mais eficazes para lutar contra*" e para "*combater o branqueamento de capitais*», «*(...) desde que eles* [Advogados]

a) *tenham participado, ou assistido o seu cliente na preparação ou na realização de transacções relativas:*
   - ***i)*** *à compra e à venda de bens imóveis ou de empresas comerciais;*
   - ***ii)*** *à gestão de fundos, de títulos ou outros activos, pertencentes ao cliente;*
   - ***iii)*** *à abertura ou à gestão de contas bancárias ou de poupança ou de carteiras;*
   - ***iv)*** *à organização do que for necessário para a constituição, gestão ou direcção/administração de sociedades;*
   - ***v)*** *à constituição, à gestão ou à direcção de "fidúcias", de sociedades ou de estruturas similares;*

b) *ou agindo em nome do seu cliente e por conta deste em qualquer transacção financeira ou imobiliária*" (art. 2 bis, ponto 5).

85. A complementar Directiva 2001/97/CE

A supramencionada Directiva, que dissera "*actualizar*" já a precedente – no intuito "*não somente de se adaptar às melhores práticas internacionais na matéria, mas mantendo também uma elevada protecção do sector financeiro e doutras actividades vulneráveis aos efeitos prejudiciais dos produtos do crime*»[290] e tendo em conta que "*Os branqueadores de capitais têm cada vez mais tendência para utilizar as profissões não financeiras (...).*»[291] – voltou a dizer que "*Os notários e os membros das profissões jurídicas independentes*[292], *tal como definidas pelos Estados-Membros, deverão estar sujeitos às disposições da Directiva* [91/308] *quando participem em transacções*

[289] Terceiro considerando.

[290] Item (1).

[291] Item (14).

[292] Indubitavelmente os Advogados, pela natureza da sua profissão.

de natureza financeira ou por conta de sociedades, inclusive quando dêem conselhos fiscais, transacções sobre as quais exista um mais elevado risco de que os serviços dessas profissões jurídicas sejam utilizados para branqueamento dos produtos do crime.»[293].

A mesma Directiva excepcionava, porém: «*No entanto, sempre que membros independentes de profissões que se dediquem a dar conselhos jurídicos, que sejam legalmente reconhecidas e controladas, por exemplo Advogados, apreciam a situação jurídica de um cliente ou o representam em procedimento judicial, não será razoável que a Directiva* [91/308] *lhes imponha a obrigação sobre tais actividades de comunicar eventuais suspeitas em matéria de branqueamento de capitais.* Sem dúvida, porém, «*Devem considerar-se isentos de qualquer obrigação de comunicação as informações obtidas antes, durante e depois dum processo judicial ou aquando da apreciação da situação jurídica do cliente*».

«*Por conseguinte, a consulta jurídica continuava submetida à obrigação de segredo profissional, salvo:*

[i)] *se o consultor jurídico participasse ele mesmo em actividades de branqueamento de capitais,*
[ii)] *se a consulta jurídica for fornecida para fins do branqueamento de capitais*
[iii)] *ou se o Advogado sabe que o seu cliente pretende obter conselhos jurídicos para fins do branqueamento de capitais.»*[294].

86. A Lei n.º 83/2017, de 18.08.

86.1. A sequência legislativa europeia.

À pregressa legislação seguiram-se as Directivas 2015/849/UE do Parlamento Europeu e 2015/849/UE do Conselho, do Parlamento Europeu e, depois, as Directivas do Conselho de 20.05.2015 e 2016/2258/UE e ainda do Conselho de 06.12.2016[295] e a Lei n.º 83/2017, de 18.08[297], sobre as quais

[293] Item (16).
[294] Item (17).
[295] Publ. no JO L 309, de 25.11.2005, [só adoptada pelo Conselho em 20.04.2015 e publ. no JO C187 de 05.06.2015] com a posição em primeira mão, tendo em vista a adopção de uma Directiva do Parlamento Europeu e do Conselho relativa à prevenção da utilização do sistema

não nos deteremos por razões óbvias, pois que esta última «*estabelece medidas de combate ao branqueamento de capitais e ao financiamento do terrorismo, transpõe parcialmente as Directivas 2015/849/EU do Parlamento Europeu e do Conselho de 20.05.2015 e 2016/2258(EU, do Conselho, de 06.12.2016, que altera o Código Penal e o Código da Propriedade Industrial e revoga a Lei n.º 25/2008, de 05.06 e Decreto n.º 125/2008, de 21.07*» (sic).

Permita-se-nos, então, ressaltar por transcrição, dentro do longo articulado da Lei n.º 83/2017, de 18.9, apenas as normas que se reportam aos *Advogados*.

86.2. Conceito de branqueamento de capitais.

Atente-se no conceito de «*branqueamento de capitais*», que contém, «*as condutas previstas e punidas pelo art.368.º-A do Código Penal; a aquisição, a detenção ou e utilização de bens, com conhecimento, no momento da sua recepção, de que provêm de uma actividade criminosa ou da participação numa actividade dessa natureza* e «*a participação num dos actos a que se referem as alíneas anteriores, a associação para praticar o referido acto, a tentativa e a cumplicidade na sua prática, bem como o facto de facilitar a sua execução ou de aconselhar alguém a praticá-lo.*»[297].

Qualifica, então, a lei como «*entidades obrigadas*», desde as que aponta como as referidas nos art.s 3.º e 4.º, que são as «*entidades financeiras*»[298] e as «*entidades*

financeiro para efeitos de branqueamento de capitais ou de financiamento do terrorismo, mas com alteração pelo Regulamento (UE) n.º 644/2012 do Parlamento Europeu e do Conselho e a Directiva 2006/70/CE da Comissão.

296 «(...) estabelece medidas de natureza preventiva e repressiva de combate ao branqueamento de capitais e ao financiamento do terrorismo e transpõe parcialmente para a ordem jurídica interna a Diretiva 2015/849/UE, do Parlamento Europeu e do Conselho, de 20.05.2015, relativa à prevenção da utilização do sistema financeiro e das atividades e profissões especialmente designadas para efeitos de branqueamento de capitais e de financiamento do terrorismo, bem como, a Diretiva 2016/2258/UE, do Conselho, de 06.12.2016, que altera a Diretiva 2011/16/UE, no que respeita ao acesso às informações anti-branqueamento de capitais por parte das autoridades fiscais.». E «estabelece, também, as medidas nacionais necessárias à efectiva aplicação do Regulamento (UE) 2015/847, do Parlamento Europeu e do Conselho, de 20 de maio de 2015, relativo às informações que acompanham as transferências de fundos e que revoga o Regulamento (CE) 1781/2006 [adiante designado "Regulamento (UE) 2015/847]. Ao mesmo tempo alterou o Código Penal e o Código da Propriedade Industrial (art. 1.º).

297 Art. 2.º-*j*)-*i*) a *iii*).

298 Art. 3.º.

não financeiras»[299], umas e outras designadas genericamente com «*entidades obrigadas*»[300].

86.3. Branqueamento de capitais com envolvimento de Advogado.

Ao tentar proceder conforme prometido no número anterior, há-de partir-se, para daí serem retiradas consequências na qualificação, não só do que desde logo sejam actos de «*Branqueamento de capitais*»[301], como, dentro da temática desta obra, quais as normas que sejam aplicáveis directa ou indirectamente, aos Advogados e sua organização institucional (Ordem dos Advogados). Com efeito, o "numerosíssimo diploma"! é um emaranhado de disposições, que, por vezes, as tornam incompreensíveis.

A saber:

86.3.1. Branqueamento de capitais: conceitos

São considerados procedimentos de «*Branqueamento de capitais*»

«*i)* As condutas previstas e punidas pelo artigo 368.º-A do Código Penal»[302];

[299] Art.s 2.º e 4.º.

[300] Art. 2.º-*r)*.

[301] Cf. art. 2.º-*j)* da Lei n.º 83/2017, de 18.08.

[302] A saber, segundo esta norma do CP *ipsis verbis*:
«1. Para efeitos do disposto nos números seguintes, consideram-se vantagens os bens provenientes da prática, sob qualquer forma de comparticipação, dos factos ilícitos típicos de lenocínio, abuso sexual de crianças ou de menores dependentes, extorsão, tráfico de estupefacientes e substâncias psicotrópicas, tráfico de armas, tráfico de órgãos ou tecidos humanos, tráfico de espécies protegidas, fraude fiscal, tráfico de influência, corrupção e demais infracções referidas no n.º 1 da Lei n.º 36/94, de 29 de Setembro, e dos factos puníveis com pena de prisão de duração mínima superior a seis meses ou de duração máxima superior a cinco anos, assim como os bens que com eles se obtenham.
«2. Quem converter, transferir, auxiliar ou facilitar alguma operação de conversão ou transferência de vantagens, obtidas por si ou por terceiro, directa ou indirectamente, com o fim de dissimular a sua origem ilícita, ou de evitar que o autor ou participante dessas infracções seja criminalmente perseguido ou submetido a uma reacção criminal, é punido com pena de prisão de dois a doze anos.
«3.Na mesma pena incorre quem ocultar ou dissimular a verdadeira natureza, origem, localização, disposição, movimentação ou titularidade das vantagens, ou os direitos a ela relativos.»

ii) A aquisição, a detenção ou a utilização de bens, com conhecimento, no momento da sua recepção, de que provêm de uma actividade criminosa ou da participação numa actividade dessa natureza»; «e

iii) A participação num dos actos a que se referem as subalíneas anteriores, a associação para praticar o referido acto, a tentativa e a cumplicidade na sua prática, bem como o facto de facilitar a sua execução ou de aconselhar alguém a praticá-lo[303].

86.3.2. Ordens profissionais; Ordem dos Advogados.

Por outro lado, têm enquadramento nesta legislação as «*Ordens profissionais*», dentre as quais a *Ordem dos Advogados*, «*no âmbito das competências que exercem, ao abrigo da presente lei, relativamente aos respectivos membros*»[304].

86.3.3. Os Advogados.

Nesta conformidade os "*Advogados (...) constituídos em sociedade ou em prática individual*" são qualificados como «*Entidades não financeiras*»[305], e assim sujeitos às disposições da por demais citada lei.

Concretizando, os Advogados ficam sujeitos à legislação em estudo «*quando intervenham ou assistam, por conta de um cliente ou noutras circunstâncias, em:*

a) *Operações de compra e venda de bens imóveis, estabelecimentos comerciais ou participações sociais;*

b) *Operações de gestão de fundos, valores mobiliários ou outros ativos pertencentes a clientes;*

c) *Operações de abertura e gestão de contas bancárias, de poupança ou de valores mobiliários;*

d) *Operações de criação, constituição, exploração ou gestão de empresas, sociedades, outras pessoas coletivas ou centros de interesses coletivos sem personalidade jurídica, que envolvam:*

303 Art. 2.º-*j*).

304 Art. 2.º-*q*).

305 Art. 4.º-*f*).

i) *A realização das contribuições e entradas de qualquer tipo para o efeito necessárias;*

ii) *Qualquer dos serviços referidos nas alíneas a) a f) do número seguinte;*

e) *Operações de alienação e aquisição de direitos sobre praticantes de actividades desportivas profissionais;*» e

«*f)* *Outras operações financeiras ou imobiliárias, em representação ou em assistência do cliente.*»[306].

Esclareça-se desde logo que as ditas «*entidades obrigadas*»[307] estão sujeitas, todas elas, a actuar no «*cumprimento dos seguintes deveres preventivos*»:

a) Dever de controlo – regulado nos art.s 12.º a 22.º;
b) Dever de identificação e diligência – regulado nos art.s 23.º a 42.º;
c) Dever de comunicação – regulado nos art.s 43.º a 46.º;
d) Dever de abstenção – regulado nos art.s 47.º a 49.º;
e) Dever de recusa – regulado no art. 50.º;
f) Dever de conservação – regulado no art. 51.º;
g) Dever de exame – regulado no art. 52.º;
h) Dever de colaboração – regulado no art. 53.º;
i) Dever de não divulgação – regulado no art. 54.º;
j) Dever de formação – regulado no art. 55.º.

Segue-se, todavia, um conjunto de preceitos, vertidos todos eles no art. 56.º, sob a epígrafe de «Derrogação do dever de segredo e proteção na prestação de informações», de muito especial exigência, a saber:

«1 – As entidades obrigadas disponibilizam todas as informações, todos os documentos e os demais elementos necessários ao integral cumprimento dos deveres enumerados nos artigos 43.º, 45.º, 47.º e 53.º, ainda

306 Art. 4.º-2.

307 Que são as "entidades financeiras" e as "entidades não financeiras", conforme arts. 2.º-*r)*, 3.º e 4.º. Cf. arts. 2.º-*r)*, 10.º, 11.º, 12.º, 13.º, 14.º, 15.º, 16.º, 17.º, 18.º, 19.º, 20.º, 21.º, 22.º, 23.º, 35.º, 36.º, 40.º, 41.º, 42.º, 43.º, 45.º, 46.º, 47.º, 50.º, 51.º, 53.º, 54.º, 55.º, 56.º, 57.º, 58.º, 59.º. Só nas segundas supra cabem os Advogados (*cf.* art. 4.º-1-*f)*).

que sujeitos a qualquer dever de segredo, imposto por via legislativa, regulamentar ou contratual.

«2 – A disponibilização de boa-fé, pelas entidades obrigadas, das informações, dos documentos e dos demais elementos referidos no número anterior não constitui violação de qualquer dever de segredo imposto por via legislativa, regulamentar ou contratual, nem implica responsabilidade de qualquer tipo, mesmo quando se verifique um desconhecimento da concreta atividade criminosa ou esta não tenha efetivamente ocorrido.

«3 – As entidades obrigadas abstêm-se de quaisquer ameaças ou atos hostis e, em particular, de práticas laborais desfavoráveis ou discriminatórias contra quem, de boa-fé, preste as informações, os documentos e os demais elementos referidos no n.º 1.

«4 – A disponibilização das informações, dos documentos e dos demais elementos referidos no n.º 1 não pode, por si só, servir de fundamento à promoção, pela entidade obrigada, de procedimento disciplinar, civil ou criminal contra quem os faculte, exceto se a referida disponibilização for deliberada e manifestamente infundada.

«5 – As salvaguardas previstas nos números anteriores são aplicáveis aos colaboradores das entidades obrigadas que internamente disponibilizem as informações, os documentos e os demais elementos referidos no n.º 1.

«6 – As entidades obrigadas asseguram a confidencialidade da identidade dos colaboradores previstos no número anterior perante quaisquer terceiros, nomeadamente perante os clientes e os demais colaboradores que não intervenham no exercício dos deveres referidos no n.º 1.

«7 – Os elementos disponibilizados pelas entidades sujeitas ao abrigo do n.º 1 podem ser utilizados em processo penal, nos inquéritos que tiveram origem em comunicações de operações suspeitas, bem como em quaisquer outros inquéritos, averiguações ou procedimentos legais conduzidos pelas autoridades judiciárias, policiais ou setoriais, no âmbito das respetivas atribuições legais e na medida em que os elementos disponibilizados se mostrem relevantes para efeitos probatórios.»

86.3.4. Especificidades das «Profissões jurídicas»

As diversas entidades admitidas como suspeitas de possível envolvimento, directo ou indirecto, no branqueamento de capitais são, desde logo e como se viu na exaustiva nota 284, qualificadas como «*entidades obrigadas*», consistindo sua cominação a de se absterem «*de celebrar ou de algum modo participar em quaisquer negócios de que, no âmbito da sua actividade profissional, resulte a violação dos limites à utilização de numerário previsto em legislação específica*»[308].

Mas mais adiante são expressamente contempladas as «*Profissões Jurídicas*»[309], que têm um regime próprio, porventura para que se não admita que violem em princípio as regras cimeiras do sigilo profissional.

Assim, a Lei afasta a sua aplicação a essas profissões[310], para apenas a admitir nos seguintes termos:

a) No que respeita ao âmbito das comunicações previstas no artigo 43.º[311] e nos n.ºs 2 e 3 do artigo 47.º[312] os Advogados *apenas* remetem as respetivas informações ao Bastonário, cabendo à Ordem «transmitir as mesmas, imediatamente e sem filtragem, ao DCIAP e à Unidade de Informação Financeira»[313];

b) No que respeita ao âmbito do dever de colaboração previsto no artigo 53.º do diploma os Advogados comunicam, no prazo fixado, as informações solicitadas ao Bastonário da sua Ordem profissional[314], quando os pedidos estejam relacionados com as comunicações referidas na alínea anterior, cabendo àquela Ordem a transmissão das informações à

[308] Art. 10.º.

[309] Art. 79.º.

[310] *Cf.* art. 79.º-1.

[311] Trata-se, pois, da exclusão da aplicação aos Advogados do art. 43.º, no seu todo.

[312] Trata-se, pois e também, da exclusão da aplicação aos Advogados do art. 43.º, no seu todo.

[313] Art. 79.º-2-*a)*

[314] Por sua vez o art. 90.º do mesmo diploma estipula que «cabe à Ordem dos Advogados verificar e adoptar as medidas necessárias para assegurar o cumprimento, pelos respectivos membros, dos deveres e obrigações previstas na presente lei e nos respectivos diplomas regulamentares. Seguem-se nos números seguintes daquele artigo a definição de uma "rede" destinada a fazer face àquelas medidas – de difícil, senão absurda, regulamentação.

entidade requerente, imediatamente e sem filtragem; ou directamente à entidade requerente, nos demais casos.

Todavia, «*a tentativa, pelas pessoas referidas nas alíneas e) e f) do n.º 1 do art. 4.º* [dentre as quais de contêm os Advogados], *de dissuadir um cliente de realizar um acto ou uma actividade ilegal não configura divulgação de informação proibida nos termos do n.º 1 do art. 54.º*».

Por sua vez, nos art.s 81.º a 89.º são indicadas as autoridades competentes para receberam as informações e/ou agirem em conformidade.

Têm especificidade, nesta senda, as «*Ordens profissionais*»[315], por um lado estipulando-se, no que respeita ao «*sector financeiro*», em que aquelas são incluídas[316] que «*a verificação do cumprimento, pelas entidades não financeiras, dos deveres e obrigações previstos na presente lei e nos respetivos diplomas regulamentares compete: (...) f) À Ordem dos Advogados, relativamente aos advogados.*

Então já no que respeita especificamente às *Ordens profissionais*, e sem prejuízo do disposto no art. 89.º quanto à supervisão dos auditores, «*cabe às Ordens profissionais verificar e adoptar as medidas necessárias para assegurar o cumprimento, pelos respetivos membros, dos deveres e obrigações previstos na presente lei e nos respetivos diplomas regulamentares,*»[317] de tal forma que «com ressalva das especificidades constantes do regime sancionatório previsto na presente lei, as *Ordens Profissionais* são equiparadas às *autoridades sectoriais*[318] *para os efeitos previstos na presente lei, designadamente no que se refere aos poderes que lhes são conferidos e à necessidade de se dotarem de recursos financeiros, humanos e técnicos adequados para o desempenho de tais funções*».

Regulamentando tais atribuições, é estipulado que, sem prejuízo das demais incumbências das *Ordens profissionais*, lhes competem as seguintes providências:

– «*Criam, no seio da sua estrutura orgânica, unidades especificamente dedicadas a assegurar o cumprimento da presente lei e da regulamentação que o concretiza*»;

[315] Art.s 89.º e 90.º

[316] Art. 4.º.

[317] Art. 90.º-1.

[318] Cf. arts. 84.º segs..

- «*Preparam e mantêm atualizados dados estatísticos relativos às profissões que regulam, de modo a permitir identificar, avaliar e mitigar os riscos de branqueamento de capitais e de financiamento do terrorismo existentes no contexto das mesmas*»;
- «*Asseguram que são ministradas as ações de formação necessárias a garantir o cumprimento, por parte dos respetivos membros, do dever previsto no artigo 55.º*».

Ademais, as «*Ordens profissionais elaboram um relatório anual detalhado das atividades levadas a cabo para assegurar o cumprimento das obrigações que lhes cabem ao abrigo da presente lei, remetendo-o, até ao dia 31 de março do ano seguinte a que respeita, ao membro do Governo que exerce os respetivos poderes de tutela em conformidade com o artigo 45.º da Lei n.º 2/2013, de 10 de Janeiro*»[319].

E, por outro lado, «*No exercício das suas funções de tutela, os membros do Governo referidos no número anterior elaboram e executam planos anuais de inspeções especificamente dedicados a aferir o cumprimento das obrigações que cabem às ordens profissionais ao abrigo da presente lei.*».[320]

Finalmente, *as Ordens profissionais dão conhecimento, através da Comissão de Coordenação, do relatório anual previsto no n.º 4 às demais entidades competentes para a verificação do cumprimento da presente lei.*»[321].

86.4. Utilização de numerário.

É realçado com um capítulo específico e norma única que «*as entidades obrigadas*» (já vimos que nesta qualificação cabem o exercício da profissão de Advogado e as atribuições da Ordem dos Advogados) «*abstêm-se de celebrar ou de algum modo participar em quaisquer negócios de que, no âmbito da sua actividade profissional, resulte a violação dos limites à utilização de numerário previstos em legislação específica.*»[322].

[319] Art. 90.º-4.

[320] Art. 90.º-5.

[321] Art. 90.º-6.

[322] Art. 10.º.

Deve considerar-se aqui reportada a Lei n.º 92/2017, de 22.08, que procedeu a aditamento à Lei Geral Tributária, aprovada pelo Dec.-Lei n.º 398/98, de 17.12, com a introdução de um art. 63.º-E[323]

87. Dever de segredo.

«1 – *As pessoas que exerçam ou tenham exercido funções nas autoridades setoriais, bem como as que lhe prestem ou tenham prestado serviços a título permanente ou ocasional, ficam sujeitas a dever de segredo sobre factos cujo conhecimento lhes advenha exclusivamente do exercício dessas funções ou da prestação desses serviços e não podem divulgar nem utilizar as informações obtidas.*

«2 – *O dever de segredo mantém-se após a cessação das funções ou da prestação de serviços pelas pessoas a ele sujeitas.*

[323] Com a seguinte redação: «1. É proibido pagar ou receber em numerário em transações de qualquer natureza que envolvam montantes iguais ou superiores a € 3 000, ou o seu equivalente em moeda estrangeira. 2 – Os pagamentos realizados pelos sujeitos passivos a que se refere o n.º 1 do artigo 63.º-C respeitantes a facturas ou documentos equivalentes de valor igual ou superior a € 1 000, ou o seu equivalente em moeda estrangeira, devem ser efetuados através de meio de pagamento que permita a identificação do respetivo destinatário, designadamente transferência bancária, cheque nominativo ou débito directo. 3 – O limite referido no n.º 1 é de € 10 000, ou o seu equivalente em moeda estrangeira, sempre que o pagamento seja realizado por pessoas singulares não residentes em território português e desde que não atuem na qualidade de empresários ou comerciantes. 4 – Para efeitos do cômputo dos limites referidos nos números anteriores, são considerados de forma agregada todos os pagamentos associados à venda de bens ou prestação de serviços, ainda que não excedam aquele limite se considerados de forma fracionada. 5 – É proibido o pagamento em numerário de impostos cujo montante exceda € 500. 6 – O disposto neste artigo não é aplicável nas operações com entidades financeiras cujo objeto legal compreenda a receção de depósitos, a prestação de serviços de pagamento, a emissão de moeda eletrónica ou a realização de operações de câmbio manual, nos pagamentos decorrentes de decisões ou ordens judiciais e em situações excecionadas em lei especial.». Procedeu também à alteração do art. 129.º Regime Geral das Infrações Tributárias (aprovado pela Lei n.º 15/2001, de 5 de Junho, na parte do art. 129.º-3 do Regime Geral das Infrações Tributárias, com a seguinte redacção: aprovado, passando a ter a seguinte redação: «A realização de transações em numerário que excedam os limites legalmente previstos é punível com coima de € 180 a € 4 500.»; e revogou ainda o n.º 3 do artigo 63.º-C da Lei Geral Tributária, aprovada pelo Decreto-Lei n.º 398/98, de 17.12.

«3 – *Sem prejuízo do disposto no número seguinte, os factos ou elementos sujeitos a segredo só podem ser revelados nas seguintes situações:*

«*a) Mediante autorização do interessado, transmitida à autoridade setorial;*

«*b) No âmbito do cumprimento das obrigações e do desempenho das funções conferidas pela presente lei, incluindo para os fins previstos no n.º 7 do artigo 56.º;*

«*c) No quadro do regime de cooperação constante do capítulo IX, nos termos especificamente aí previstos.*

«4 – *Fora dos casos previstos no número anterior, as autoridades sectoriais podem proceder à troca de informação sujeita a segredo nos termos definidos na respectiva legislação sectorial.*

«5 – *É ainda lícita a divulgação de informação que não permita a identificação individualizada de pessoas ou instituições, designadamente na forma sumária ou agregada.*»[324]

88. Deveres de comunicação, de denúncia de irregularidades e de cooperação.

Entretanto, toda uma Secção da Lei[325] é votada ao *dever de comunicação*, assim estruturado:

«Art. 43.º: «*Comunicação de operações suspeitas:*

«1 – *As entidades obrigadas, por sua própria iniciativa, informam de imediato o Departamento Central de Investigação e Ação Penal da Procuradoria-Geral da República (DCIAP) e a Unidade de Informação Financeira sempre que saibam, suspeitem ou tenham razões suficientes para suspeitar que certos fundos ou outros bens, independentemente do montante ou valor envolvido, provêm de actividades criminosas ou estão relacionados com o financiamento do terrorismo.*

[324] Art. 105.º.

[325] Secção IV – Dever de comunicação; Subsecção I – Comunicação de operações suspeitas; Subsecção II – Outras comunicações.

«2 – *Para os efeitos do disposto no número anterior, as entidades obrigadas comunicam todas as operações que lhes sejam propostas, bem como quaisquer operações tentadas, que estejam em curso ou que tenham sido executadas.*

«3 – *As entidades obrigadas conservam, nos termos previstos no art. 51.º, cópias das comunicações efetuadas ao abrigo do presente artigo e colocam-nas, em permanência, à disposição das autoridades setoriais.*».

«Artigo 44.º: «*Termos da comunicação*

«1 – *As comunicações de operações suspeitas previstas no artigo anterior:*

«*a) São efectuadas através dos canais de comunicação externos definidos pelas autoridades destinatárias da informação e nos termos por elas estabelecidos;*

«*b) São efectuadas logo que a entidade obrigada conclua que a operação é suspeita, preferencialmente logo que tais operações lhes sejam propostas;*

«*c) Incluem, pelo menos:*

«*i) A identificação das pessoas singulares e colectivas direta ou indirectamente envolvidas e que sejam do conhecimento da entidade obrigada, bem como a informação conhecida sobre a actividade das mesmas;*

«*ii) Os procedimentos de averiguação e análise promovidos pela entidade obrigada no caso concreto;*

«*iii) Os elementos caracterizadores e descritivos das operações;*

«*iv) Os factores de suspeita concretamente identificados pela entidade obrigada;*

«*v) Cópia da documentação de suporte da averiguação e da análise promovida pela entidade obrigada.*

«2 – *Por forma a facilitar a celeridade na análise e comunicação de operações suspeitas, as entidades obrigadas asseguram que a circulação da informação relacionada com operações suspeitas se processe de forma simples e ágil, reduzindo ao mínimo possível o número de intervenientes no circuito de transmissão da mesma.*

«3 – *A promoção pelas entidades obrigadas de procedimentos de exame mais complexo ou aprofundado das operações consideradas suspeitas não deve prejudicar a realização da comunicação das mesmas em tempo útil.*»

Por sua vez, pelo art. 108.º da mesma Lei 83/2017 formalizou-se o *dever de denúncia de irregularidades*, nos seguintes termos:

«1 – *Qualquer pessoa que tenha conhecimento de violações ou de indícios de violações à presente lei e aos respetivos diplomas regulamentares de aplicação sectorial pode fazer uma denúncia à autoridade sectorial*[326] *relevante.*

«2 – *É garantida a proteção dos dados pessoais do denunciante e do suspeito da prática da infração, nos termos da Lei n.º 67/98, de 26.10, Lei da Proteção de Dados Pessoais, alterada pela Lei n.º 103/2015, de 24.08.*

«3 – *É igualmente garantida a confidencialidade sobre a identidade do denunciante a todo o tempo ou até ao momento em que essa informação seja exigida para salvaguarda dos direitos de defesa dos visados pela denúncia, no âmbito das investigações a que a mesma dê lugar ou de processos judiciais subsequentes.*

«4 – *As entidades obrigadas devem abster-se de quaisquer ameaças ou atos hostis e, em particular, de quaisquer práticas laborais desfavoráveis ou discriminatórias contra quem efetue denúncias às autoridades sectoriais competentes ao abrigo do presente artigo.*

«5 – *As denúncias efectuadas ao abrigo do presente artigo não podem, por si só, servir de fundamento à promoção de qualquer procedimento disciplinar, civil ou criminal relativamente ao autor da denúncia, exceto se as mesmas forem deliberada e manifestamente infundadas.*

«6 – *As autoridades sectoriais devem criar canais específicos, independentes e anónimos que internamente assegurem, de forma adequada, a recepção, o tratamento e o arquivo das denúncias efectuadas ao abrigo do presente artigo.*

«7 – *As autoridades sectoriais podem aprovar, através de regulamentação própria, os procedimentos específicos que se mostrem necessários a assegurar as garantias previstas nos números anteriores.*».

E ainda pelo art. 124.º são estipuladas actividades expressas de prevenção e de combate ao branqueamento de capitais e ao financiamento do terrorismo, nos seguintes termos:

«1 – *As entidades com competências operacionais no domínio da prevenção e do combate ao branqueamento de capitais e ao financiamento do terrorismo cooperam*

[326] O conceito de «autoridade sectorial» é usado amiúde na por demais citada Lei 83/2017, a começar pela sua definição (art. 2.º-*f*)) e depois nos arts. 8.º-5, e segs.. De igual modo o diploma identifica e regula aquilo a que chamou de «as entidades obrigadas» (art. 18.º e segs.).

e trocam entre si todas as informações essenciais ou relevantes naquele domínio, por iniciativa própria ou sempre que tal lhes seja solicitado de forma fundamentada, ainda que tais informações se encontrem sujeitas a qualquer dever de segredo, imposto por via legislativa, regulamentar ou contratual (sic), *sem prejuízo do disposto nos n.ºs 2 a 4 e dos regimes legais do segredo de justiça e do segredo de Estado.*

«2 – *Caso a cooperação prevista no número anterior implique a partilha de informação sujeita ao dever de segredo das autoridades sectoriais, podem estas proceder à troca dessa informação sempre que o conhecimento da informação derive do exercício das respetivas funções em matéria de prevenção e combate ao branqueamento de capitais ou ao financiamento do terrorismo.*

«3 – *Fora dos casos previstos no número anterior, sempre que a informação prevista no n.º 1 se encontre sujeita ao dever de segredo das autoridades sectoriais, podem estas proceder à troca dessa informação nos termos definidos na respetiva legislação sectorial.*

«4 – *Ficam sujeitas ao dever de segredo da autoridade sectorial transmitente todas as autoridades, organismos e pessoas que participem nas trocas de informações referidas nos n.ºs 2 e 3.*

«5 – *Com vista ao cumprimento do disposto no presente artigo, a Comissão de Coordenação promove a celebração de um protocolo de cooperação entre as entidades com competências operacionais no domínio da prevenção e combate ao branqueamento de capitais e ao financiamento do terrorismo, no qual se estabeleça, pelo menos:*

«*a) O tipo de informações que deve ser objeto de partilha espontânea entre aquelas entidades;*

«*b) Os termos em que tais informações são prestadas, incluindo no que se refere:*

«*i) Aos mecanismos de proteção da informação considerada sensível;*

«*ii) À designação das pessoas que, dentro de cada uma das entidades, assumem a responsabilidade pelas comunicações efetuadas ao abrigo do presente artigo.*

«6 – *No âmbito da cooperação prevista neste artigo, as entidades com competências operacionais facultam:*

«*a) De modo espontâneo, as informações que, não interessando apenas à prossecução dos seus objectivos específicos, se mostrem necessárias à realização das finalidades das demais entidades com tais competências operacionais;*

«*b) Quaisquer outras informações que, ao abrigo do n.º 1, sejam legalmente solicitadas por outras entidades que prossigam tais competências operacionais.*

«*7 – A prestação de informação ao abrigo do presente artigo é efetuada no mais curto prazo possível e sem quaisquer custos associados para a entidade requerente ou destinatária da informação.*

«*8 – Para os efeitos do presente artigo, consideram-se, em especial, como entidades com competências operacionais no domínio da prevenção e do combate ao branqueamento de capitais ou ao financiamento do terrorismo:*

«*a) A Unidade de Informação Financeira e as autoridades judiciárias, policiais e setoriais previstas na presente lei;*

«*b) A Autoridade Tributária e Aduaneira;*

«*c) O Serviço de Estrangeiros e Fronteiras;*

«*d) O Serviço de Informações de Segurança e o Serviço de Informações Estratégicas de Defesa do Sistema de Informações da República Portuguesa.*»

Todas estas 'cerejas em cima do bolo' demonstram até que ponto quer, quis, o legislador "usar" os Advogados (e a sua Ordem dos Advogados e Bastonário), sabido, pelo que se deixou exposto, de como eles estão entrosados no sistema de vigilância pela Lei criado, a ponto de se prever que a iniciativa de denúncia e perseguição parta deles, na senda da luta contra o «*Branqueamento de capitais*»[327], conceito assim tipificado:

«*i) As condutas previstas e punidas pelo artigo 368.º-A do Código Penal;*

«*ii) A aquisição, a detenção ou a utilização de bens, com conhecimento, no momento da sua recepção, de que provêm de uma actividade criminosa ou da participação numa actividade dessa natureza;* e

«*iii) A participação num dos actos a que se referem as subalíneas anteriores, a associação para praticar o referido acto, a tentativa e a cumplicidade na sua prática, bem como o facto de facilitar a sua execução ou de aconselhar alguém a praticá-lo*».

[327] Art. 2.º-1-*j*).

89. Quando e por que se trata de "membros independentes de profissões que se dedicam a dar conselhos jurídicos, que são legalmente reconhecidas e controladas.

Exactamente, no entanto, porque se trata de *"membros independentes de profissões que se dedicam a dar conselhos jurídicos, que são legalmente reconhecidas e controladas"*, é finalmente claro na última formulação da Directiva que *"a fim de ter devidamente em conta a obrigação de discrição profissional que lhes incumbe para com os seus clientes"* (ou seja, o segredo profissional) *"os Estados-Membros deverão poder (...) designar a Ordem ou outros órgãos de auto-regulação dos profissionais independentes como órgãos aos quais eles podem comunicar os casos eventuais de branqueamento de capitais.»*[328].

Mas e finalmente, nos termos do artigo 6, n.º 3 da primitiva Directiva 91/308 *"Os Estados-Membros não devem impor as obrigações previstas no parágrafo 1. aos notários, aos membros das profissões jurídicas independentes, aos revisores de contas, aos contabilistas externos e aos consultores fiscais quanto às informações recebidas de um dos seus clientes ou obtidas sobre um dos seus clientes, aquando da avaliação da situação jurídica deste cliente ou no exercício da sua missão de defesa ou de sua representação num processo judicial ou relativo a tal processo, aí incluídos os conselhos relativos à maneira de dar início ou evitar um processo, quer estas informações sejam recebidas ou obtidas antes, durante ou após esse processo.»*[329].

[328] *Item* (20), que acrescenta: «Convém que os Estados-Membros determinem as regras que rejam o tratamento destas declarações e sua eventual transmissão ulterior às "autoridades responsáveis pela luta contra o branqueamento de capitais" e, em geral, as formas adequadas de cooperação entre as Ordens ou órgãos profissionais e estas autoridades».

[329] Posso garantir-vos que o legislador comunitário estabeleceu para os Países da UE um sistema muito próximo do que era o regime português tradicional de autorização para o levantamento do segredo profissional. Desde sempre, que, entre nós, o levantamento do segredo profissional pode fazer-se apenas após autorização da Ordem de Advogados (uma Ordem Nacional, sob a presidência de um só Bastonário), ou seja, não pode o Advogado usar do seu livre arbítrio mesmo que sob o escopo da sua única consciência profissional. Por muito tempo, só o Advogado teve legitimidade para pedir a autorização. Mas desde 1987, por força da alteração do Processo Penal, e desde 1991 no Processo Civil, que foi introduzida uma inovação, pela qual se permite à "autoridade judiciária", e particularmente ao Juiz, ordenar a um Advogado que testemunhe sobre factos confidenciais em certas circunstâncias. Noutros termos, desde então, a iniciativa do pedido de dispensa e divulgação de factos confidenciais já não pertence só ao Advogado. Esta inovação foi aceite pela Ordem, com todos os riscos aí inerentes, mediante o complemento de regime, pelo qual a sede final da possibilidade de

90. As obrigações de informação e de cooperação impostas aos Advogados, violam o direito a um processo equitativo?

Eis, pois, o momento de perguntar por que é que o acima citado Acórdão de 26.06.2007 decidiu que «as obrigações de informação e de cooperação (...), impostas aos Advogados, não violam o direito a um processo equitativo, como é garantido **pelo artigo** 6 CEDH»? E esta conclusão põe em causa a garantia do segredo profissional, **com algum desenvolvimento adiante.**

A resposta é dada pelo próprio Acórdão, o que nos obriga a citá-lo na escada dos seus argumentos, a saber:

- **que** de acordo com a Directiva 91/308, resulta do seu artigo 2 A, ponto 5, «que as obrigações de informação e de cooperação são aplicáveis aos Advogados apenas na medida em que assistam o seu cliente na preparação ou na realização de certas transacções essencialmente de natureza financeira e imobiliária visadas por esta disposição, sob a alínea a), ou quando agem em nome e por conta do seu cliente em qualquer transacção financeira ou imobiliária»;
- **que** «*em geral, estas actividades, dada a sua própria natureza, situam-se num contexto que não tem relação com um processo judicial e, por conseguinte, estão fora do âmbito de aplicação do direito a um processo equitativo*»[330];

divulgação ou da manutenção do segredo cabe ao Bastonário. Com efeito a decisão da autoridade judicial que vise obrigar o Advogado a testemunhar só pode ser tomada após audição da Ordem dos Advogados (o Bastonário, em última instância), mas só «em conformidade com as disposições e os fins estipulados pela legislação aplicável à este organismo». Ou seja, o árbitro final e a cuidadosa decisão da autoridade judicial também não é suficiente obrigar o Advogado a revelar os factos secretos (por diversos meios, por exemplo, juntando documentos que se encontrem na sua mão ou prestando testemunho). Tudo dependerá, pois, da "autorização" dada ou não pela Ordem dos Advogados. Assim, por conseguinte, a "audição" da Ordem tem um carácter vinculativo, não somente quanto ao pedido feito "pela autoridade judiciária", mas também sobre o resultado ele mesmo: autorizar ou não autorizar. Em consequência, os órgãos da Ordem em causa podem não conceder essa autorização perante a "autoridade judiciária" (veja-se o Tribunal), o que é suficiente para que o Advogado não possa ser forçado a violar o segredo. Por outro lado, sustento que o regime português não permite que a decisão de autorizar ou de não autorizar da Ordem seja susceptível de recurso para um Tribunal.

[330] Os dois parágrafos do *item* (33).

- **e que** «*além disso, a partir do momento em que a assistência do Advogado ocorrida no âmbito de uma transacção prevista no artigo 2-bis, ponto 5, da Directiva 91/308 é solicitada para o exercício de uma missão de defesa ou de representação em Justiça ou para a obtenção de conselhos sobre a maneira de dar início ou evitar um processo judicial, o referido Advogado fica exonerado, em virtude do artigo 6, parágrafo 3, segundo parágrafo, da referida Directiva, das obrigações enunciadas no parágrafo 1 do artigo e, a esse respeito, pouco importa que as informações tenham sido recebidas ou obtidas antes, durante ou depois do processo*»,
- **o que** permite dizer que "*tal exoneração é de molde a preservar o direito do cliente a um processo equitativo*»[331].

Por outro lado, o referido Acórdão acrescenta, limitativa, mas correctamente,

- **que**, «*que as exigências que decorrem do direito a um processo equitativo implicam, por definição, uma relação com um processo judicial, e tendo em conta o facto de o artigo 6, parágrafo 3, segunda alínea, da Directiva 91/308 isentar os Advogados, quando as suas actividades são caracterizadas por tal relação, já as referidas exigências se encontram preservadas nas obrigações de informação e de cooperação referidas no artigo 6, parágrafo 1, da referida Directiva*»[332]; e também
- **que** «*em contrapartida, deverá admitir-se que as exigências ligadas ao direito a um processo equitativo não se opõem a que, quando se age no âmbito preciso das actividades enumeradas no artigo 2 bis, ponto 5, da Directiva 91/308, mas num contexto a que se não reporta o artigo 6, parágrafo 3, segunda alínea, da referida Directiva, os Advogados já fiquem sujeitos às obrigações de informação e de cooperação instituídas pelo artigo 6, parágrafo 1, desta Directiva, desde que tais obrigações se justifiquem, tal como o sublinha nomeadamente o terceiro considerando da Directiva 91/308, pela necessidade de lutar eficazmente contra o branqueamento de capitais que representa uma evidente influência para o crime organizado, o qual constitui ele mesmo uma ameaça concreta para as sociedades dos Estados-Membros*»[333].

331 Os dois parágrafos do *item* (34).
332 *Item* (35).
333 *Item* (36).

91. E os Advogados no mundo actual?

Tendo em conta os fundamentos e o que resulta da comentada *conclusão judicial*, face a críticas que tinham emergido, interrogamo-nos, então, de como poderíamos concluir doutro modo sem perda dos princípios que devemos defender sobre a essência da profissão de Advogado.

Certamente que podemos compreender a dificuldade e perplexidade de muitos Advogados, que viram *"evoluir" as suas actividades nos quadros ou até em âmbitos de outras profissões onde já havia posição tradicional nestas matérias*: a mediação de negócios em geral.

Mas, se esta *sobreposição de profissões* acontece nos nossos dias, interrogamo-nos duas vezes:

- **por um lado**, se não é verdade que o Advogado, na sua mais completa essência da profissão, exerce ou não uma missão de defesa ou de representação em Justiça ou na prestação de conselhos sobre a maneira de *levar a cabo* ou *evitar* um processo judicial?;
- **por outro lado**, se ele exercer uma actividade para além dessa essência e que toca o desempenho doutras profissões, porquê ter um regime diferente destas?[334]

[334] Foi certamente por causa disso que a Federação das Ordem das Advogados de língua francesa e de língua alemã da Bélgica se congratulou, em comunicado público a propósito do acórdão do Tribunal Constitucional belga de 23.01.2008 (Acórdão n.º 10/2008, de 23.01.2008), concluindo que este "interpreta a lei anti-branqueamento no respeito pelos valores essenciais da profissão de advogado", quando considera "que o advogado que constata factos que sabe ou de que suspeita que estejam ligados ao branqueamento de capitais ou o financiamento do terrorismo não pode informar as autoridades, quando está a exercer actividade na sua missão de defesa, de representação em justiça ou de conselho jurídico", ao mesmo tempo que o "Tribunal reconhece que a profissão de advogado na Bélgica se distingue das outras profissões jurídicas independentes, na medida em que os advogados têm um lugar importante na administração da justiça, e estão sujeitos a regras deontológicas por cujo desrespeito serão sancionados", e que, se "a luta contra o branqueamento e o financiamento do terrorismo não pode em caso algum justificar um levantamento incondicional ou ilimitado do segredo profissional", "desde logo, se o advogado é considerado ter obrigação de denúncia quando assiste ou representa os seus clientes em certas transacções (em matéria financeira ou imobiliária, por exemplo), já está exonerado – sob pena de violar o segredo profissional – nas actividades de defesa, de representação em justiça e de conselho jurídico». Mas também que "o Tribunal acrescenta que é assim mesmo quanto a informações obtidas pelo advogado

Sustentamos que possa estar em causa *a mais correcta interpretação da Directiva*, porque pode haver dúvidas sobre o que atrás salientámos do Acórdão do Tribunal de Justiça.

Com efeito, o conselho jurídico (a consulta jurídica) tem por natureza e como objectivo evitar um processo judicial. No entanto, permitir-nos-emos sublinhar que a Directiva dá todas as possibilidades a que *as Ordens de Advogados tomem em suas mãos o estandarte da supervisão deontológica sobre o levantamento do sigilo profissional aquando de uma actividade de investigação sobre branqueamento de capitais.*

Por outro lado, pode supor-se que, em casos de investigação sobre branqueamento de capitais, existiriam, por vezes, valores superiores ao dever/direito de segredo, que, por consequência, justificassem fazer cessar o sigilo. Mas não se esqueça que será necessário que a Instituição encarregada de velar pela Deontologia (*a Ordem dos Advogados no nosso País*) possa pronunciar uma palavra exigente na apreciação da matéria em causa.

Além disso, será necessário que esta decisão a nível da Advocacia não seja susceptível de ser contrariada pela *autoridade judicial*. Nomeadamente, que esta mesma decisão não deve ser objecto de recurso junto dos Tribunais. Isto sob pena de uma verdadeira aberração do sistema, que, finalmente, se traduziria na divulgação prévia dos factos confidenciais que se quisessem revelar!

Será inútil sublinhar, no entanto, a enorme responsabilidade que pesa sobre os referidos órgãos da Instituição dos Advogados (*a Ordem dos Advogados*). Como resulta claramente do regime estabelecido, gozam, para esse efeito, de uma ampla competência para o seu próprio esclarecimento, a fim de poderem decidir em matéria tão delicada. E, como quer o sistema, os elementos recolhidos pela Ordem, que pode e deve exigir que os factos lhe sejam revelados para que possa pronunciar-se correctamente, vão permanecer, todos eles e

na sua actividade de aconselhamento jurídico, mesmo fora de qualquer processo judicial. O Tribunal constitucional dá uma definição muito larga de conselho jurídico do advogado. O aconselhamento visa informar o cliente sobre o estado da legislação aplicável à sua situação pessoal ou à operação que este tenciona efectuar ou aconselhá-lo sobre a maneira de realizar esta operação dentro do quadro legal. Esta actividade de conselho tem por conseguinte sempre por objectivo permitir ao cliente evitar um processo judicial relativo a tal operação» – Comunicado de imprensa dos Advogados belgas, assinado por Luc Maréchal, Presidente da Federação das Ordens de Advogados de língua francesa e de língua alemã (O.B.F.G.), por JO Stevens, e pelo Presidente da Ordem Van Vlaamse Balies (O.V.B.).

seguidamente, no segredo dos seus arquivos. Nos esclarecimentos obtidos cabem, como é evidente, depoimentos que sejam prestados, com a isenção e eventuais incompatibilidades que sejam de aplicar.

Exactamente devido à "*permeabilidade da profissão de Advogado com outras profissões*" deve ser louvada a preocupação do legislador e do Tribunal que obriga em todo caso em que o segredo detido por um Advogado no exercício da profissão teve de ser comunicado à sua Ordem, que ele não seja obrigado a ter contacto imediato e directo com a Autoridade Judiciária senão através da mesma Ordem.

92. Conclusões.

92.1. Se o segredo profissional pode ser um meio.

Não podemos, nem devemos, concluir sobre a matéria que nos ocupa sem procurar a *essência* do que lhe subjaze, isto é: *o segredo profissional do Advogado.*

Não fosse assim e correríamos o risco de admitir que *a violação do segredo profissional* não seria senão um meio, dentre outros, na justa luta contra o que hoje em dia se costuma chamar de «*branqueamento de capitais*», do que a *corrupção* é apenas um dos aspectos.

A nossa consciência profissional e, sabe-se lá, a nossa consciência democrática, talvez ficassem pacificadas. Tudo não passaria, porventura, dum simples 'assunto de polícia' ... e talvez nos persuadíssemos, ao aceitar isso, que afinal o 'melhor dos mundos' é aquele em que se procura sem transigências a dita "verdade material", fossem quais fossem os meios para tanto usados![335]

92.2. Um Instituto de Direito autónomo.

No entanto, é entendimento corrente proclamar que a *essência* do segredo profissional reside na relação de confiança que se estabelece entre o Cliente e o seu Advogado. Apenas deve ter-se em conta que esta obrigação de segredo vale igualmente para com terceiros, em particular em relação à 'parte contrária',

[335] Deveremos dizer que era, à primeira vista, a 'preocupação' da primitiva Directiva europeia n.º 91/308/CEE.

com a qual o Advogado estabeleça, tanto pessoalmente como através do Colega que a patrocina ou representa, relações de *fidutia*, que é essencial preservar, o que permite concluir que a primeira afirmação sobre a *essência* do segredo profissional era afinal muito restritiva.

Forçoso será dizermos, pois, que o segredo profissional merece ter reservado para si as características dum Instituto de Direito autónomo, não sendo, assim, um *'privilégio'* do Advogado, como tantas vezes se realça e até consta de legislação estrangeira, mas um seu eminente *dever*.[336]

92.3. O segredo profissional como da natureza da profissão.

Assim, não é exagero afirmar que a natureza da obrigação do segredo profissional está intimamente ligada à natureza própria da nossa profissão, e possui uma forte tradição histórica em todos os países de raiz romano-germânica e mesmo anglo-saxónica[337].

A própria natureza jurídica dele não é de tipo contratual, puro e típico.

O serviço da Justiça e do Direito[338], que impregna a vida profissional do Advogado, realça a honra e as responsabilidades que lhe são inerentes[339].

92.4. Não pode haver relação de confiança sem respeito pelo segredo profissional.

Como já se deixou dito, o segredo profissional tem como ênfase a necessidade da confiança no Advogado[340].

336 Assim o Código de Deontologia do CCBE, que lhe reserva a definição, aposta em epígrafe e seguidamente detalhada, nos "princípios gerais", definindo a profissão de Advogado. É certamente também a razão pela qual, nos Estatutos dos Advogados de Portugal, o artigo 81º regulamenta esta matéria com a autonomia de uma regra fundamental de Deontologia, quer no plano substantivo ou no plano do procedimento; e outras normas destes mesmos Estatutos que são, basicamente, desenvolvimentos.

337 É muito certamente a razão que conduz o Código de Deontologia do CCBE a proclamar com ênfase que o segredo profissional é «o direito e o dever primordial e fundamental do Advogado».

338 Como o afirma o Estatuto português (art. 88.º-1).

339 Como é dito de maneira paradigmática no mesmo Estatuto português (art. 88.º-1).

340 É a razão pela qual o Código de Deontologia do CCBE pode também afirmar, de maneira mais programática do que normativa, que "sem garantia de confidencialidade, não há confiança", colocando assim a tónica sobre o espírito do sistema.

Se aquele segredo fosse secundário, ou fosse substituído por uma potestativa relação de fora das regras próprias do exercício da profissão de Advogado, toda a essência da sua exigência seria posta de parte e tratada como se de outra profissão qualquer se tratasse.

Estão em causa: a prestação de um *"serviço"*, uma *"honra"*, uma *"responsabilidade"*.

No caso de revelação factual verbal e, se é certa a existência de humana e inultrapassável declaração na prestação de depoimento, mais é, porém, de exigir que não seja deixado ao Advogado a "escolha" dos factos sigilosos.

Melhor dizendo, não é ao Advogado (ao depor ou ao anexar documentos) que cabe qualificar a natureza sigilosa ou não sigilosa dos factos sujeitos a revelação. Tal qualificação cabe ao Julgador – ainda que sujeita à supervisão do Tribunal de recurso –, pois que é ao Juiz a quem pertence a decisão sobre a natureza dos factos, a fim de os qualificar ou não como sujeitos a segredo.

Urge fazer fundar e respeitar, antes de mais, uma intensa relação de confiança entre o Advogado e aquele que, acreditando naquele *«serviço»*, naquela *«honra»* e naquelas *«responsabilidades»*, se 'confia' a ele, pondo nas suas mãos a defesa de seus bens ou de sua honra. Segundo expressão popular, o cliente deverá, então, 'dizer-lhe toda a verdade', com tudo o que isso implica de abertura de alma e de capacidade de ser bem entendido e defendido na conformidade de critérios de justiça e de oportunidade, que, como sabemos, não são isentos de uma boa dose de subjectivismo. Nem será inútil recordar que, contrariamente ao que porventura se queira exigir dele, ao Advogado não é exigível senão uma objectividade própria face ao respeito da verdade possível! Ou melhor, não se lhe pode exigir que esteja ao serviço de um tipo de verdade totalmente objectiva seja por que preço seja! Na verdade, a sua conduta tem de necessariamente estar impregnada de *subjectivismo*, e mesmo, não tenhamos medo das palavras, de parcialidade, porque ele não cessará nunca de ver mais profundamente a 'verdade' do seu Cliente. Entretanto, ele não se '*confunde*' nem pode '*confundir-se*' com o seu Cliente, porque não pode '*vender*' a sua independência e a sua isenção por preço nenhum, razão por que ele é constantemente chamado a fazer de '*advogado do diabo*', o que tem como consequência obrigar aquele que o procura a ver mais claro ou o leva a ele mesmo concluir que não deve aceitar a missão que lhe é pedida. Mas, *tudo*, não o esqueçamos, dentro da tal relação delicada que deve estar coberta pelo segredo, sem o que o Advogado deixaria de ser Advogado!

92.5. Verdadeiro compromisso com a sociedade.

Já deixámos dito, de maneira limitada, que a preservação do segredo profissional pode ou não estar ligada à prática, directa ou mediata, de determinados factos terem ou não existido. Mas, tratando-se da intermediação entre a "parte contrária" e/ou o "cliente", a reserva factual fica dependente do dever de segredo. Tendo vindo o conhecimento dos factos por intermédio da relação estabelecida por uma ou por outro, o Advogado não pode alcandorar-se a dispor desses mesmos factos, afinal permitidos por uma relação de confiança. Na verdade, é frequente que a comunicação reservada de factos vá para além de outrem que não seja o destinatário, ou seja, ultrapassa a relação com o cliente e/ou com a parte contrária. Desta feita, em correlação natural com a prestação de serviços profissionais a um terceiro, o 'Cliente', em função do qual a profissão existe, este mesmo segredo adquire um verdadeiro *compromisso para com a sociedade.* E tal compromisso assume uma parte importante da dignidade eminente da profissão. Então, como atrás salientámos, o sigilo profissional é alçado a um «*um dever de conjunto da classe*».

É também por essa razão que o segredo profissional tem frequentemente outros destinatários ou *beneficiários* para além do 'Cliente'. Nas suas múltiplas relações sociais profissionais[341], o Advogado é, e deve ser, digno da confiança e dar provas de isenção na sociedade. A conciliação de interesses, que faz dele um pacificador privilegiado das relações sociais, exige-lhe tais qualidades ao mais alto nível.

Em suma: como atrás salientámos, o sigilo, para além de constituir uma das mais significativas obrigações profissionais do Advogado é um «*dever do conjunto da classe*» – [342] o que mais adiante hemos de salientar.

[341] Ou mesmo fora destas como indica de maneira sintomática o artigo/chave da nossa Deontologia (vide Estatuto dos Advogados Portugueses, art. 88.º-1).

[342] De acordo com frase famosa da jurisprudência portuguesa.

92.6. Clima de suspeição na Advocacia.

A verdade é que, em todas as circunstâncias que se descreveram, o Advogado, quer nas relações com o cliente, quere com a parte contrária e patrocínio desta, é detentor de elementos, que, não fora a respeitabilidade do seu procedimento, tombam facilmente na desconfiança perante quem justamente desejou, e considerou respeitável ao revelar-lhos.

Afastada a obrigação do segredo, o Advogado não mereceria a respeitabilidade que era de lhe estar cometida. Por isso a falta de respeito transmutar-se-ia em comportamento insuportável, que feriria toda uma tão digna profissão; sentiria recair sobre si – esquecendo que a Advocacia tem uma unidade ontológica (desde as mais remotas filosofias) que gere a essência da profissão e, contra a moral profissional, um pesado clima de suspeição que seria insuportável, pois que toda a gente recearia que o que lhe tivesse divulgado logo pudesse ser transmitido. Comprometendo a honra de outrem, também ela malbarataria até à abjecção a sua própria honra. Não podia ser.

De modo que a independência e a isenção alertadas e evocadas autorizam não somente o sigilo, ao mesmo tempo que o exigem. Repetindo princípio ancilar, a confiança não é contrária a estas virtudes; ao invés, é seu penhor. A "*correlação moral*" que a confiança comporta é, no fim de contas, a própria garantia da libertação e da isenção do Advogado, dado que sabemos que absolutamente ninguém, nem mesmo o patrocinado, pode, em princípio, "*apremar*" o seu Advogado a revelar factos confidenciais[343].

92.7. Um dos pilares do Estado de Direito.

Voltando às asserções trazidas à colação na rubrica 82. e para reintegração nestoutra, deve-se convir que é da mais óbvia conclusão afirmar que é essencial concluir que a isenção e a independência do Advogado nas quais se baseia muito naturalmente a obrigação de sigilo é *um dos pilares do Estado de Direito* e, desde logo, da própria *Democracia*. Não é por acaso que os regimes totalitários

[343] Os Estatutos portugueses garantem que, mesmo no caso em que o Advogado é autorizado a revelar o segredo "o advogado pode manter o segredo" (art. 92.º-6).

amordaçam a profissão de Advogado e não toleram que ele preserve o segredo no exercício da sua nobre profissão.

Assim, o respeito pelo segredo profissional representa *uma evolução histórica do Direito*, como se depreende do art. 2.º da Constituição da República Portuguesa, nomeadamente no âmbito de que «a República Portuguesa é um Estado de direito democrático», e, de modo específico, «*no respeito e na garantia de efectivação dos direitos e liberdades fundamentais e na separação e interdependência de poderes, visando a realização da democracia económica, social e cultural e o aprofundamento da democracia participativa*».

92.8. Uma forte reprovação social.

Entrementes, não deve surpreender-se que o cidadão comum considerará que o desrespeito pelos factos sigilosos abandalha e avilta a profissão de Advogado. E efectivamente esta reprovação é violadora dos regimes democráticos[344].

[344] Reiterando o que atrás se deixou expresso, veja-se que tal matéria profissional é tão candente, que se nos afigura fazer apelo ao sistema português como aperfeiçoado em comparação com outros regimes de Países democráticos. Permita-se-nos, pois, realçar o crime de violação do segredo (art.s 195.º a 197.º do Código Penal), incluído entre os crimes contra privacidade e modo de censura de grave falta disciplinar, penal e civil no nosso Estatuto; Direito Probatório a lei fere de exprobação tão grave violação o testemunho prestado com violação de segredo profissional é considerado nulo (Estatuto, art. 81.º-5). E no plano do Processo Penal, é estabelecido que "(...) os advogados (...) podem recusar depor em Juízo sobre factos sujeitos a segredo profissional" (Código de Processo Penal, art.s 135.º e 182.º). Como dissemos, esta estatuição inscreve-se no âmbito dos direitos da defesa: delação cometida pelo Advogado, que comprometeria especificamente o seu Cliente, iria contra um princípio importante de processo penal – um valor afinal de "confissão" por interposta pessoa, o que há muito tempo é considerado como uma aberração relegada para o caixote de lixo da evolução do Direito. Mais sinteticamente, e de maneira mais completa, dado que estabelece a protecção tanto a priori como a posteriori, o artigo 81.º-5 do Estatuto da Ordem dos Advogados determina que "não podem servir de provas em Justiça as declarações feitas pelo Advogado em violação do segredo profissional", norma que é aplicável independentemente do tipo de processo. Por último, estas conclusões devem ser reputadas de protegidas sem reservas no sistema jurídico português, se tivermos em conta a norma genérica sobre "provas" do próprio art. 32.º-8 da Constituição da República Portuguesa, segundo a qual "são nulas todas as provas obtidas ao meio da tortura, de coacção, ofensa da integridade física ou moral da pessoa, abusiva intromissão na vida privada, no domicílio, na correspondência ou nas telecomunicações". Daqui resulta que qualquer norma – ainda que proveniente duma Directiva comunitária,

92.9. Segredo profissional uma conquista do Direito.

Para correcta integração e valoração do tipo de normas que servem de moldura à proibição adjectiva de revelação em Juízo de factos sujeitos a segredo profissional, levou o legislador a atribuir-lhes *carácter penal*. Daí resulta que a integração nessa natureza, confere a tais normas, não só carácter penal, como integrando-as nos limites do *Direito das provas*, ou seja, os factos revelados em desrespeito de segredo profissional retiram-lhes efeitos probatórios e mostram o seu carácter processualmente repreensível.

Afigura-se-nos, pois, que a evolução do Direito, sua conquista normativa, assumiu que a quebra do segredo profissional, com a inerente proibição da revelação de factos sigilosos, representa como um dos tipos que se contêm nas *conquistas do Direito*. Paralelamente, há que considerar como nulas todas as provas assim obtidas, tal como, historicamente, o foram através da tortura, da coacção, de violação da integridade física ou moral da pessoa humana, ou por uma intromissão abusiva na vida privada. Consideramos, pois, que a violação da reserva confidencial representa *uma intromissão abusiva na vida privada*, na medida em que se traduz na usurpação da justa convicção e confiança em que um determinado profissional (neste caso o Advogado) tem inscrita de maneira privilegiada a privacidade como necessária ao estabelecimento da sua relação profissional[345].

como a que está agora em causa – poria em causa este princípio constitucional primordial, pelo que deveria ser tida como inconstitucional.

[345] Por isso, e com base em todos estes princípios fundamentais, que a UIA proclamou a chamada "Declaração de Porto" de 30.09.00, aquando do Seminário aí realizado precisamente sob o tema do branqueamento de capitais e a, então, proposta de Directiva comunitária, declaração que foi retomada, já como deliberação, aquando do Congresso do UIA de Buenos Aires em 02.11.00. O segredo profissional é aí sustentado como "um Direito Fundamental do cidadão e um dever essencial do Advogado que pode livremente dispor, e que é indispensável para o Estado de Direito e para o bom funcionamento da Justiça e é garantido pelos artigos 6.º e 8.º da Convenção Europeia dos Direitos do Homem e pela jurisprudência uniforme do Tribunal de Estrasburgo"; que alerta para a "tentação de confundir o papel legítimo das autoridades na matéria penal com o Direito da Defesa e com o conselho jurídico, o que constitui um retrocesso na organização democrática da sociedade."; razão pela qual as organizações profissionais são supostas "manter a vigilância sobre a evolução do projecto de Directiva em discussão e tomar todas as iniciativas necessárias para a consagração dos princípios enunciados".

92.10. Uma boa hermenêutica exige o conhecimento e aplicação de Directivas europeias.

Justifica-se, agora e antes de terminar a análise hermenêutica e complementarmente deontológica, gizar uma noção sobre o estado das coisas no Direito Europeu quando ele se preocupa com o "*branqueamento de capitais*", e, por conseguinte, sobre a "*luta contra a corrupção*" e o papel do Advogado.

Hemos, por conseguinte, referir-nos ao texto actual da Directiva constante, por transcrição, da Lei n.º 83/2017, de 18.08 e suas antecedentes: ou seja, n.º 91/308/CEE, provindo da Directiva 2001/97/CE[346].

E devemos, ainda, voltar a debruçar-nos muito em especial sobre o Acórdão do Tribunal de Justiça das Comunidades de 26 de Junho de 2007[347], cujo sumário proclama: «*as obrigações de informação e de cooperação com as autoridades responsáveis pela luta contra o branqueamento de capitais previstas no artigo 6, parágrafo 1, da Directiva 91/308/CEE do Conselho, de 10 de Junho de 1991, (...) impostos aos Advogados pelo artigo 2 A, ponto 5 (...), não violam o direito a um processo equitativo, como é garantido pelos artigos 6 CEDH*[348] *e 6, parágrafo 2, UE*».

[346] Resultado das reflexões das diversas Ordens europeias bem como do CCBE. Em Portugal, mais recentemente, a transposição legal realizou-se pela Lei n.º 25/2008, de 5 de Junho.

[347] Grande Chambre, no processo C-305/05.

[348] De acordo com o que: «1. toda a pessoa tem direito a que a sua causa seja examinada equitativa e publicamente num prazo razoável, por um tribunal independente e imparcial, estabelecido pela lei, o qual decidirá, quer dos direitos dela e obrigações civis, quer sobre o fundamento de qualquer acusação em matéria penal dirigida contra ela. [...] 2. Toda a pessoa acusada de uma infracção se presume inocente, enquanto a sua culpabilidade não tiver sido legalmente provada. 3. Todo o acusado tem, como mínimo, os seguintes direitos: a) ser informado no mais breve prazo, numa língua que entenda e de forma minuciosa, da natureza e da causa da acusação contra ele dirigida; b) dispor do tempo e das facilidades necessárias para a preparação da sua defesa; c) defender-se ele próprio ou ter a assistência de um defensor da sua escolha e, se não tiver meios para remunerar um defensor, poder ser assistido gratuitamente por um advogado de ofício, quando os interesses da justiça o exigirem; d) interrogar ou fazer interrogar as testemunhas de acusação e o interrogatório das testemunhas de defesa nas mesmas condições que as testemunhas da acusação; e) fazer-se assistir gratuitamente de um intérprete, se não compreender ou não falar a língua empregada no processo.". De acordo com a jurisprudência do Tribunal Europeu dos Direitos do Homem (TEDH), a noção "de processo equitativo" referida no artigo 6.º CEDH é constituída por diversos elementos, os quais compreendem, nomeadamente, os direitos da defesa, o princípio da igualdade das armas, o direito de acesso aos tribunais, bem como o direito de acesso um advogado tanto em matéria civil como penal (ver TEDH., acórdãos Golder c. Reino Unido de 21.02.75, série A

Significará isto um retrocesso numa matéria tão sensível para a nossa profissão? Eis a questão.

Para poder concluir correctamente devemos retomar os termos das referidas Directivas sobre a matéria que nos ocupa, e, depois, procurar as razões pelas quais o Tribunal assim decidiu.

92.11.1. Directiva 91/308.

Lembremos que a Directiva 91/308[349] previa, e prevê, a extensão das obrigações de informação e de cooperação dos Advogados (ditos "*outros membros de profissões jurídicas independentes*") como "*um dos meios mais eficazes para lutar contra*" e para "*combater o branqueamento de capitais*», «*(...) desde que eles* [Advogados] *tenham participado,*

a) *ou assistindo o seu cliente na preparação ou na realização de transacções relativas:*
  i) à compra e à venda de bens imóveis ou de empresas comerciais;
  ii) à gestão de fundos, de títulos ou outros activos, pertencentes ao cliente;
  iii) à abertura ou à gestão de contas bancárias ou de poupança ou de carteiras;
  iv) à organização do que for necessário para a constituição, gestão ou direcção/administração de sociedades;
  v) à constituição, à gestão ou à direcção de "fidúcias", de sociedades ou de estruturas similares;

b) *ou agindo em nome do seu cliente e por conta deste em qualquer transacção financeira ou imobiliária*" (artigo 2 bis, ponto 5).

92.11.2. Antecedente Directiva 2001/97.

A complementar Directiva 2001/97, que "*actualizara*" já a precedente, no espírito "*não somente se adaptar às melhores práticas internacionais na matéria, mas mantendo também uma elevada protecção do sector financeiro e doutras actividades vulneráveis aos efeitos prejudiciais dos produtos do crime*»[350] e tendo em conta que

n.º 18, § 26 a 40; Campbell e Fell c. Reino Unido de 28.06.1984, série A n.º 80, § 97, 99, 105 a 107 e 111 a 113, bem como Borgers c. Bélgica de 30.10.1991, série A nº 214-B, § 24).

[349] Terceiro considerando.

[350] *Item* (1).

"Os branqueadores de capitais têm cada vez mais tendência para utilizar as profissões não financeiras (...).», volta a dizer que *"Os notários e os membros das profissões jurídicas independentes, tal como definidas pelos Estados-Membros, deverão estar sujeitos às disposições da Directiva* [91/308] *quando participem em transacções de natureza financeira ou por conta de sociedades, inclusive quando dêem conselhos fiscais, transacções sobre as quais exista um mais elevado risco de que os serviços dessas profissões jurídicas sejam utilizados para branqueamento dos produtos do crime.»*.

92.11.3. De novo a Directiva 91/308.

Mas a mesma Directiva excepcionava: «*No entanto, sempre que membros independentes de profissões que se dediquem a dar conselhos jurídicos, que sejam legalmente reconhecidas e controladas, por exemplo Advogados, apreciam a situação jurídica de um cliente ou o representam em procedimento judicial, não será razoável que a Directiva* [91/308] *lhes imponha a obrigação, sobre tais actividades, de comunicar eventuais suspeitas em matéria de branqueamento de capitais. Devem considerar-se isentos de qualquer obrigação de comunicação das informações obtidas antes, durante e depois dum processo judicial ou aquando da apreciação da situação jurídica do cliente. Por conseguinte, a consulta jurídica continua submetida à obrigação de segredo profissional, salvo:*

[i)] *se o consultor jurídico participa ele mesmo em actividades de branqueamento de capitais,*
[ii)] *se a consulta jurídica for fornecida para fins do branqueamento de capitais*
[iii)] *ou se o Advogado sabe que o seu cliente pretende obter conselhos jurídicos para fins do branqueamento de capitais.»*.

92.11.4. A designação da Ordem dos Advogados.

Embora com o incómodo da repetição, dir-se-á que, exactamente porque se trata de "membros independentes de profissões que se dedicam a dar conselhos jurídicos, que são legalmente reconhecidas e controladas", é finalmente claro na última formulação da Directiva que *"a fim de ter devidamente em conta a obrigação de discrição profissional que lhes incumbe para com os seus clientes"* (ou seja o segredo profissional) *"os Estados-Membros deverão poder (...) designar a Ordem ou outros órgãos de auto-regulação dos profissionais independentes como órgãos aos quais eles podem comunicar os casos eventuais de branqueamento de capitais"*[351].

E nos termos do artigo 6, n.º 3 da primitiva Directiva 91/308 "*Os Estados--Membros não devem impor as obrigações previstas no parágrafo 1. aos notários, aos membros das profissões jurídicas independentes, aos revisores de contas, aos contabilistas externos e aos consultores fiscais quanto às informações recebidas de um dos seus clientes ou obtidas sobre um dos seus clientes, aquando da avaliação da situação jurídica deste cliente ou no exercício da sua missão de defesa ou de sua representação num processo judicial ou relativo a tal processo, aí incluídos os conselhos relativos à maneira de dar início ou evitar um processo, quer estas informações sejam recebidas ou obtidas antes, durante ou após esse processo."*[352].

[351] *Item* (20), que acrescenta: «Convém que os Estados-Membros determinem as regras que rejam o tratamento destas declarações e sua eventual transmissão ulterior às "autoridades responsáveis pela luta contra o branqueamento de capitais" e, em geral, as formas adequadas de cooperação entre as Ordens ou órgãos profissionais e estas autoridades».

[352] Posso garantir-vos que o legislador comunitário estabeleceu para os Países da UE um sistema muito próximo do que era o regime português tradicional de autorização para o levantamento do segredo profissional. Desde sempre, que, entre nós, o levantamento do segredo profissional pode fazer-se apenas após autorização da Ordem de Advogados (uma Ordem Nacional, sob a presidência de um só Bastonário), ou seja, não pode o Advogado usar do seu livre arbítrio mesmo que sob o escopo da sua única consciência profissional. Por muito tempo, só o Advogado teve legitimidade para pedir a autorização. Mas desde 1987, por força da alteração do Processo Penal, e desde 1991 no Processo Civil, que foi introduzida uma inovação, pela qual se permite à "autoridade judiciária", e particularmente ao Juiz, ordenar a um Advogado que testemunhe sobre factos confidenciais em certas circunstâncias. Noutros termos, desde então, a iniciativa do pedido de dispensa e divulgação de factos confidenciais já não pertence só ao Advogado. Esta inovação foi aceite pela Ordem, com todos os riscos aí inerentes, mediante o complemento de regime, pelo qual a sede final da possibilidade de divulgação ou da manutenção do segredo cabe ao Bastonário. Com efeito a decisão da autoridade judicial que vise obrigar o Advogado a testemunhar só pode ser tomada após audição da Ordem dos Advogados (o Bastonário, em última instância), mas só «em conformidade com as disposições e os fins estipulados pela legislação aplicável a este organismo». Ou seja, o árbitro final e a cuidadosa decisão da autoridade judicial também não é suficiente obrigar o Advogado a revelar os factos secretos (por diversos meios, por exemplo, juntando documentos que se encontrem na sua mão ou prestando testemunho). Tudo dependerá, pois, da "autorização" dada ou não pela Ordem dos Advogados. Assim, por conseguinte, a "audição" da Ordem tem um carácter vinculativo, não somente quanto ao pedido feito "pela autoridade judiciária", mas também sobre o resultado ele mesmo: autorizar ou não autorizar. Em consequência, os órgãos da Ordem em causa podem não conceder essa autorização perante a "autoridade judiciária" (veja-se o Tribunal), o que é suficiente para que o Advogado não possa ser forçado a violar

92.11.5. Violação do direito a um processo equitativo?

Regressemos, então, à procura sobre se o Acórdão salientado no precedente n.º 90 põe em causa que as obrigações de informação e de cooperação impostas aos Advogados, sem que com isso violem definitivamente um processo equitativo, na conformidade do artigo 6 CEDH, ficando em crise a garantia do segredo profissional.

Apesar da delicadeza do tema, entendemos que é o próprio aresto que contribui para a resposta através das suas sucessivas premissas, a saber:

- **que** as obrigações de informação e de cooperação são aplicáveis ao Advogado apenas na medida em que assistam o seu cliente na preparação ou na realização de certas transacções essencialmente de natureza financeira e imobiliária pressupostas no diploma legal (alínea a), designadamente quando age em nome e por conta do seu cliente em qualquer transacção financeira ou imobiliária;
- **que** todavia, estas actividades, dada a sua própria natureza, se situam ou não num contexto que tenha relação com um processo judicial e, por conseguinte, estarão fora do âmbito de aplicação do direito a um processo equitativo[353];
- **se** a partir do momento em que a assistência do Advogado ocorrido no âmbito de uma transacção prevista no artigo 2-bis, ponto 5, da Directiva 91/308 é solicitada para o exercício de uma missão de defesa ou de representação em Justiça ou para a obtenção de conselhos sobre a maneira de dar início ou evitar um processo judicial, o Advogado fica exonerado, sendo indiferente que as citadas obrigações enunciadas, sendo indiferente que as informações tenham sido recebidas ou obtidas antes, durante ou depois do processo;
- **daqui** concluir dizer que "tal exoneração é de molde a preservar o direito do cliente a um processo equitativo"[354].

o segredo. Por outro lado, sustento que o regime português não permite que a decisão de autorizar ou de não autorizar da Ordem seja susceptível de recurso para um Tribunal.

353 Os dois parágrafos de item (33).

354 Os dois parágrafos de item (34).

Mais se conclui do aresto, com rigor, que, «dado que as exigências que decorrem do direito a um processo equitativo implicam, por definição, uma relação com um processo judicial, e tendo em conta o facto de o artigo 6, parágrafo 3, segunda alínea, da Directiva 91/308 isentar os Advogados, quando as suas actividades são caracterizadas por tal relação, já as referidas exigências se encontram preservadas nas obrigações de informação e de cooperação referidas no artigo 6, parágrafo 1, da referida Directiva»[355] e também que «em contrapartida, deverá admitir-se que as exigências ligadas ao direito a um processo equitativo não se opõem a que, quando se age no âmbito preciso das actividades enumeradas ao artigo 2 bis, ponto 5, da Directiva 91/308, mas num contexto a que se não reporta o artigo 6, parágrafo 3, segunda alínea, da referida Directiva, os Advogados já fiquem sujeitos às obrigações de informação e de cooperação instituídas pelo artigo 6, parágrafo 1, desta Directiva, desde que tais obrigações se justifiquem, tal como o sublinha nomeadamente o terceiro considerando da Directiva 91/308, pela necessidade de lutar eficazmente contra o branqueamento de capitais que representa uma evidente influência para o crime organizado, o qual constitui ele mesmo uma ameaça concreta para as sociedades dos Estados-Membros»[356].

92.12. A perda dos princípios que devemos defender sobre a essência da nossa profissão.

Tendo em conta os fundamentos e o que resulta da comentada conclusão judicial, face a críticas que emergiram, interrogar-nos-emos, então, como poderíamos concluir doutro modo sem perda dos princípios que devemos defender sobre a essência da nossa profissão.

Certamente que podemos compreender a dificuldade e perplexidade de muitos Advogados que viram *"evoluir" as suas actividades nos quadros ou até em âmbitos de outras profissões onde já havia posição tradicional nestas matérias*: a mediação de negócios em geral.

Mas, se esta *sobreposição de profissões* acontece nos nossos dias, interrogo-me duas vezes:

[355] *Item* (35).
[356] *Item* (36).

- por um lado, se não é verdade que o Advogado, na sua mais completa essência da profissão, exerce ou não uma missão de defesa ou de representação em Justiça ou na prestação de conselhos sobre a maneira de *levar a cabo* ou *evitar* um processo judicial?;
- por outro, se ele exercer uma actividade para além dessa essência e que toca o desempenho doutras profissões, por que ter um regime diferente destas?[357]

92.13. A mais correcta interpretação da Directiva.

Sustentamos que esteja em causa a mais correcta interpretação da Directiva, porque podia haver dúvidas sobre o que atrás salientámos do Acórdão

[357] Foi certamente por causa disso que a Federação das Ordem das Advogados de língua francesa e de língua alemã da Bélgica se congratulou, em comunicado público a propósito do acórdão do Tribunal Constitucional belga de 23.01.2008 (Acórdão n.º 10/2008, de 23.01.2008), concluindo que este "interpreta a lei anti-branqueamento no respeito pelos valores essenciais da profissão de advogado", quando considera "que o advogado que constata factos que sabe ou de que suspeita que estejam ligados ao branqueamento de capitais ou o financiamento do terrorismo não pode informar as autoridades, quando está a exercer actividade na sua missão de defesa, de representação em justiça ou de conselho jurídico", ao mesmo tempo que o "Tribunal reconhece que a profissão de advogado na Bélgica se distingue das outras profissões jurídicas independentes, na medida em que os advogados têm um lugar importante na administração da justiça, e estão sujeitos a regras deontológicas por cujo desrespeito serão sancionados", e que, se "a luta contra o branqueamento e o financiamento do terrorismo não pode em caso algum justificar um levantamento incondicional ou ilimitado do segredo profissional", "desde logo, se o advogado é considerado ter obrigação de denúncia quando assiste ou representa os seus clientes em certas transacções (em matéria financeira ou imobiliária, por exemplo), já está exonerado – sob pena de violar o segredo profissional – nas actividades de defesa, de representação em justiça e de conselho jurídico». Mas também que "o Tribunal acrescenta que é assim mesmo quanto a informações obtidas pelo advogado na sua actividade de aconselhamento jurídico, mesmo fora de qualquer processo judicial. O Tribunal constitucional dá uma definição muito larga de conselho jurídico do advogado. O aconselhamento visa informar o cliente sobre o estado da legislação aplicável à sua situação pessoal ou à operação que este tenciona efectuar ou aconselhá-lo sobre a maneira de realizar esta operação dentro do quadro legal. Esta actividade de conselho tem por conseguinte sempre por objectivo permitir ao cliente evitar um processo judicial relativo a tal operação» – Comunicado de imprensa dos Advogados belgas, assinado por Luc Maréchal, Presidente da Federação das Ordens de Advogados de língua francesa e de língua alemã (O.B.F.G.), por JO Stevens, e pelo Presidente da Ordem Van Vlaamse Balies (O.V.B.).

do Tribunal de Justiça: com efeito o conselho jurídico (a consulta jurídica) tem por natureza e como objectivo evitar um processo judicial.

No entanto, permitir-nos-íamos sublinhar que a Directiva dá todas as possibilidades a que as Ordens de Advogados tomem em suas mãos o estandarte da supervisão deontológica sobre o levantamento do sigilo profissional aquando de uma actividade de investigação sobre branqueamento de capitais.

Por outro lado, pode supor-se que, em casos de investigação sobre branqueamento de capitais, existiriam, por vezes, valores superiores ao dever/direito de segredo, que, por consequência, justificassem fazer cessar o sigilo. Mas não se esqueça que será necessário que a Instituição encarregada de velar pela Deontologia possa pronunciar uma palavra exigente na apreciação da matéria em causa.

Além disso, será necessário que esta decisão a nível da Advocacia não seja susceptível de ser contrariada pela autoridade judicial, como muito atrás deixámos defendido. Nomeadamente, que esta mesma decisão não deve ser objecto de recurso junto dos Tribunais. Isto sob pena de uma verdadeira aberração do sistema, que, finalmente, se traduziria na divulgação prévia dos factos confidenciais que se quisessem revelar! Seria o fim!

92.14. A ampla competência da Ordem dos Advogados.

É inútil sublinhar, no entanto, a enorme responsabilidade que pesa sobre os referidos órgãos da Instituição dos Advogados. Como resulta claramente do regime estabelecido, gozam, para esse efeito, de uma ampla competência para o seu próprio esclarecimento, a fim de poderem decidir em matéria tão delicada. E, como quer o sistema, os elementos recolhidos pela Ordem, que pode e deve exigir que os factos lhe sejam revelados para que possa pronunciar-se correctamente, vão permanecer, todos eles e seguidamente, no segredo dos seus arquivos.

Exactamente devido à " *permeabilidade" da profissão de Advogado com outras profissões*" deve ser louvada a preocupação do legislador e do Tribunal que obriga em todo caso em que o segredo detido por um Advogado no exercício da profissão teve de ser comunicado à sua Ordem, que ele não seja obrigado a ter contacto imediato e directo com a Autoridade Judiciária senão através da mesma Ordem.

92.15. A aplicação paralela do art. 135.º CPP.

Depois, não pode escamotear-se que nesta funesta matéria do branqueamento de capitais/corrupção a aplicação do art. 135.º CPP, conjugado com o art. 92.º-4 EOA mantêm a sua valia plena neste simples resumo: é ao Tribunal a quem incumbe, antes de impor a revelação dos factos sigilosos, ouvir «*o organismo representativo da profissão relacionada com o segredo profissional em causai*», que é a Ordem dos Advogados, *prior* o seu Bastonário, que não é ouvido para dar qualquer parecer, mas no nível da «*prévia autorização*», como tal, e como atrás demonstrámos, não é susceptível de sindicância pelo Tribunal Superior, em eventual e almejado recurso.

92.16. Os Advogados não são cidadãos privilegiados.

Finalmente, retomando de novo a parte substantiva, digamos de uma vez por todas: os Advogados não são e não podem ser cidadãos privilegiados, e não é em caso algum esse o objectivo do dever de segredo profissional e das preocupações ressaltadas nas Directivas.

Por conseguinte, nunca serão deste âmbito os casos em que o próprio Advogado seja o suspeito de ser autor ou cúmplice de crime de branqueamento de capitais. Nestes casos a investigação é e deve ser livre e ampla, já que um regime excepcional não pode pôr o Advogado ao abrigo das suas próprias responsabilidades criminais. Uma vez arguido, é um cidadão com todos os deveres inerentes que o Processo Penal contempla.

No entanto, devemos apontar aspectos das Directivas que não deixam de se manterem preocupantes, porventura com a atenuante de haver supervisão deontológica da Ordem nos termos referidos. Referimo-nos ao caso – para além da iniciativa de quem procede à investigação criminal – que prevê, porventura incita, a que os factos sigilosos sejam comunicados por iniciativa do próprio Advogado. Francamente não vemos como ultrapassar a imagem, e é realmente a imagem pública da profissão que fica em causa!

Com efeito, atribui-se-lhe uma participação activa na referida luta contra o branqueamento de capitais, precisamente no âmbito do exercício da sua profissão. E, mais delicado ainda, quer-se que, para o efeito, ele dê conhecimento de actos de clientes que se lhe dirigiram e que possam ser suspeitos de branqueamento de capitais em actividades ou acções que lhe foram dadas a conhecer enquanto Advogado.

É certo que, para além de à situação ser reservado o mesmo regime de preliminar autorização da Ordem, não se podem esquecer aspectos que tocam o cerne da profissão como tais. Por um lado, o legislador parte do princípio, que qualifica teoricamente como sendo de objectividade, de que certo tipo de acções, que qualifica previamente, será propício ao branqueamento de capitais (casos que, diga-se de passagem, são particularmente importantes); e, considerando como normal que este tipo de acções ou de actos suscita normalmente a intervenção jurídica de um Advogado ou que frequentemente é tomado por um Advogado em representação do seu cliente (sobretudo, por exemplo, no que chamamos de investimentos estrangeiros), entende que se justifica, por princípio, obter do próprio Advogado que comunique a prática de tais acções ou de tais actos e informe quais são os seus beneficiários, para que os órgãos competentes em matéria de investigação criminal sobre branqueamento de capitais, aos quais esta informação é destinada, possam verificar imediatamente, pelos seus próprios meios, se há ou não motivo a reputar que qualquer branqueamento possa vir a ocorrer ou já teve lugar (prevenção ou repressão).

Trata-se por conseguinte de uma terrível suspeita de princípio!

Felizmente a boa hermenêutica do Tribunal Constitucional belga[358], que deve completar a do Tribunal Europeu, fez sair da obrigação "de denúncia" todos os casos de consulta jurídica, mas não faltarão outras tristes dúvidas que sejam susceptíveis de ser suscitadas!

De facto, sempre devemos interrogar-nos, e mal se compreende, que se tenha criado, por norma legal, um clima generalizado que provoca, afinal, a "criação" de uma "classe privilegiada" de delatores ou esbirros! Novamente uma grave suspeita, que, mesmo sob as garantias da supervisão da Ordem, dá uma imagem social ("pedagogia" negativa) carregada de suspeição sobre toda uma profissão com tradição históricas lídimas!

Uma coisa é segura: embora o regime não tenha sido pensado para situações deste tipo, seria inaceitável que o Advogado fosse suposto ser denun-

[358] Salvo porventura jurisprudência posterior, que nos escapa por humildemente não nos considerarmos detentores do saber internacional mais actualizado.

ciante, num regime legal público, factos que lhe foram confiados sob segredo! A autorização prévia da Ordem, a nível de imagem de uma profissão, não seria senão uma bem pobre panaceia!

BREVE BIBLIOGRAFIA

ADER, HENRI, Le Secret Professionel, in ROA. 49-1-225.

ALVES, FERREIRA, Os Advogados na Comunidade Europeia, Coimbra Ed.,1989

APPLETON, JEAN, Traité de la profession d'avocat, 12.ª ed..

BERGERÈS, MAURICE-CHRISTIAN, Le secret professionnel face aux prérogatives du Fisc, *in* Recueil Dalloz Sirey, 1981-81

"BRANQUEAMENTO DE CAPITAIS E INJUSTO PENAL" – ANÁLISE DOGMÁTICA E DOUTRINA COMPARADA LUSO-BRASILEIRA, obra colectiva sob coordenação de Luciano Nascimento Silva e Gonçalo Sopas de Melo Bandeira, Lisboa, ed. Juruá, 2010

BUCCIOLOTTI, MARIO, Concezione etico-giuridica del segreto professionale, *in* La Giustizia Penale, 1962-ano LXVIII-232

CAMPOS, SILVA, O sigilo profissional do Advogado e seus limites, *in* ROA. 48-2

COSTA, ORLANDO GUEDES DA, "Direito Profissional do Advogado", ed. Almedina, 8.ª ed., 2015

COUTOURE, EDUARD, "Los mandamientos del abogado", Buenos Aires,1986

D'AGOSTINO, ALFREDO, "Riflessioni sulla concezione etico-giuridica e sui limiti normativi della tutela penale del segreto professionale", *in* La Giustizia Penale, 1964-ano LXIX-3

DELMAS-MARTY, MIREILLE, A propos du secret professionel, *in* Recueil Dalloz Sirey, 1982-267

DUMAS, ROLAND, Les Avocats, ed. Grasset, 1977

FERREIRA, CREMILDE, Sigilo profissional na Advocacia", 1991

FURTADO, ACÁCIO, Dos direitos e deveres dos Advogados, *in* ROA. 5-1-363

GARCIA, BASILEU, Violação de Segredo, *in* Revista Forense, Rio de Janeiro, XLVII-348

GASPAR, ALFREDO, Estatuto da Ordem dos Advogados, anot., pg. 138 a 143; O segredo profissional do Advogado e o Projecto de Código de Processo Penal, *in* Rev. Min. Públ.; Anotação na ROA. 49-3-887

LEGADO, CARLO, Deontologia de la Profesion de Abogado, 2.ª ed., Ed. Civitas, Civitas Monografias, 1983

LOPES, MARIA CLARA – Segredo Profissional, *in* BOA. 10-15

LOPES CARDOSO, AUGUSTO, Anotação *in* ROA. 49-3-839; e Organização e Estatuto Social dos Juízes e dos Advogados, *in* Scientia Iuridica 229/234-65

MAGALHÃES, FERNANDO SOUSA, Estatuto da Ordem dos Advogados, anotado e comentado, ed. Almedina, 2005

PINTO, ANTÓNIO DE SOUSA MADEIRA, O Segredo Profissional", *in* ROA. 19-1-38 e *in* Rev. Trib. 49-26

PISANI, MARIO, Testimonianza e segreti, *in* Rivista Trimestrale di Diritto e Procedura Civile, 1973-ano XXVII-37

PLASENCIA, ANTONIO, Secreto profisionel e independencia del abogado según el derecho español, *in* Revista Juridica de Catalunya, 1987

PONDAL, ROQUE V., El secreto profesional, *in* Revista Juridica da Facultad de Derecho y Ciencias Sociales da Universidad Nacional de Tucuman, 1957-2-123

RADICE, ENRIQUE, Secret professionnel – étude de la protection du client de l'Avocat en matière fiscale, *in* BOA. 5/87-7

RAPOSO, MÁRIO, Sobre a protecção da intimidade da vida privada, *in* ROA. 32-3 e 4

RIBEIRO, LUIS DA SILVA, A profissão de Advogado; O Segredo Profissional dos Advogados, *in* Gaz.Rel.Lx. 41-289.

SANTIAGO, RODRIGO, Anotação na ROA. 49-3; Do crime de violação de Segredo Profissional no Código Penal de 1982, ed. Almedina, 1992

SOUTO, ROCHA, Regime do Segredo Profissional dos Advogados no Direito português, *in* ROA. 11-3 e 4-345

U.I.A., "Dossier" sobre o Segredo Profissional, *in* Juriste International, 1986-I-35 ss.

VAL, MARTINEZ, Etica de la Abogacia (1987); Projectos de Código de Ética ibero-Americano, *in* ROA. 44-178

WAREMBOURG-AUQUE, FRANÇOISE, «Réflexions sur le secret professionnel», *in* Revue de Science Criminelle et de Droit Pénal Comparé, 1978-nº2-237

WILLEMIN, A.L. DUPONT–, Le secret professionnel et l'indépendance de l'Avocat, *in* Juriste International, 1986-I-46

ÍNDICE